最后的精神贵族

风骨绝尘的民国大先生

赵东凌 / 著

石油工业出版社

图书在版编目（CIP）数据

最后的精神贵族：风骨绝尘的民国大先生 / 赵东凌著.
—北京：石油工业出版社，2016.1
ISBN 978—7—5183—1080-7

Ⅰ. 最…
Ⅱ. 赵…
Ⅲ. 文化-名人-生平事迹-中国-民国
Ⅳ. K825.4

中国版本图书馆CIP数据核字（2015）第309417号

最后的精神贵族：风骨绝尘的民国大先生

赵东凌　著

出版发行：石油工业出版社
　　　　　（北京安定门外安华里2区1号楼　100011）
网　　址：http://www.petropub.com
编 辑 部：（010）64523607　图书营销中心：（010）64523633
经　　销：全国新华书店
印　　刷：北京晨旭印刷厂

2016年6月第1版　2016年6月第1次印刷
880×1230毫米　开本：1/32　印张：9.5
字数：240千字

定价：34.00元

（如发现印装质量问题，我社图书营销中心负责调换）
版权所有，侵权必究

序言 再回首，那真名士年代

古代士气，饱满民风，"是真名士自风流"，在民国是世相常态。

民国是丰富的，是古典神韵与潮流元素碰撞激烈的文化景观，与传统开放接续，与世界包容融会；民国又是独特的，政要、商人、教授、文员、工农都各有样子，风采最是鲜明。

民国的"士人们"待人文明而规矩，方圆自定，却也张扬不羁，一身傲骨。行动的时候，纵然受着唾沫星子、受着拷打，膝下仍有正气；说话的时候，掷地有声，凛然有自尊——假话、奉承话、违心之言，都是他们无论如何学不来的。

章太炎、梁启超、胡适、蔡元培、陈寅恪……如斯风流恐怕难以再现。他们个个是人物，博闻、广识、聪明、勤勉，这样的形容放在他们身上倒显得轻薄、失了分量，唯有"承担、独立、自由、创造"与他们相称,与其生活伦理相合。他们对自己有要求,独自个儿顶天立地,天生的"三军可夺帅,匹夫不可夺志"的气节与风骨。

"云山苍苍,江水泱泱,先生之风,山高水长。"民国大师敢作敢为,热血、豪情、胆气拧成一股劲儿,各色人等身上无处不透着坦然、率真;他们铁肩担道义,世事多舛而情怀不减、信念不衰,成为我们民族记忆中最温热的一部分。

鲜活的例证当然举不胜举,西南联大时期尤为传奇。傅斯年赤心创建中央研究院史语所,视原则、规程几乎超过了生命;陶云逵冒着被敌人炸死的危险跑遍云南全省,调查少数民族社会经济、语言分布、宗教信仰、地理环境,创办边疆人文研究室和《边疆人文》杂志;梅贻琦在风雨飘摇之秋,一身坚毅果敢不改,以真君子的姿态当了清华十七年的船长……林语堂就有经典之论:联大师生物质上不得了,精神上了不得。

一路颠沛流离,历尽艰辛,家国却是心头之首要责任,稍稍安稳了,随身箱子里的长衫西装抖出来,穿上了又是一往如常的姿态——正直的尊严、斯文的气象,即刻就恢复了,一点看不出怨恨愁惨。学养上的至臻追求,人格上的崇高境界,在大师们身上淋漓尽致地表现了出来,叫后来者得以触摸到当时知识分子背后那一根瘦弱却坚硬的脊梁。

民国一度是中国文人思想最自由的时期之一,人们身上的枷锁卸下了，国学功底深厚的人出国留学，真正做到了中西结合。正是陈寅恪先生强调的"独立之精神，自由之思想"，孕育了民国时期真正的大师。

巾帼不让须眉，民国的女子也是有烈性的。

吕碧城清醒而自持："生平称心的男子不多，梁启超早有妻室，汪精卫太年轻……我要的不是资产和门第，而在于文学上的地位。因此难得合适的，东不成，西不就，有失机缘。幸而手边略有积蓄，不愁衣食，只以文学自娱了！"

张幼仪坚硬而能干："我生在变动的时代，所以我有两副面孔，一副听从旧言论，一副聆听新言论。我的内在有一部分停留在东方，另一部分眺望着西方。我具备女性的气质，也拥有男性的气概。"

胡蝶能屈亦能伸，潘玉良"质本洁来还洁去"，而林徽因依然是人间的四月天……她们个个都活出了独特而丰盛的人生。

翻翻民国老照片，黑白的底子况味十足，陈旧却毫无沧桑之感，反令人眼前一亮。那一本正经的天真淳朴，至难模仿，也难以传承下来。阮玲玉、周璇的娇嗔与柔弱，带着天然的性情，率真得可爱，绝无矫揉造作之嫌；而梁思成和林徽因夫妇，带着暂时解散的中国营造学社的使命，跟随中央研究院史语所南下，在李庄安营扎寨，继续艰苦地考察与研究，留下了丰富的照片、实测草图、数据以及翔实的文字记录，林徽因即使肺病缠身也不失精神,将资料整理工作鼎力承担,梁思成是她最好的伴侣和搭档,乐观豁达,"维持着在任何情况下都像贵族一样的高贵和斯文",如此信念和意志,岂不可敬可叹!

民国男女的婚恋聚散,亦是一道道风景。登报发启事,实为寻常,以社会主人翁自居,没有丝毫畏怯或扭捏。徐志摩与陆小曼的飞蛾扑火、情话痴缠或许是世人最为熟悉的,就连平素"横眉冷对千夫指"的鲁迅先生,在许广平面前也得"缴械投降",末了还会带一句:"广平兄,我是你的小白象呀!"

西装小脚的软硬搭配,老少登对的天作之合,甜酒苦酒的推杯换盏,跨国联姻的相濡以沫……历史的枝头满园春色,尽在这最后的古典与最先的摩登之间。

唯其短暂,这才可观。不管是大气磅礴的好男儿,还是盈盈秋水般的好女子,逢了民国时代,该是怎样的命运,怎样的幸运?

1990年8月,"一代宗师"钱穆驾鹤西去,台北公寓里,思想的火花凝成了史学的标本;2009年7月,季羡林也在北京仙逝。当年那支学贯中西、叱咤风云的大人物队伍大都远去了,任抗战的烽火与内战的硝烟在历史舞台上纷扰,任政治斗争的阴谋与文化峥嵘的活力在岁月航道间此消彼长,无论大陆还是台湾,他们都是静寂了的,而后来人,除了缅怀,只能追随。

鲁迅说："无穷的远方，无数的人们，都和我有关。"所谓"心事浩茫连广宇，于无声处听惊雷"，当下中国，不是"大师远去，再无大师"，而是"大师远去，暂无大师"吧！

[前言]

那些远去的良知与风骨

当中国浩荡地崛起,当时代汹涌地向前;当历史鲜活地与我们撞怀,当民国隆重地向我们走来……

任心遥想那一个时代的潮起潮落,侧耳倾听那一批人物的风云命运,才发现,他们离今天并不遥远。

读着他们,我们感到恍若隔世;抚摸历史,我们常常喟叹不已。

云山苍苍,江水泱泱,先生之风,山高水长。

提起民国男士,总会想起历史上另一个战乱频仍的年代和那个时代里任性率真、踔厉风发的文人。三曹,建安七子,嵇康、阮籍、谢安,一个个名字,仿佛一串串风铃,在岁月的幽深杳渺处轻轻地摇响。

侧耳倾听,以心顾盼,当瞩目于民国时代,才惊觉,才讶异,才钦敬,才震撼……

他们身处一个很不一样的时代:新旧交替、中西碰撞、风云际会,因而形成一种与今人迥然不同的风度、气质、胸襟、学识和情趣。他们的个性或迂或狷或痴或狂,可谓千人千面,但内里全不失风骨、风趣或风雅,底子上都有一个"士"字。总而言之,这是一批兼有硬朗,而又好玩、有趣的人。

他们的生活里有比其他东西都重要的——不可夺之志,是对学问的探求,是对社会、历史、民族与自我生命的承担,是对独立精神的坚守,是对自由人格的追求,是对创造力的无尽开拓。故而,心才有了着落,精神才有了寄托,人亦有了安身立命之处,于是,总要有所在意,有所守护。总而言之,这是一股既富于性情,又加之坚守、捍卫的力量。

他们是一代教授,还是一代学人。

讲课,绝就绝在它的不拘一格、随心所欲,显示的是师辈的真性情,一种自由不羁的张力。因此,它给予学生的,不只是知识,更是生命的浸染、熏陶。在这样的课堂里,充满了活的生命气息,老师与学生之间、学生与学生之间,生命相互交流、沟通、撞击,最后达到了彼此生命的融合与升华。这样的教育背后,是一种生命承担意识。

而他们自身,哪一个不是终生都完整地保持着生命的赤子状态?

治学,精就精在它的孜孜以求、纯粹至极,显示的是学者的真姿态,一份为之而生的热情。因此,它不单给时人以鼓舞,更让后世也受之启迪、仰之正气。在这样的智慧里,充盈了高贵的单纯和静穆的伟大,混合了顽皮、满足和欣喜的神态,形成了真正的学院派，为学术而学术，并以生命的自足为无上存在。

而他们的言辞、作品或成果，哪一项不是至今都灿烂地绽放着生命的智慧之光？

本书选取了蔡元培、胡适、辜鸿铭、刘文典、王国维、赵元任、黄侃、吴宓、傅斯年、张伯驹、鲁迅、梅贻琦十二位民国先生，着笔于各自真性淋漓、学养不凡的生命剪影，展现了一代民国真名士的灼灼底气。在每一位人物的篇前，加设了个人档案，以示先生的简历，使读者达到初步了解、立体甄别，并从大师的身上汲取心的能量，给当下生活带来思考与出口。

让我们如他们一般，倾听真声音，追逐真精神，积蓄真涵养，张扬真性情；

让我们如他们一般，进入人生的大视野、大境界、大气概、大幸福；

让我们如他们一般，有所在意，有所信仰，有所执着，有所感动；

让我们如他们一般，在追逐的道路上把承担、独立、自由、创造纳入日常生活轨道；

……

奔跑起来，延循着百年的光阴，谛听着时代的强音，且看一代民国大先生！

【目录】

蔡元培：独守那一片净土

永远的校长　003
君子和而不同　012
世上已无蔡元培　019

胡　适：容忍比自由更重要

儒雅之河，静水流深　025
此身非我有，一半属朋友　030
那十年的陈爆竹　034
但开风气不为师　039

辜鸿铭：世人皆醉我独醒

你是中国人　047
不要惹他　050
杀二人以谢天下　058
妻妾与小脚之怪女子　064

刘文典：世上已无真狂徒

- 当权贵碰上真狂徒 071
- 那一辈乡友知遇 075
- 传奇与羽毛 082
- 二云居士 087

王国维：众里寻他千百度

- 漫长的告别 095
- 自辟户牖，并世所稀 098
- 掩卷平生有百端 104

赵元任：天生快活人

- 到处有人攀「老乡」 117
- 中国的舒伯特 124
- 爱有多深，怕有多深 129
- 教我如何不想她 136

黄 侃：魏晋风流何曾见

师承且须恭敬　141
是可忍，孰不可忍　146
人无癖不可与交　154
五十之前不著书　161

吴 宓：悲喜交集浮生梦

奇绝得有如一幅漫画　169
钟表一样的先生　172
他生未卜此生休　177
是人物，也是傻瓜　188

傅斯年：书生圣气，斗士亦然

傅圣人之气　195
没有根据，哪能说这话　204
我是胡先生的斗士　208
归骨于田横之岛　213

张伯驹：最是国宝守业人 219

- 一生聚散救国粹 230
- 本是卧龙岗散淡之人 235
- 是真名士自风流

鲁　迅：非常中国的双面镜

- 无数的人们，都和我有关 243
- 囚首垢面而谈诗书 253
- 我的文字，是急于要换饭吃的 261
- 鲁迅之后，无数鲁迅 265

梅贻琦：一个时代的斯文

- 没有人愿意倒梅 271
- 把这条船好好开回清华园 278
- 生斯长斯，吾爱吾庐 287

蔡元培

独守那一片净土

生平：1868—1940，字鹤卿，又字孑民，浙江绍兴人。教育家、思想家、民主主义革命家。曾任中华民国首任教育总长、北京大学校长、中央研究院院长等要职。在执掌北京大学期间，参照德国大学的理念，对北大进行了全面改革，开"学术"与"自由"之风。

受业：少年时曾在绍兴古越藏书楼校书；在德国，接受著名历史学家兰普莱西指导。

传道：蒋梦麟、罗家伦等。

言语：思想自由，兼容并包。

品藻：以一个校长身份而能领导那所大学，对一个民族、一个时代，起到转折作用的，除蔡元培外，恐怕找不出第二个。

——约翰·杜威

1919年6月15日，蔡元培愤言发表《不肯再任北大校长的宣言》：

（一）我绝对不能再做那政府任命的校长：为了北京大学校长是简任职，是半官僚性质，便生出许多官僚的关系……我是个痛恶官僚的人，能甘心仰这些官僚的鼻息么？

（二）我绝对不能再做不自由的大学校长……世界有这种不自由的大学么？还要我去充这种大学的校长么？

（三）我绝对不能再到北京的学校任校长：北京是个臭虫窠……无论何等高尚的人物，无论何等高尚的事业，一到北京，便都染了点臭虫的气味。

执掌北大的十年间，这位怀抱教育救国信念的校长七次请辞，这是其中一次。

对于他的频繁挂冠，胡适认为：在这混浊黑暗无耻的国家里，在这怯懦不爱自由的民族里，蔡先生的不合作主义是不会成功的。

而蔡元培始终坚守这种"洁癖"——在黑暗的势力面前，知识分子的"退"有时比"进"更重要。

永远的校长

没有蔡元培,就没有新北大。

北大后来的面目就是经过蔡元培点化后而得以根本改变的。它显赫的传奇也被人这样描述:京师大学堂大难不死,已属奇迹,还能排除阻力开班授徒,更是奇中之奇。

而这一切皆得从新任民国教育部长范源濂对蔡元培发出的一份急电说起:

国事渐平,教育宜急。现以首都最高学府,尤赖大贤主宰,师表群伦。海内人士,咸探景仰。用特专电敦请我公担任北京大学校长一席。务祈鉴允。早日回国,以慰瞻望。启行在即,先祈电告。

手握着用词极其殷切的电文,面对着当下的时局国情,蔡元培一度犹豫,陷入了沉思之中。

他与吴稚晖商量此事,友人说了一句:"中国事,云不可办,则几无一事可办;云可办,则其实亦无不可办。"

他又想到,要使中国转危为安,只有从教育入手。

他忆起,当年普鲁士受拿破仑蹂躏,哲学家、教育家费希特改良大学教育,对于挽救普鲁士贡献很大。普鲁士之所以能战胜法国,人们都归功于小学教师,之所以有那一代小学教师,得力于高等教育。

他自己很清楚：我的兴趣就在大学。在1912年任教育总长时，他就和时任次长的范源濂谈及此：没有好大学，中学师资哪里来？没有好中学，小学师资哪里来？所以我们第一步，当先把大学整顿。

最后，孙中山的意见是：如果你去北大做校长，有利于革命思想向北方传播。

1916年马上就要过去了，蔡元培将开启他生命中伟大的新篇章。

眼前的北大有两大弊端：学科凌杂，风纪败坏。

蔡元培的解法是：救第一弊，在于延聘纯粹之学问家，一面教授，一面与学生共同研究，以改造大学为纯粹研究学问之机关；救第二弊，在延聘学生之模范人物，以整饬学风。

于是，一个蔡元培的时代开始了。

大学之大，因其无所不包，各种言论思想均可自由，但亦不必出于互相诟骂。如各有主张，尽可各自鼓吹自己主张之长处，不必攻击或排斥他种主张。

蔡元培主张兼容并包，入主北大后，他立即大力进行改革，延聘选拔有真才实学的各方面人才，容纳各种学术和思想流派——不在乎你的政治立场，不在乎你的资历，不在乎你的年龄。

于是，短时间内，北大教员队伍发生了重大变化，学校面貌为之一新。

据1918年年初的统计，全校共有教授九十人，从其中七十六人来看，三十五岁以下的四十三人，占57%，五十岁以上仅六人，占8%。最年轻的文科教授徐宝璜仅二十五岁，其他如胡适、刘半农等都是二十七八岁。1917年以后，北大三十岁左右的青年教员相当多，其中许多是蔡元培从科学论文中发现而请来的。北大教授平均年龄仅三十多岁，而同时期北大本科学生的平均年龄为二十四岁。

这样一支年轻而富有活力的教师队伍，一扫北京大学的陈腐之气，使之成为鲁迅所说的"常为新的，改进的运动的先锋"。

蔡元培初到北大时，北大国文课只有经史子集，外文只有英文，教员只有旧派学者。他增加了戏曲和小说等科目，聘请了陈独秀、胡适、刘半农等新派学人，增开了法文、德文和俄文等外文学科。

至此，北大新旧学者济济一堂：有主张新文化运动的胡适、陈独秀、鲁迅等人，有尊王复辟的辜鸿铭、刘师培等，有中国共产主义的先行者李大钊、最早介绍无政府主义的李石曾，还有最早介绍爱因斯坦相对论的夏元瑮……此外，他还延聘了钱玄同、俞同奎、沈尹默等一批原有教员，聘用了梁漱溟等一批只有二十三四岁的年轻学者，请来刚从美国留学归国的女教授陈衡哲，聘请数学系老教授冯祖荀，外籍教授、地质系的葛利普等，以及画家徐悲鸿等。

广延积学与热心的教员，认真教授，以提起学生学问的兴会，这正是蔡元培整顿北大的第一步。并且，他也为此付出了充满无限诚意的努力，尤其是陈独秀的任事，周折颇多。

蔡元培经汤尔和介绍而知陈独秀与《新青年》，考虑他是新思想的代表，并且传统学术根底深厚，便希望把他请到北大来。

蔡元培为此几乎天天登门拜访。有时去得早了，陈独秀还没有起床，他就招呼茶房，不要将其叫醒，只要拿凳子给他坐在房门口等候就好。陈独秀原本看不上名声糟糕的北大，但架不住蔡元培三番五次登门的诚意，同意担任北大文科学长。为了得到教育部的顺利批准，蔡元培公函中的陈独秀履历是其代为填写的，其中确多有不实之处：陈独秀，安徽怀宁县人，毕业于日本大学，曾任芜湖安徽公学教务长、安徽高等学校校长。

之所以如此殷切与冒险，是因为在蔡元培眼里，当时的陈独秀正是一员闯将，是影响最大，也最能打开局面的人。事实证明，蔡元培这步棋走得很对。

后来，黄侃、马裕藻对此颇为不满，抱怨道："陈独秀不过能写点笔记文，怎么能做文科学长？"蔡元培说："仲甫（陈独秀的字）精通训诂音韵之学，如何做不得学长？"

蔡元培时代的北大，保守派、维新派和激进派都同样有机会一争高下。

他素信学术上的派别是相对的，不是绝对的，所以每一种学科的教员，即使主张不同，若都是"言之成理、持之有故"的，就让他们并存，令学生有自由选择的余地。

所以，当时的北大常有如此情形：黄侃在教室大骂钱玄同，而钱玄同在对面教室如同未闻，照讲不误；梁漱溟和胡适打哲学对台，同时开讲哲学。

为学问而学问的精神，一时在北大成为一种风气。

而随着改革的一步步扩大，北大里旧学派的声音渐成势力。

北大请吴梅开设元曲课程，有人便造谣说在教室里唱戏；因陈独秀等人提倡白话文，又有谣传说北大把《金瓶梅》当作教科书。

守旧学者更是直接在课堂中开骂。周作人就曾写到当时的情形：别的人还隐藏一点，黄季刚最大胆，往往昌言不讳。他骂一般新的教员附和蔡孑民，说他们"曲学阿世"，所以后来滑稽的人便给蔡孑民起了一个绰号叫作"世"，如去校长室一趟，自称会"阿世"去。知道这个名称，而且常常使用的，有马幼渔、钱玄同、刘半农诸人，鲁迅也是其中之一，往往见诸书简中，成为一个典故。

而在校外，研究系、安福系等旧派文人也对蔡元培发起了猛攻。

林纾一面通过写小说的方式影射攻击蔡元培等人，一面给之写公开信，说学校里提倡非孝，要求斥逐陈独秀、胡适诸人。蔡元培回复道，《新青年》并未非孝，即使有此主张，也是私人的意见，只要在大学里不来宣传，也无法干涉。

同时，令蔡元培看到希望的是，他的兼收并包亦取得了很多旧派学者的拥护——在这场纷争中，辜鸿铭直接撰文予以支持，称其"实为我孔孟旧学大功臣也"。

起起伏伏，跌宕人心。终于北大还是让人刮目相看了。

北大建校二十周年时，吴梅撰写了一首纪念歌：

沧海动风雷，弦诵无妨碍。
到如今费多少桃李栽培，喜此时幸遇先生蔡。
从头细揣算，匆匆岁月，已是廿年来。

蔡元培，这个执着的教育斗士，带着他的新力量继续前行。

他请国外知名学者到北大讲学。美国哲学家、教育家杜威，英国哲学家罗素，法国数学家班乐卫，印度诗人泰戈尔等，连同德、法、日、苏等国的学者均有过北大之行。

杜威评："拿世界各国的大学校长来比较，牛津、剑桥、巴黎、柏林、哈佛、哥伦比亚，等等，这些校长中，在某些学科上有卓越贡献的，固不乏其人。但是，以一个校长身份而能领导那所大学，对一个民族、一个时代，起到转折作用的，除蔡元培外，恐怕找不出第二个。"

梁漱溟说："所有陈（独秀）、胡（适）及各位先生任何一人的工作，蔡先生皆未必能作。然他们诸位若没有蔡先生，却不得聚拢在北大，更不得机会发舒。聚拢起来而且使其各得发舒，这毕竟是蔡先生独有的伟大。"

行思想自由之原则，取兼容并包之意。

按照蔡元培最初预想的步骤，在教授治校的同时，便是要将北大变作一个学习的自由王国。

于是，当时社会上各行各业人士都可以进入沙滩红楼听课。那些求知欲望甚为强烈，但由于贫困而上不起学的青年，诸如商店的营业员、工厂的学徒等，都可以进入北大讲堂听课，学习文化知识。

这在中国教育史上是空前绝后的。现在进入北大要有证件，当时什么都不要。

而这样全开放的局面，源于北大正在招收一批旁听生。

1917年，萧禀原考入北京大学中国文学门（系）。一位杜姓同学想去旁听，他便去北大教务处代为申请。教务处一位先生却说："座位满了，不能再收。"

"座位没满，请你去教室看看。"萧禀原如此承言，但教务处的先生丝毫不予理睬。他便气呼呼地去见蔡元培校长。校长室在红楼二楼，也没有秘书阻挡，学生可以随便去找。他一进门，蔡元培看他怒气冲冲，便和蔼地说："你先坐下，休息五分钟，五分钟后你再讲话。"

萧禀原坐了一会儿，便和蔡校长说了为杜姓同学申请旁听的事。他说："多收一个学生总比少收一个好。教室有座位，可是教务处的先生却说座位满了。请校长去教室看看是否有座位。"

蔡元培听后，马上亲自打电话把教务处那位先生请来。萧禀原当着蔡校长的面，对教务处的先生说："教室确实还有座位，不信你去看。"

教务处的先生没有说话。蔡校长当即拿笔写了一个条子"准予杜××到中国文学门旁听"，交给教务处的先生。于是这位杜姓同学终于入学旁听了。

这是思想的驱动力，是知识的洗礼，更是北大这样宏大的学堂才能给予的机会。可想而知，在当时的情势之下，北大的旁听生、"偷听生"只会越来越多。

一日，蔡元培、陈独秀、胡适晚饭后在沙滩附近散步，不经意间走到"偷听生"们居住的"拉丁区"。他们好奇地走进一间屋子，只见一个衣着寒酸的青年正借着微弱的灯光读书，身旁放着两个发硬的馒头。

陈独秀性急，上前劈头就问，青年惊惶不已，结结巴巴地说，自己是一个穷学生，没钱办旁听证，但很想听鲁迅讲课，所以……

蔡元培打断了他的话，让他不要紧张，看了看那两个馒头说："旁听证，明天你到我办公室去取，但现在，你要跟我去吃饭。"

接着，三人便带着这个叫许钦文的青年到一个小饭馆吃饭。

许钦文像饿疯了似的大吃特吃，并对三人说：

"人称咱北大有'五公开'。一是课堂公开，不管有没有学籍都随便听课。有的旁听生来早了先抢到座位，迟来的正式生反而只好站后边了。二是图书馆公开，可以随便进出。三是浴室公开，莲蓬头反正一天到晚开着，什么人都只管去洗。四是运动场地公开，操场上外校学生有时比本校的还多。五是食堂公开，学生食堂都是包出去的，上饭馆和食堂价格一个样。北大校园里还有三种学生，一是正式生，另一种就是旁听生，还有就是我们这些'偷听生'。未办任何手续，却大摇大摆地来校听课，我们多数就租房住在这'拉丁区'里。"

许多年后，许钦文深情回忆道："我在困厄中颠颠倒倒地离开家乡，东漂西泊地到了北京，在沙滩，可受到了无限的温暖。北京冬季，吹来的风是寒冷的，衣服不够的我在沙滩大楼，却只觉得是暖烘烘的。"

当然，借此"取暖"的大有人在。

沈从文是北大庞大的旁听生队伍中的一员，学期结束时，他还冒充北大学生参加了考试，竟然还获得了三角五分钱的奖学金。这个浩浩荡荡的旁听生队伍中还有毛泽东、柔石、胡也频、李伟森等。

而曹靖华则是考上北大学生中的旁听生。因为交不起学费，便在北大旁听，学习俄语，后来得到李大钊的帮助，才正式成为北大学生。

看着沐浴在学海中如饥似渴的莘莘青年，蔡元培的心中，时常升起更多更重的力量。校园的自由、开放、兼容并包，让人不免以为他亦是个有求必应的好好先生,不过,他对学生从来是有要求的。

当时北大有一种"自绝生",他们对蔡元培提出,要求废除考试。蔡元培答复道:"你要文凭,就得考试;你如果不要文凭,就不要考试;上课你随便上,你愿意上就上,不愿意上就不上,但是你对外不能称是北京大学的学生,同时你也不能有北京大学毕业的资格。"

他希望学生抱定宗旨,为求学而来。

他说:学生在学校里面,应以求学为最大目的,不应有何等的政治组织。其有年在二十岁以上,对于政治有特殊兴趣者,可以个人资格参加政治团体,不必牵涉学校。

时局动荡,五四浪潮激烈,学生运动的发展亦出乎他的意料……

他的立场与学生不同,世界上没有哪一个校长会情愿自己的学生罢课。

蔡元培讲:读书不忘救国,救国不忘读书,核心是读书。一个"文化救国论"者,显然不希望自己的学生成为"职业革命家"。

就这样,蔡元培离京南下。

风雨如晦的近代中国,一个大学校长如何端平政治和书桌,这个难题并不只是摆在蔡元培一个人的面前。

犹记抵京时,《中华新报》发出北京专电:风雪中来此学界泰斗,如晦雾之时,忽睹一颗明星也。

蔡元培自己写道:就是失败,也算尽了心,这也是爱人以德的说法。

后来的继任者蒋梦麟这样评价：维新的浪潮已经从这千年的古城，消减成为历史，叛逆的石子投入死水中，正是1916年执掌北大的校长蔡元培。

到1927年止，这是他一生中最具成就也最为世人所景仰的辉煌历程。

君子和而不同

滚滚洪涛中，他自然是位不凡的隽才，才得以革新一个教育时代。

锵锵激越中，他自然是有人格的感召，才赢得了延续世代的瞻望。

林语堂这样评价蔡元培："蔡先生就是蔡先生。这是北大同仁的共感。言下之意，似乎含有无限的爱戴及尊敬，也似乎说天下没有第二个蔡先生。别人尽管可有长短处，但是对于蔡先生大家一致，再没有什么可说的。"

蔡元培，从踏进北大校门的那一刻起，就与其前任截然不同。

他到校的第一天，校工们排队在校门口恭恭敬敬地向他行礼，而他也非常郑重地脱下礼帽鞠躬还礼。校工们包括许多师生都对他这一行为惊讶不已——这么一位校长，真是从来不曾见过。此后，每日他出入校门，校工们向他行礼，他都会脱帽鞠躬。

就是还礼这件小事，给存在严重封建积习的北大吹进了一股强劲的平等、民主之风。

蔡元培出行，一向徒步。时前，清末士大夫出行必坐轿，蔡元培竭力反对，说："以人舁人，非人道；且以两人或三四人代一人之步，亦太不经济。"一次，某名流在自家府邸设宴，以轿接之，他坚不肯乘，使空轿还，而自己则徒步前往。及至，已肴残酒阑，主人怪责轿役，蔡元培立刻为其解释。他亦不坐人力车，原因是："目睹人力车夫伛偻喘汗之状，实太不忍。"

就任北大校长后，他到前清驻德公使孙宝琦家中拜访，告别时，孙宝琦将其送至门口，见门前无车，便对他说："你现在不可再徒步了。"蔡元培唯唯，但第二次拜访时依旧如故，孙宝琦于是购买了一部新马车送给他。此后，他再来访，仍是徒步，孙宝琦知其有车无马，便又将自己的马给他送去。1922年，当北京的大街小巷已经跑起小汽车时，蔡元培还坐在这辆外观已经斑驳的马车里，按时到北大去上班。

他只是心有自己的定数而已。

傅斯年有言，蔡元培先生实在代表两种伟大文化：一曰，中国传统圣贤之修养；一曰，西欧自由博爱之理想。此两种文化，具其一难，兼备尤不可觏。

的确，正如他提出的"思想自由，兼容并包"一样，他自己也是这么做的。

1915年夏，许德珩只身来到北京，考入北京大学英文门。虽是年已二十五岁，但家中经济困窘，无力供他上学。两年后，蔡元培任北大校长时，许德珩生活实在没有着落，只好去找他。

他向蔡元培陈述了自己的困境，蔡元培问道："会外文不？"答曰："会一点英文。"蔡元培从书架上拿出一本英文的

《多桑蒙古史》,随手挑一节叫他翻译。他当即写出,翻译的中文贴切通顺,加上写得一手好字,蔡元培看了比较满意,当即介绍许德珩到国史编纂处做课余翻译,月薪十块银元。从此,许德珩不但可以吃饱穿暖,而且每月还能寄点钱给乡下的寡母。多年后,许德珩还时常对子女孙辈说:

"正是我山穷水尽的时候,我师蔡先生援人以手,给了我课余翻译的机会,对我真是莫大的支持和鼓舞。"

承蒙师恩惠泽,那是一生命运的转变啊。

办学先为师,他恭敬却不失厚德,纳悦又尚有端持,蓬勃的青年在他眼里是那样有希望。

北大规定,新生入校,必须有一名京官为其担保。1919年,一位马姓湖南学生考入北大,但他在京无亲友,更谈不上认识京官了。他便写信向蔡元培抗议,要求北大取消这一规定。蔡元培马上回信说,国外大学确无此制度,但北大是教授治校,取消这一规定必须教授会决议通过。在取消这一规定前,他愿为其担保。于是马姓学生顺利入北大求学。

这样的事例比比皆是,恐怕列大几张的名单亦不难吧。冯友兰最初和蔡元培打交道就出于类似的缘故。

弟弟冯景兰在北大上预科时,想报考河南省公费留学生,需要北大出具的肄业证明。由于时间紧张,冯友兰写好证明信,直接到校长办公室找蔡元培。冯友兰走上前去,蔡元培欠了欠身,问有什么事。冯友兰把信交给他,他看了,笑笑说:"好哇,好哇,能够出去看看好哇。"冯友兰说:"那就请校长批几个字吧。"蔡元培提起笔来就写了两个字"照发"。接下来,证明信很快就办好了。

如此崇明的德行与魄力，让蔡元培收获的是来自学生、朋友的爱戴与尊敬。那是一种似于訇然中开的气场，他本辞善颜和，却在无形中散发着热和光，直到今天，又何尝不是呢？然在彼时，这份人格的敬意更见明晓。

1921年，蔡元培到美国访问。到了纽约，留学哥伦比亚大学的北大同学就组织了一批人，轮流陪同蔡元培到各地方去，冯友兰也在当中。有一天，在旅馆里，每人都拿出一张纸，请蔡元培写字。冯友兰恰好有一把折扇，也请他写。他给每人都写了几句，各不相同。又一天晚上，在纽约的中国学生开会欢迎他，到的人很多。蔡元培一进会场，所有的人不约而同地站起来，好像有人在那里指挥一样。当时的留学生杨荫榆说："我在中国教育界多年，还没有看见校长和学生间的关系这样好的。北大的学生向来自命甚高，可是见了老校长，这样地恭敬，我现在真是佩服蔡先生了。"

先生太崇高了！

千百年后，先生的人格修养，还是人类向往的境界。

先生的精神，无穷的广则弥漫在文化的宇宙间，深则憩息在人们的内心深处！

时年，这样的呼语是那般掷地有声，而今往后探看，他越发鲜活，一次次的震动、一幕幕的瞻仰……

傅斯年在北大上学时，有一个长着一副小官僚面孔的同学，平日为同学们所厌恶，于是有同学在西斋（宿舍）墙上贴了一张"讨伐"此生的告示。同学们争相模仿，以至于告示贴满了整面墙。几天后，蔡元培在全校大会上演说，最后提及此事，大意是说：

诸位在墙壁上攻击某君的事，是不合做人的道理的。诸君对某君有不满，可以规劝，这是同学的友谊。若以为不可规劝，尽可对学校当局说，这才是正当的办法。至于匿名揭帖，受之者纵有过，也决不易改悔，而施之者则为丧失品性之开端。凡做此事者，以后都要痛改前非，否则这种行动，必是品性沉沦之端。

此后，北大的匿名"壁报文学"逐渐减少。

一番说辞，听得傅斯年颇受教益。而他自己也亲临过蔡元培"精神演讲"的现场。

蔡元培第二次到德国时，由傅斯年等人陪同照料。一个在莱比锡的学生发电报给蔡元培，说要前来看望。此生出了名的性情荒谬，一面痛骂某人，一面却向某人要钱，傅斯年等人认为他此行必是前来要钱，而蔡元培正是穷困之时，所以主张去电谢绝。蔡元培沉吟后说道："《论语》上有几句话，'与其进也，不与其退也，唯何甚？人洁己以进，与其洁也，不保其往也'。你说他无聊，但这样拒人于千里之外，他能改了他的无聊吗？"于是，傅斯年又知道读《论语》是要这样读的。

大学之道，在明明德，在亲民，在止于至善。

投身教育的蔡元培熟谙于此，更是言与行皆为楷模。在动荡的时局下，他对青年的保护毅然执着——他不仅是一盏明灯，更是一面旗帜。

五四游行中，三十二名学生被捕，其中北大学生二十人。当晚，蔡元培赶到北大第三院大礼堂时，正在商讨营救方法却苦无对策的学生见到他，有的大声欢呼，有的竟放声大哭起来。蔡元培并没有责备学生，而是表示将由他来营救被捕学生并处理善后事宜，让学生明天照常上课。学生均表示听从。接着，他马上赶到段祺瑞最敬重的孙宝琦家中，请其出面说项。孙宝琦因此事闹得太大，颇为犹豫。蔡元培便在孙家会客室，一直坐到深夜十二点多。孙氏无奈，只能答应一试。

在蔡元培的努力下，5月7日，被捕学生终于获释。蔡元培与北大全体师生在汉花园广场迎接被释放的学生。见面后，大家的情绪颇为激动，一些学生更是大哭起来。他安慰大家，让大家不要哭，可话未说完自己也禁不住潸然泪下。获释学生许德珩回忆说：当大队群众伴着出狱的学生走进汉花园的广场时，先生是那样沉毅而慈祥，含着眼泪，强作笑容来勉励学生，安慰学生。

怀揣着教育救国的信念，他时刻自警着：只要培养出一大批学者，国家就有希望。而在这过程中，教员一样要负起责任来。

1920年冬，蔡元培赴欧美考察教育期间，由于北洋政府长期欠薪，北平各校教员向政府请愿反遭警卫殴打后，宣布罢教。北洋政府补发欠薪后，各校才开始复课。蔡元培回国后听说此事，大为不满，召集北大教职员痛切地说："学校教育青年，教职员应为学生模范，岂可因索薪罢教，贻误后生？如果认为政府太坏，不能合作，尽可自动辞职，另谋他就。如大家都求去，亦可使政府惊觉反省。岂可既不离职，又不尽教学责任，贻误青年？"他坚决要求教职员们将罢教期间所得的薪水交出归公，教职员均照办。

因为他的肩上是青年的前途，是北大的明天，是教育的重担，是国家的未来——这些事我都不怕，我忍辱至此，皆为学校，但忍辱是有止境的。北京大学一切的事，都在我蔡元培一人身上。

吴稚晖感佩蔡元培：蔡先生为人，真是所谓"君子和而不同"。他和哪一个人都很和气。然而他绝不会因为做人和气，就人云亦云，而是软中带硬，外圆内方。

蔡元培入主北大前，北大的校务会议多用英语。他上任后，提议校务会议一律改用中文。此举引起外国教授的反对，纷纷表示："我们不懂中国话。"蔡元培反问："假如我在贵国大学教书，是不是因为我是中国人，开会时你们说的是中国话？"洋教授们哑口无言。从此，北大大小会议一律使用中文，不再讲英语。

在大局前，蔡元培的确自有方圆。北大有两名英国教授品行不端，带领学生逛八大胡同。蔡元培对此极为不满，聘约期满时，他坚决不再续聘。英国驻华公使朱尔典找其求情，遭到拒绝后，怒而扬言道："我看你蔡鹤卿还能做几天校长？！"但蔡元培依旧坚持原则。英国教授将北大告上法庭，他请王宠惠任代理人，最终北大胜诉。

书生意气，却无丝毫懦弱，反而多有强硬。

五四前后，北洋军阀及旧派文人指责新士风为"洪水猛兽"。蔡元培在《新青年》发表《洪水与猛兽》一文道："今日之士风，可以算是洪水；而今日之军阀，正是猛兽，非用洪水淹此猛兽不可。"胡适在此文的"附记"中说，这是"很重要的文字，很可以代表许多人要说而不能说的意思"。罗家伦将此文称为"光芒万丈的短文"。二十多年后，傅斯年仍感慨不已："这话在当年是何等勇敢，何等切实！"

那是一颗赤诚的心，一个淋漓的爱国者啊！

他的和气之下，却总是扯不开耿直、率性的影子。

巴黎和谈期间，北京各大学教员在清华开会，大家慷慨激昂，纷纷表示要给巴黎和会的中国代表团发通电，蔡元培雍容静穆地起立，声音低微地说："我们这样抗议，有什么用处？应该全体总辞职。"五四运动爆发后，蔡元培果然辞职。

担当，坚毅，理性——蔡元培一直都吹着先锋者的号角。

20世纪20年代初，因北洋政府久欠大学教育经费，北大为维持校务，施行新的经费开支措施，要求学生支付讲义费。此条规定引起学生的强烈抵制，引发了"讲义风潮"。某日下午，学生代表到总务处找规定收费的沈士远算账，并以罢课相威胁，要求取消讲义费。蔡元培说，此事由他个人负责，与沈士远无关。双方发生争执，蔡元培怒不可遏，喊道：

"我要跟你们决斗！"

"我是从手枪炸弹中历练出来的，你们如有手枪炸弹尽不妨拿出来对付我，我在维持校规的大前提下，绝对不会畏缩退步！"

一个教育家的脾气终于爆发了！

蔡元培一生的成就不在学问，不在事功，而在开出一种风气，酿成一大潮流，影响到全国，收果于后世。这当然非他一人之力，而是运会来临，许多人都参与其间的。然而数起来，却必要以他居首。

他的伟大在于一面有容，一面率真。他之有容，是率真的有容；他之率真，是有容的率真。更进一层说：坦率真诚，休休有容，或者是伟大人物之所以为伟大吧。

世上已无蔡元培

山河岁月，峥嵘兴国。

蔡元培曾为约束自己而定下"三不主义"：一不做官，二不纳妾，三不打麻将。

在这三个原则中，唯第一个，他没有做到。

蔡元培一生致力于教育，即使涉足政治，也以实现自己教育救国的抱负为出发点。

民国初年，他被任命为教育部长，他欣然接受。而到了1927年，他又被任命为中华民国大学院院长。为实行全国范围的教育救国，他在中国推行大学区。第二年，他将北大划入北平大学区范围，他的北京大学校长的名义才取消。

其实，蔡元培本不只属于北大，他是属于整个学术界、文化界的。

他筹建中央研究院，李四光、竺可桢、梁思成、陈寅恪、李济等麇集麾下。

他推行并普及美育，认为美的欣赏比宗教信仰更重要：他任命二十八岁的林凤鸣（即林风眠）为国立艺术院首任院长，造就了中国最年轻的一位大学校长；他将刘开渠以"驻外著作员"身份派往巴黎学雕塑，培养了新中国雕塑事业的奠基人。

蔡元培，他无疑是一位开拓者。

正如他未能履行自己不做官的原则一样，时运际会，令他不得不参与更多的革命活动。他知道自己需要奋身而出。

1927年，国共合作破裂，许多共产党人被捕。蔡元培支持"清党"，但他得知国民党清党委员会成立当晚，枪决了二十余名共产党人时，很严肃地对姜绍谟说：

"我们不能随便杀人！昨天那样办，太荒唐！太草率！太不好了！此后必须谨慎！必须做到三件事：第一，抓人，必须事先调查清楚，始可逮捕；第二，定罪，必须审问清楚，证据明白，才可判决；第三，杀人，必须其人罪大恶极，提出清党委员会，经会议决定，始可执行。"

闻此言，我们看到，他仿佛还是那个胸怀青年命运的蔡校长啊。

是的，他一生的使命都系在中国之未来身上。

九一八事变后，日本侵华的步伐逐渐加快，国民党内主战派与主和派争吵不休。1934年，蔡元培在南京的一次宴会上激动地对主和派代表汪精卫说：

"关于中日的事情，我们应该坚定，应该以大无畏的精神抵抗。只要我们抵抗，我们的后辈也抵抗，中国一定有出路。"

他一边说着，一边禁不住老泪纵横，两行热泪流到了西餐的汤盘里，他低头连汤带泪吞咽下去。举座动容，汪精卫如坐针毡。

他的爱国大旗继续张扬，矢志不渝。

1932年，蔡元培与宋庆龄、杨杏佛等在上海发起成立中国民权保障同盟，蔡元培任民盟副主席。该同盟宗旨为保障人权，并不区分党派、国籍、罪或非罪。九一八事变及一·二八事变发生后，蔡元培都以中国民权保障同盟的名义，营救了许多被国民党逮捕的进步人士和爱国学生，老友陈独秀就是其中之一。

他一生都致力于维护青年，营救中国。

何其可贵，何其庆慰！

蔡元培一生为人写推荐信无数，他的八行书推荐信极为有名，多则一日三四十封，少则也有十余封，甚至有人求他介绍门房或工役，他也欣然同意。

他对于北大毕业同学确实能做到来者不拒、有求必应。

不过，他的介绍信有两个地方是不写的：真正无把握的不写，绝对有把握的也不写，最愿意写的是在"有""无"之间。写信的方式也有两种：一种是亲笔的，一种是签名盖章的。亲笔的信在他的主观上是冀其必成的，签盖的信虽负介绍之责，但引用与否，在客观上还请受信者予以权衡。

许寿裳回忆，蔡元培的访客每日络绎不绝，他只要有闲暇，无论是早餐前还是深夜，总不厌其烦地接待。他任大学院院长时，甚至有素不相识的商店伙计拿着书本前来请教，他也详细地为之讲解，毫无倦容。

知忠，不与世苟同；知恕，能容人而养成宽宏大度。

无论想做而做不成蔡元培的，想寻而觅不得蔡元培的，或者简单地想以蔡元培来论事的，都面对着一个不乏讽刺意味的事实：时至今天，就中国大学的改革和发展来说，蔡元培依然是一座可望而不可即的高峰。世上已无蔡元培！

国内蔡元培故居有三处，一是现在的绍兴市区萧山街笔飞弄十三号，二是上海华山路三零三弄十六号，三是北京东城区东堂子胡同七十五号。笔飞弄十三号是蔡氏老宅，蔡元培出生于此，并在此度过了童年和青少年时代。后两处是蔡元培租住过的地方。

这个不起眼的事实隐藏着另一个令人惊讶的事实。

在混乱的民国时代，争名逐利、爱财弄权是时代的底色。蔡元培是开国功臣之一，是教育总长，是北大校长，是中央研究院院长，足可谓位高权重，但大先生蔡元培竟没有自己的房子。

在他波澜壮阔的人生中，他选择了什么？

胡 适

容忍比自由更重要

生平：1891—1962，原名嗣穈，后改为胡适，字适之。安徽绩溪上庄村人，因提倡文学革命而成为新文化运动的领袖之一，曾担任北京大学校长。他兴趣广泛，著述丰富，在文学、哲学、史学等诸多领域都有深入的研究。

受业：哥伦比亚大学哲学系杜威教授。

传道：牟宗三、罗尔纲、顾颉刚、俞平伯、傅斯年等。

言语：容忍比自由还更重要，容忍就是自由的根源。

品藻：这位哲人所给予世界的光明，将永远存在。

——中央研究院

胡适，在少数人心目中，不是厉害的对手就是很好的朋友。

对于其他人而言，他是老大哥。所有人都承认他温文尔雅、招人喜爱。

在他身上没有什么神秘：只有阳光，没有阴影。

他的心胸仿佛是一片明亮如镜的广阔湖泊，没有浪漫的深沟，没有彼岸的回音。对于这样的湖，我们关心的不是深度，而是如镜的湖面。那湖面映照一切，能够把一幅幅精致、明净、有序的世间景象呈现在我们眼前。

灵魂激荡的年代，他和那一辈人一样，心无旁骛、天高云淡，身上也饱含博爱悲悯、人性理性。可越是惶惶纷乱之间，他温和的忧虑、正义的火气就越显得珍贵而特别。

儒雅之河，静水流深

十里杨林镇，五里后岸街，千灶万丁小上海，苍山环抱大树庄。

这是胡适的故乡，安徽绩溪，一座山水相映的小镇。

一代儒雅之士的学养即从这里开始。

胡适，本名胡嗣穈，少时由于身体弱，母亲管束又严厉，养成一种爱静不爱动的性格，无论在什么地方，总是文绉绉的，人们给他一个绰号叫"穈先生"。

偶尔，他跟村里的孩童玩"掷铜钱"，一个长辈走过，笑着对他说："穈先生也掷铜钱吗？"这是一句玩笑话，他听了立即羞愧得面红耳赤，觉得的确有失"先生"身份。打这以后，他参加孩童们的游戏就更少了，一门心思全部放在看书上。

稍长一些，性子略开朗，他有时跟一群同学找几根木棍做刀枪，戴上假胡须，在田里做戏。大家多半派他充当文角儿，如诸葛亮、刘备之类的角色。只有一次做史文恭，被花荣一箭从椅子上射下去，仰面跌在稻草垫的田里，这是他最活泼的玩意儿了。

大概正是得于这样的渊源，在胡适最早的生活中，只大量充斥着读书和写字两件事，文字和思想方面，不能不说是打下了一点底子，并且，在性情上培养了老成持重的特点，保持了温良谦恭让的作风。

对此，胡适该是"自得"的吧。他如是归因：

"我母亲待人最仁慈,最温和,从来没有一句伤人感情的话。"

"我在母亲的教训之下住了九年,受了她的极大极深的影响。我十四岁就离开她了。在这广袤的人海里独自混了二十多年,没有一个人管束过我。如果我学得了一丝一毫的好脾气,如果我学得了一点点接人待物的和气,如果我能宽恕人,体谅人——我都得感谢我的慈母。"

"我母亲最大的禀赋是容忍。"

"出自她对我伟大的爱忱,她送我出门,分明没有洒过一滴泪就让我在这广大的世界中,独自求我自己的教育和发展,所带着的,只是一个母亲的爱,一个读书的习惯,和一点点怀疑的倾向。"

经过九年私塾的学习,胡适受到了良好的启蒙教育,但做人方面的训练如何呢?无疑,在这一点上,他的恩师就是母亲。

平时胡适在家做错了事,母亲从不在人前责备他,而只用严厉的眼光一瞅,胡适就吓住了。到了晚上人静的时候,母亲才关起房门教育他;有时罚跪,或者是拧他身上的肉,无论怎么重,都不许他哭出声音来。胡适说,她教训儿子,不是借此出气叫别人听的。

凉秋一夜,为穿一件衣服,胡适说了一句调皮的话:"娘(凉)什么!老子不老子呀!"母亲听了,当时没说什么,到晚上重重地处罚他,胡适跪着直哭,不住地用手擦眼睛。不知擦入了什么细菌,后来竟害了一年多的眼病,左医右医也医不好。有人说可以用舌头去舔,母亲真用舌头去舔他的眼睛。胡适长大成人后,念及此景此情,称赞她是慈母兼严父。

可以说，虽然父亲过早辞世，但从小得益于母亲的言传身教，使得胡适在成长与为人处世上积淀了温和的率性、宽忍的真性情。

并且，这种品质在他的一生之中，都显现不尽。

与长者，与同辈，与朋友，与学生，与下属，胡适都自然保有一种谦和之气。

胡适与梁启超的交往和友谊，最初正是靠了二人对于《墨子》的共同兴趣。胡适的《墨家哲学》曾受到梁启超的称赞，所以当梁启超新著《墨经校释》将出时，就想到了心里很是推崇的这位后学。梁启超不仅致信胡适，希望他能为该书作一篇序，并且希望他不客气地在序里"正其讹谬"。

胡适认真拜读后，写了一篇三千字的序言，给予充分肯定，但同时也指出书中的一些问题。梁启超看后认为胡适的观点有误，于是挥毫写下一篇针对胡适文章的序言，而将胡文放在了书后，成为唯一放在书后的序言。胡适不以为忤，依旧对梁启超尊敬有加，还对其倾言"全无城府，一团孩子气"。

高手过招，有太多看头。但遇到了胡适，便注定只会拂一阵温煦之风。

事隔一年，梁启超进行系列讲演，主要是批评胡适的《中国哲学史大纲》。会议由梁漱溟主持，梁漱溟开始颇有顾虑，怕胡适有意见，然而胡适并不介意，也去参会，一同坐在主席台上。会上，梁启超先一一指出书中有什么地方不对，措辞犀利，极不客气。胡适只是微笑，轮到他发言时，他态度平和地批驳梁启超何处讲得不对。最后，梁漱溟总结发言，指出梁启超、胡适讲话中各自的正确和错误，这场辩论就此落幕。就是这样一场平和的君子之争，台下的观众却听得如醉如狂，想必是受足了其间的感染与鼓动。

傲慢的人受到他的殷勤款待而沾沾自喜，庸碌之辈得到他的平等对待也能舒畅高兴。胡适在北京大学期间，也佳话不断。

一次大会上，学生杨杏佛大骂胡适的新文化改革，后来蔡元培带他到胡适家道歉。

胡适只是说："《西游记》的第八十一难，我觉得原文写得太寒碜了，我想把它改写过。"

蔡元培问："怎么改法？"

胡适说："唐僧取经回来，还要遭一难，因为这时在取经路上被他的三个弟子打死的许多冤魂冤鬼，都来报仇了。唐僧情愿舍身，把他的肉，一块一块地割下来，喂给一班冤魂冤鬼，他们每吃一块唐僧肉，可以增长一千岁。唐僧说：'我舍身，使他们可以超生，可以报账。'"

杨杏佛羞得面红耳赤。

时年，胡适任职北大教授，授业解惑，对学子体恤与关怀不断，而当胡适重返北大担任校长时，他的这种"本事"依然温良。

在那间子民堂前东屋里的狭窄简陋的校长办公室里，季羡林算是常客。作为东方语言文学系主任，他要向胡适请示汇报工作。胡适主编报纸上的一个学术副刊，他又是撰稿者，所以免不了常谈学术问题。

在一日日的接触、相待中，季羡林不禁发赞：最难能可贵的是，胡适待人亲切和蔼，见什么人都是笑容满面，对教授是这样，对职员是这样，对学生是这样，对工友也是这样。从来没见过他摆当时颇为流行的名人架子、教授架子。"我作为一个年轻的后辈，在他面前，决没有什么局促之感，经常如坐春风中。"

既朴实，又谦礼，就是胡适——先生温润如玉。生活中他亦如此。

近代史学家唐德刚对胡适很是敬仰，又颇受其恩惠。他常到胡适家中吃饭，因年轻，一顿饭的饭量相当于胡适夫妇一天的饭量，胡适出门买米买菜总要多买一些，有时他不在家吃饭，也要吩咐江冬秀多做些饭菜，准备出唐德刚的分量。这份忘年交的情谊，唐德刚铭记终生。2005年，他接受《三联生活周刊》采访时，深情无限地说："胡先生很厉害，对我像家长一样！"

胡适的家门对外开放，来者不拒。任何人，只要开口，他都会诚意倾听，耐心叙谈。某日上午，佣人向胡适递上一张名片。胡适相当生气地流露出对来人品格及动机的不满，但想了一想，还是决定接见。随即，客厅里就听见胡适大声地招呼他："这好几个月都没听到你的动静，你是不是又在搞什么新把戏？"紧随着就是双方连说带笑的声音。可以想见，这才是胡适不可及之处之一：对人怀疑要留余地，尽量不给人看一张生气的脸。

胡适的秘书胡颂平对此更是受益颇深。他坦言，胡适平时交给他工作，无论是写一封简单的信稿，还是摘录一些资料，或是出去接洽一件事情，总是说："我想请你帮我做一件事，你有空时去办，不忙，不忙。"等他办好复命时，胡适也总是说："谢谢你。"或者说："太麻烦你了，多谢多谢。"晚年，胡适在医院特一号病房里养病,有一天夜里,他的被头不曾盖好,夜班的护士看见了,轻轻地过去帮他盖好。这时他已睡着了,但他在睡梦中对这位护士说:"谢谢你。"第二天,这位护士告诉他时,他自己一点也记不起了。胡颂平如常到医院之后,胡适对他说:"如果我睡着真的会说'谢谢你'三个字,我相信这是我的好习惯。"

苍茫人生,在胡适过来都是静好岁月,他内心的儒雅之河,汩汩静淌,涓涓细流源自母亲,他竟脉脉绵续了一生。

此身非我有,一半属朋友

胡适有白话诗道:"此身非我有,一半属父母,一半属朋友。"在他繁复而精彩的人生历程中,人际世界,可谓是一大深泓。

胡适的交往人士如此之多,以至于我们要开列出一份完整的胡适交往名单,是一件很不容易的事。但如若是举一份他的恩泽名单,下一番功夫,或许是更容易的。

他的资助,他的提携,改良了多少生命的进程。

林语堂在美国留学时,生活极为窘迫。他想起出国时胡适邀他留学归国后到北大任教,便写信给胡适,问能否预支工资。胡适立即给他寄去一千美元。后来,林语堂又一次陷入困境,胡适再寄给他一千美元。林语堂留学归国,到北大英文系担任教授,他到北大的第一件事,就是要当面向胡适致谢。胡适此时正在杭州养病，林语堂便找到教务长蒋梦麟致谢。蒋梦麟莫名其妙："什么两千美元？"林语堂这才明白，北大根本没有资助留学生的计划，当时胡适为招揽人才，私下和他做了口头协定。林语堂求助时，胡适为了遵守约定，就自掏腰包给其寄去巨款。

北大图书馆为文学院长、法学院长和各系的系主任设有专门的阅览室，然而院长和系主任们甚少使用。文学院长胡适家中藏书甚多，自然更不去使用分配给他的那一间专用阅览室。已被胡适留任北大的邓广铭鼓足勇气去问恩师，他在图书馆的那间阅览室可否借用，胡适毫不迟疑地答应下来，当即打电话给图书馆的负责人，嘱咐他把阅览室钥匙交给邓广铭。此后，邓广铭除了上午到文科研究所去整理拓片，下午和晚上全都待在那间阅览室里。邓广铭自此真正体会到从事学术研究的乐趣，后来成为中国宋史学界的一代宗师。

小学都未曾毕业的沈从文应胡适之邀，到中国公学任教。第一次走上讲台，看着教室里黑压压的人头，他紧张万分。一分钟过去了，他未能发出声来；五分钟过去了，他仍然不知从何说起……众目睽睽之下，他竟呆呆地站了近十分钟！此后，好不容易开了口，不料，十余分钟便把原本准备讲一个小时的内容全部讲完了。他再次陷入窘迫。最终，他只得拿起粉笔，在黑板上写道："我第一次上课，见你们人多，怕了。"学生们哄堂大笑。有学生向胡适反映，胡适问："有没有学生赶沈先生走？"学生答无，胡适哈哈一笑，说："上课讲不出话来，学生不轰他走，这就是成功。"

对于陷入困境的，胡适会给予帮助；对于寻求工作的，胡适开启"介绍直通车"。

他的一腔真挚仍在继续。

罗尔纲到胡适家工作，胡家常有贵客盈门，名流满座，胡适怕其心生自卑之感，每次客人到访，都要夸奖罗尔纲一番。有时家中举办特别的宴会，他便一并请之做客，让罗尔纲也高兴一天。一年后，罗回乡探亲，临行前，因面对胡适时感激之言实在难以言表，便写了封信表示感谢。第二天，胡适回函，用"命令"的口气说："我不得不向你提出几个条件：（一）你不可再向你家中取钱来供你费用。（二）我每月送你四十元零用，你不可再辞。（三）你何时能来，我寄一百元给你作旅费，你不可辞。如此数不敷，望你实告我。"

在胡家工作长达五年的时间中，胡适不仅对罗尔纲心智上关怀、物质上支援，对其前途也颇费心思。

1935年，蒋廷黻看过罗尔纲的文章后，推荐其代替自己到清华教中国近代史，胡适却替其回绝。罗尔纲的朋友们知道后，极为气愤。每到星期日，罗尔纲须上胡家，他们便不让其去，而是拉着他逛公园，如是两月之久，直到得到其他地方的聘请。罗尔纲上胡家辞行，胡适说：

"尔纲你生气了，不上我家，你要知道，我不让你到清华去，为的是替你着想，中国近代史包括的部分很广，你现在只研究了太平天国一部分，如何去教人？何况蒋先生是个名教授，你初出教书如何就接他的手？如果你在清华站不住，你还回得北大来吗？"

罗尔纲听罢，热泪夺眶而出，最后他听从胡适建议，留在了北大。

风起云涌的日子里，他成为一盏温惠的明灯，诚意打点，乐心而为。

1947年，胡适看到燕京大学西语系大三学生周汝昌发表的《〈红楼梦〉作者曹雪芹生卒年之新推定》一文后，写信给周汝昌，对其大加称赞。此后，二人经常书信往来，讨论红学问题。周汝昌提出要借阅胡适收藏的《甲戌本脂砚斋重评石头记》，胡适慷慨出借。多年后，周汝昌在《我与胡适先生》中感慨道：在我五六十年来有幸接触交往的很多位鸿儒硕学中，陈量其为人的气度气象、胸襟视野，我感到唯有胡适之先生能够称得上一个"大"字。胡适晚年说，周汝昌是他在大陆上最后收到的一个徒弟。

1948年夏，乐黛云进入北大求学。对于胡适的离开，乐黛云日后直言，其实，她真正的大学生活，精确说来也只有五个月！这的确是她一生中少有的一段美好时光。现在回想起来，说不定正是这五个月注定了她一辈子喜欢学校生活，热爱现代文学，崇尚学术生涯。这五个月中，没什么政治活动，只搞过一次"争温饱，要活命"的小规模请愿。那次请愿非常温和，她跟着大家，拿着小旗，从四院步行到沙滩校本部去向胡适校长请愿。学生们秩序很好地在院里排好队，胡适校长穿着一件黑色的大长棉袍，站在台阶上接见他们。他很和气，面带忧伤。这次请愿的结果是：凡没有公费的学生都有了公费，凡申请冬衣的人都得到了一件黑色棉大衣。这件棉大衣，乐黛云一直穿到大学毕业。

高山流水，瞻仰师德、心念恩情的又何止这几个。

的确，胡适交友遍及海内外，上至总统、主席，下至司厨、贩夫走卒、担菜、卖浆等行列之中都有胡适的朋友。

他交友有方，因着本身具有的温情与亲切，给人以陶醉的学养，并无所拘束。

他深得人缘，因着乐于帮助人，受其接济、施惠的人不少。对穷人，他接济金钱；对狂热分子，他晓以大义。他因此又得了一个"大哥"的名号，因为他总是随时愿意帮忙或提供意见。他的朋友，或是自称他朋友的人，实在太多了，甚至有刊物公开宣布：这本杂志的作者谁也不许开口"我的朋友胡适之"，闭口"我的朋友胡适之"。

要怎么收获，先怎么栽。

一如他自己所言，胡适就是这么本性而为的。

那十年的陈爆竹

搞政治，他不敢造反；谈恋爱，他也搞不出什么大胆作风。

在美国康奈尔大学就读时，胡适曾应万国学生会之请演讲中国婚姻制度。当时西方人讽刺中国人的婚姻为"盲婚"，胡适却说："贵国人结婚，男女事先恋爱，恋爱热度达到极点乃共缔姻缘。敝国人结婚，从前多由父母之命、媒妁之言，男女素未谋面，结为夫妻后，始乃恋爱，热度逐渐增加。是故贵国人之婚姻是爱情之终也，敝国人之婚姻则爱情之始也。"胡适的演讲引来台下阵阵掌声。

生在中国，胡适的立身处世，确然完全符合中国的伦理之道，尤其是他的婚姻一事。

胡适十三岁时，母亲就为他定下一门亲事，未婚妻叫江冬秀，比他大一岁，是徽州望族之女。他对母亲非常孝顺，从不曾挑剔为难，博母欢喜是为孝道。接受了母亲的安排，胡适对夫人也切实做到了终生敬爱，到老不变。如此，蒋介石评胡适"新文化中旧道德的楷模，旧伦理中新思想的师表"，真是非常允当。

1916年1月，胡适偶患小病，身居异乡，躺在床上，颇为清冷凄苦，忽然邮差送来了江冬秀的信，尽管全部"不满八行字，全无要紧话"，胡适却感动莫名。

胡适回国后，提出要在婚前见江冬秀一面，江冬秀勉强答应了。胡适到江家后，由其哥哥陪同前往闺房。胡适刚跨进绣阁，江冬秀便掩进床帐内，张目望去，隐隐约约。舅母上前要去撩床帐，胡适感到愧疚，忙拦住，然后就退了出来。胡适虽未见到未婚妻，江冬秀却见到了未婚夫，心中煞是欢喜。回到家里，大家问胡适见到新人没有，胡适笑着说："见了，很好。"

1917年冬，二十六岁的胡适终于奉母命完婚。婚礼那天，江冬秀穿花袄、花裙，胡适穿西装礼服、戴礼帽、穿黑皮鞋，两人相对，恭恭敬敬地行了三鞠躬礼。胡适为自己的婚礼写过一首诗：

记得那年，
你家办了嫁妆，
我家办了新房，
只不曾捉到我这个新郎。
这十年来，
换了几朝帝王，
看了多少世态炎凉，
锈了你嫁妆剪刀，

改了你多少嫁衣新样,
更老了你和我人儿一双。
只有那十年的陈爆竹,
越陈便越响。

新旧交错的婚姻中,"好好先生"自有他的宽慰可愉之处。胡适常说:太太年轻时是活菩萨,怎好不怕;中年时是九子魔母,怎能不怕;老了是母夜叉,怎敢不怕!他"惧内"的趣谈,不胫而走。

许多人都认为这桩婚姻中,江冬秀占了大便宜。李敖曾说:你看到了江冬秀女士以后,你才知道胡适的伟大——像鲁迅,从日本留学回来以后,把原来那个乡下婆子丢掉了;像傅斯年把原来老婆丢掉了,可是胡适没有把他这个缠小脚的乡下老婆丢掉,乡下老婆就反客为主,欺负起胡适来。欺负到什么程度啊?胡适跟朋友们一起聊天的时候,这个老婆可以进来,当众骂街,讲脏话,讲粗话,讲撒泼的话。

但是,江冬秀虽没有文化,却是个称职的妻子。她懂得如何与出版社交涉,催要稿费;她支持胡适的事业,理解胡适的宽容与慷慨;她包办了家中大小事务,知道如何照顾胡适,不让胡适太过拼命工作。1918年,江冬秀到北京照顾胡适的生活起居,胡适的生活从此规律了,他在给母亲的信中说:"自冬秀来后,不曾有一夜在半夜后就寝。冬秀说,她奉了母命,不许我晚睡。我要坐迟了,她就像一个蚊虫来缠着我,讨厌得很!"胡适的父兄子侄寿数都不长,胡适却享年七十一岁,不能不说有江冬秀的功劳。

江冬秀从不逼迫丈夫做官，甚至不愿意丈夫做官，胡适曾在家书中说："你总劝我不要走上政治的路上去，这是你在帮助我。若是不明大体的女人，一定巴望男人做大官。"胡适出任驻美大使，江冬秀写信"痛斥"胡适。胡适复函安慰说："我声明，做到战事完结为止。战事一了，我就回来仍旧教我的书。"她在报纸上看到胡适在美国心脏病发的消息后，未征得胡适同意，直接托张慰慈拍电报，请之向国民党政府汇报，准许胡适辞去大使职务。此后对于胡适任北大校长，江冬秀虽未阻拦，但亦表示不赞成。

胡适的领带下端总会有一个小拉链，拉开是个暗袋，内藏五美元，这是江冬秀为他藏的，因为即使出门被人抢劫了，旧领带也不会丢失，他可以用五美元搭车回家。

细节之处，皆是明证。在时月的相待相携中，江冬秀受了胡适的感染，对青年怀以友助，保持施恩予惠。这或者也是何以胡适与之感情深长吧。

罗尔纲就曾断言："假如适之夫人是个留学美国的女博士，我断不能在胡适处五年。"他在上海多年过冬都是穿一条秋裤。随胡适到了北京，这条秋裤怎能抵得住北方冬寒，江冬秀立刻给他缝了一条厚棉裤，还把胡适的皮袄给他穿。

吴晗去云南大学任教前，曾向江冬秀借三百元，一百元自用，两百元留给在北京的妻子。江冬秀听后二话不说，取出三百元交给吴晗，说："我送给你。"

抗战时期，胡适赴美后，江冬秀依旧给胡适家乡的学堂捐款，救济家乡生活困难的人。胡适写信给妻子表示十分感激。

唐德刚更道，江冬秀有与胡适一样的率性底色。第一次见面,她对他直呼其名。几次访问之后,他在她的厨房内烧咖啡、找饼干……就自由行动起来。唐德刚直言:江冬秀是千万个苦难少女中,一个最幸运、最不可寻常的例外,而胡适则是三从四德的婚姻制度中,最后的一位福人。

对于质疑的声音,胡适的回答是:只有自己的脚才知道鞋子合不合适。他还有心得:久而敬之这句话,也可以作为夫妇相处的格言。所谓敬,就是尊重。尊重对方的人格,才有永久的幸福。如此,胡适也不觉深谙了婚姻之道。

高梦旦曾邀胡适到消闲别墅聚餐。席间二人谈及胡适的婚事,高梦旦赞扬道:

"许多旧人都称赞你不背旧婚约,是一件最可佩服的事!我敬重你,这也是一个原因。"

胡适反问:"这一件事有什么难能可贵之处?"

高梦旦回答:"这是一件大牺牲。"

胡适坦陈:"我生平做的事,没有一件比这件事更讨便宜的了。当初我并不曾准备什么牺牲,我不过心里不忍几个人的心罢了。假如我那时忍心毁约,使这几个人终身痛苦,我良心上的责备,必然比什么痛苦都难受。其实我家庭里并没有什么大过不去的地方。这已是占便宜了。最占便宜的,是社会上对于此事的过分赞许;这种精神上的反应,真是意外的便宜。我是不怕人骂的,我也不曾求人赞许,我不过行吾心之所安罢了,而竟得这种意外的过分报酬,岂不是最便宜的事吗?若此事可算牺牲,谁不肯牺牲呢?"

诚然，在胡适的婚姻之外，也有过一些美丽的小插曲。但是，所有与女朋友相关的内容在胡适本人的日记里都十分隐晦，而他的自述和晚年谈话录则压根儿不谈情感。可见，胡适是位发乎情、止乎礼的"胆小"君子，且每次都从罗曼史中全身而退。

胡适是自有见地的，因他、他的社会地位，以及他的家庭都被那些爱他的人好好地呵护着。这何尝不能够满足呢？

——太太出门要跟从，太太命令要服从，太太说错要盲从；太太化妆要等得，太太打骂要忍得，太太生日要记得，太太花钱要舍得。

时下，胡适的"新三从四德"仍为人所熟稔称道。

都是平常情感，都是平常言语，醉过才知酒浓，爱过才知情重。

但开风气不为师

同时代的名儒硕彦之中，有胡适的资质的，大多没有胡适用功；和胡适同样用功的人，则多半没有他的天资；先天后天都堪与胡适相埒的，又没有他的德行好、人缘好、气味好。

胡适的了不起之处，便在于他原是我国新文化运动的开山宗师，但是经过时间的考验，他既未流于偏激，亦未落伍，始终一贯地保持了他那不偏不倚的中流砥柱的地位。开风气之先，扬思想之光。大胆地假设，小心地求证；认真地做事，严肃地做人——把我们古老的文明，导向现代化之路。

熟读近百年中国文化史，群贤互比，胡适是当代第一人！

这是一个温和却坚定的人。

1925年，信奉儒家思想的章士钊与胡适有一组关于白话文的对诗。二人曾照了一张合影，在照片的背面，章士钊写道："你姓胡，我姓章，你讲什么新文学，我开口还是我的老腔。你不攻来我不驳，双双并坐各有各的心肠。将来三五十年后，这个相片好作文学纪念看。哈，哈，我写白话歪诗送给你，总算老章投了降。"

胡适却用文言相和："但开风气不为师，龚生此言吾最喜。同是曾开风气人，愿长相亲不相鄙。"

胡适将自己的《中国哲学史大纲》上卷送给章太炎，依新式标点符号，在"太炎"二字旁打了一根黑线。章太炎看后大怒："胡适是什么东西，敢在我名字旁边打黑线。"看到下面落款的"胡适"二字旁也有一根黑线，才消了气道："罢了罢了，这就算抵消！"即便如此，章太炎对胡适的书还是有所肯定，并很罕见地用白话文给胡适回信，破天荒地使用了标点，指出了书中的不足之处。

胡适坚持白话文和白话诗，无论遭多少人骂，他照样去做。他用理性的、温和的方式开出一条天地相通的大道。

当讲课时谈到白话文的优点，一位学生站起来抗议道："胡先生，难道讲白话文就没有缺点吗？"

胡适微笑着说："没有的。"

那位学生反驳道："白话文语言不精练，打电报用字多，花钱多。"

胡适说："不一定吧。前几天行政院有位朋友给我打来电报，邀我去做行政院秘书，我不愿从政，决定不去，为这件事我复电拒绝。复电是用白话写的,看来也很省字省钱。请同学们根据我这一意愿,用文言文编写一则复电,看看究竟是白话文省,还是文言文省。"

学生所拟拒聘电报中,最简者为:"才疏学浅,恐难胜任,不堪从命。"

而胡适的白话电文稿为:"干不了,谢谢。"

学生听后不由得纷纷点头赞同,胡适于是说:"文之优劣,原不在文白,在于修辞得当也。"

名医陈存仁与胡适是同门,师从章太炎。见面时,胡适再三再四地告诉他:写文章一定要用白话文,并且要少引用成语,应该"越白越好"。做文字工作的人最忌写深奥的古文,因为文章写得越古,越是令人看不懂,就失掉了写作的意义。这些话对陈存仁的影响很大。胡适还建议他写字要越清楚越好。陈存仁从此遵从胡适的意见,开药方也从不写一个草字。

而胡适自己写文章,其实是很慢的。这大概和他治学的严谨深有关联。

胡适提出:做学问要在不疑处有疑,待人要在有疑处不疑;他定义新文化运动的使命是:研究问题,输入学理,整理国故,再造文明。因此他用考据法研究《红楼梦》,一改"索隐派"的一贯套路,启发了后世红学的研究思路;他写了中国第一部具有现代学术风格的文学史专著《白话文学史》;他迷恋于《水经注》的研究,穷尽半生,亲身实践"整理国故"的理念。

事实上,胡适从来不是一个纯粹的学者,他得学问兼而议政。时代的节奏敦促着学者们肩负起革故立新的责任,并且整个国家救亡图存的现状就摆在那里，容不得他们有半点停顿与踌躇，反而是鞭挞，更是主动而为之的热忱。

不过，一如他的性情，胡适平生反对暴力，主张以和平方式解决争端。

胡适与陈独秀虽私交甚笃，政见却分歧明显。正如鲁迅评说的，假如将韬略比作一间仓库，陈独秀的是外面竖一面大旗，大书道："内皆武器，来者小心！"但那门却开着，里面有几支枪、几把刀，一目了然，用不着提防。胡适的是紧紧地关着门，门上粘一条小纸条道："内无武器，请勿疑虑。"

胡适因参加段祺瑞的善后会议，而与陈独秀展开过"舌战"：

"此次暴徒火烧《晨报》，难道也是争取自由之举吗？"

"《晨报》为新月派把持，这样的立场，如何不能烧？"

"仲甫，你竟然已不能容忍丝毫异己思想了？如果社会是这样的，那是何等的阴森残酷？"

……

不管观念如何冲突，胡适都希望大家能够宽容共存，给他人以自由。

他曾致信周氏兄弟："我是一个爱自由的人，我最怕的是一个猜疑、冷酷、不容忍的社会。我深深地感觉你们的笔战里，双方都含有一点不容忍的态度，所以不知不觉地影响了不少的少年朋友，暗示着少年朋友朝着冷酷、不容忍的方向走，这是最令人惋惜的。"

他一次次深有感触地强调，容忍比自由还更重要。

1938年年中，胡适开始了驻美大使的历程。

在西方的土地上，他为中国的抗日救亡事业行路万里，演讲百次。他还曾多次拜会他的哥伦比亚大学校友、美国总统罗斯福，动之以情，晓之以理，呼吁美国改变绥靖主义立场，为中国抗战主持正义。

辗转十年，奔走呼号，但归根结底，胡适从政只是烟火时代的一隅作响。

1948年，蒋介石提胡适为总统候选人，胡适真实地表示自己实无此勇气。李宗仁说胡适"爱惜羽毛"，唐德刚说他缺乏最起码的客观条件——与政客实力派的历史渊源，而就胡适的秉性看，他可以坦白地说：我是个自由主义者，我当然有不当总统的自由。

终究是学者为官，又或者这些都不重要，重要的是这时的胡适名声如日中天，"我的朋友胡适之"也成了一种时髦，他已加强了真正文化意义上的领袖地位。

他以人弘道，完成了对"独立之精神、自由之思想"的最好注脚。

百年风云过后读胡适，他依然平易近人、可亲可敬，是一位"老好人"，但开风气不为师——他什么都没完成，却开创了一切。

勤谨和缓，智德兼隆。

这个为学术和文化的进步，为思想和言论的自由，为民族的尊荣，为人类的幸福而苦心焦思、敝精劳神的人，用他一贯温和的模样，笑着谈着，终与世长辞。

刮得干干净净的一张脸,整洁入时的衣着,头发乌黑,不见一丝灰白;饱满的奥古斯都式额头,一双坦率的大眼睛,两片显得能言善辩的、灵活的嘴唇,面色红润。

他,连同给予世界的光明一样,将永远存在。

辜鸿铭

世人皆醉我独醒

生平：1857—1928，字汤生。祖籍福建省同安县，生于南洋英属马来西亚槟榔屿。学博中西，号称"清末怪杰"，是当时精通西洋科学、语言兼及东方汉学的中国第一人。曾为张之洞幕僚，任教于北京大学。他将中国"四书"中的三部——《论语》《中庸》《大学》——翻译成英文，并著有《春秋大义》等英文书。

受业：先后留学于德国爱丁堡大学、莱比锡大学。

传道：李季等。

言语：我的辫子是有形的，可以剪掉，然而诸位同学脑袋里的辫子，就不那么好剪啦。

品藻：他是具备一流才智的人，而且最重要的是他有见识和深度，不是这时代中的人能有的。

——林语堂

20世纪初,西方人曾流传一句话:到中国可以不看三大殿,不可不看辜鸿铭。

辜鸿铭何许人也?

他生在南洋,学在西洋,婚在东洋,仕在北洋。精通九种语言,获十三个博士学位,倒读英文报纸嘲笑英国人,说美国人没有文化,第一个将中国的《论语》《中庸》用英文和德文翻译到西方。凭三寸不烂之舌,向日本首相伊藤博文大讲孔学;与俄国大文豪列夫·托尔斯泰书信来往,讨论世界文化和政坛局势,交为"东方知音";被印度圣雄甘地称为"最尊贵的中国人"……

时人如是评:辜鸿铭可说是怪才,他的"才"可能有人能相伦比;至于他的"怪",却是无人能与伦比的。

你是中国人

当蔡元培去德国莱比锡大学求学时,辜鸿铭已是声名显赫的知名人物;当林语堂来到莱比锡大学时,辜鸿铭的部分著作已是德国一些大学指定的必读书了。

查看这所欧洲最古老大学之一的知名校友名单时,你会发现,它培养的东方第一人,正是辜鸿铭。

十四年的留学生活,使一位富有天赋的少年成为精通西方文化的青年学者。而其间的渊源,两度辗转,却不得不说是注定的。

辜鸿铭的父亲是英国人布朗经营的橡胶园的总管,讲流利的闽南话,也讲英语、马来语,母亲则是金发碧眼的葡萄牙人,讲一口流利的英语和葡萄牙语。如果说,这样的家庭环境给予了辜鸿铭先天的语言天分的话,那么,布朗收其做义子,并把他从南洋马来半岛带到西方,倾心教育,就是辜鸿铭这块璞玉的雕琢之始。

十岁以后,辜鸿铭谨遵义父的教导,以背诵弥尔顿的《失乐园》开始西学。义父开讲,他跟着背,总共六千五百多行的无韵诗,很快就背得滚瓜烂熟。接着,他又背熟了歌德的《浮士德》、卡莱尔的《法国革命史》及莎士比亚三十七部戏剧等伟大著作。

多年后,他的老友梁敦彦听说他六十多岁还能一字不落地背诵《失乐园》，就直言道："如现在你年轻二十多岁，我信。可你已这把年纪了，说说还行，不背也罢。"老辜当即从架上取下一本《失乐园》给梁敦彦，以一口流利的英语，一字不差流水般地背了起来。

对于记忆之法，辜鸿铭在一个外国人请教他因何有如此记忆力时，这样说：你们外国人用脑记忆，我们中国人用心记忆。

仅是讨教一个技法，何须如此"上纲上线"？

当然，事出并非无因。

辜鸿铭的留学生涯并非一帆风顺。

彼时的中国积贫积弱，中国人来到异地，往往受人鄙视，遭受不公正待遇。

每当辜鸿铭走在街上，就会有人无所顾忌地朝着他叫喊：中国佬！面对这种羞辱性的挑衅，他的心中一遍遍回放少时父亲予他的临别赠言：不论你走到哪里，不论你身边是英国人、德国人还是法国人，都不要忘了，你是中国人。

于是，辜鸿铭并没有选择逃避，而是借助智慧进行反击。

在英国，每逢中国的重大传统节日，辜鸿铭总要在房间朝东的位置摆上供桌和供品，敬上酒馔，遥祭祖先。房东太太见后揶揄道：这样做，你的祖先就能吃到供桌上的饭菜了吗？辜鸿铭反唇相讥：你们在先人墓地摆上鲜花，他们就能闻到花的香味了吗？

他留学德国时，也曾小试牛刀，露过一手。

从维也纳到柏林的火车上，因为旅途疲劳，他闭着眼睛正养神。这时，对面空位上新上来两三个神气十足的德国青年，他们刚一坐定,就对辜鸿铭评头品足,很是缺乏教养。辜鸿铭先是装作听不懂,没加理睬,然后不动声色地拿起面前的一张德文报纸,若无其事地倒着看起来。那几个洋小子延颈一瞅,一个个乐得五官挪位,又是挤眉弄眼,又是摇头撇嘴。

洋小子们以为辜鸿铭不懂德文,忘乎所以地放声大肆哗笑,就连旁边坐着的几位欧洲人也听不过耳,几乎忍不住要挺身加以干涉了。这时候,只见辜鸿铭懒洋洋地抬起头,那张似张非张的嘴巴,冷不防像快速嗑瓜子一般,突然流出一连串字正腔圆、地道得不能再地道的德语:

"你们德国的文字真是太简单了。若不是倒着看还真是没什么意思。甭说这种通俗的玩意儿,就是你们的圣人歌德那部《浮士德》,我也能倒着跟你们念个一字不差。"

末了,他还用最典雅的德语,大段引诵歌德语录,教训他们该如何尊重他人,羞得那几个洋小子面红耳赤,趁火车到站,赶紧溜之大吉了。

或许,东西文化交相辉映的初始阶段,就是以这般个体的本能对抗存在的,而辜鸿铭确在这之中深彻了自己的根须,明朗了自己的信念。

作为一名华人,虽然身在海外,但他对祖国文化依然情有独钟。

许是天假之缘,就在一次外出途经新加坡时,辜鸿铭巧遇中西通才马建忠。两人一见如故,把酒言欢,长谈三日。在辜鸿铭面前,马建忠狂侃中国文化,旁征博引,犹如醍醐灌顶,令辜鸿铭大开眼界,并大有相见恨晚之感。

这次谈话，对辜鸿铭一生影响极大，他感到自己再也不能待在这里过优哉游哉的舒适生活了，而应当回国"恶补"传统文化。四十多年后，辜鸿铭回忆说：同马建忠的晤谈，是他一生中的一件大事，因为正是马建忠，他再一次变成一个中国人。

自此，辜鸿铭打点行囊，踏上了"返祖归宗"的道路。

前路迢迢，漫长得让一个二十出头的青年无从设想和规划。

他如何知道，正是这十余年对西学的了解与擅长，促得他为仕的机会与历程，进而成就了他对于传统中国价值理念的洞察与揭示……

不要惹他

一帧一帧的山水，一程一程的游历。

作为一位西学归来的绅士，站在中国的土地上时，他内心的感情是丰富而复杂的，瞻仰与欣喜，陌生与渴望，激动与庆幸……好在，他回来了。

并且，中国之门也随即向他打开。

1884年7月，在一艘渡船上，辜鸿铭逢遇了时任两广总督张之洞的手下杨汝澍，由此开启了他此后二十多年的官仕生活。晋升是他不大在乎的事，反而由此"怪"名扬天下了。

张之洞接见辜鸿铭的情形，很有些戏剧化的色彩。

这天，辜鸿铭在门房的引领下来到张府会客厅。张之洞从窗户缝间打量了一下这位年轻人：他头上没有辫子，却戴着帽子，穿着一身洋服，脚下穿一双用野兽皮做的鞋子，走起路来踢踏作响，甩着两只膀子，大模大样地走进来。

张之洞心想：这家伙虽然打扮怪异，但只要我一出场，肯定要毕恭毕敬、诚惶诚恐地给我匍匐跪地、磕头不断。

可是，大大出乎他意料的是，等自己走进客厅后，这位辜姓青年非但没有磕头请安，就连基本的拱手作揖也没有，而是径直走上前来，要握住自己的手，着实吓了张之洞一跳。不但如此，他抓起摆在桌子上的瓜子就嗑了起来，边嗑边聊，瓜子皮撒了一地，颇有些前秦奇才王猛扪虱而谈的风采。

张之洞平生阅人无数，但像这种人还是头一遭遇到，他有点儿喜欢辜鸿铭，但又觉得这小子没大没小，不讲规矩。然而，当双方的谈话切入正题的时候，张之洞即刻被其卓越的语言天赋和丰富的西方知识所深深折服。于是，张之洞在接见辜鸿铭后不久便聘任其为外交顾问秘书，并且还享受特殊待遇，无须每天去衙门报到，遇到重大事情时，方派人去其住所延请。

辜鸿铭不负张之洞的一片厚爱，初来乍到便大显神威。

恰时，张之洞邀宴来访的俄国皇储及希腊王子一行于晴川阁，辜鸿铭以法语周旋其间。宴席进行到一半的时候，俄国皇储与希腊王子私下用俄语嘀咕，意思是当晚还有别的应酬，宜节量。没料到他们的话音刚落，辜鸿铭当即对他们说："此餐颇合卫生，还望各位贵客尽兴尽量才好。"客人十分惊异。

张之洞喜吸鼻烟，希腊王子感到好奇，忍不住用希腊语问俄国皇储：主人鼻上所吸何物？辜鸿铭马上将此语转告张之洞，张之洞立即命人另取一枚鼻烟送给希腊王子把玩。皇储和王子更加惊奇，深感中国藏龙卧虎，小觑不得。当他们得知辜鸿铭所显露的还是其不太擅长的外文语种时，更是惊诧莫名，傲慢之心大为收敛。

临行之前，俄国皇储郑重表示，若辜鸿铭有机会到俄国游历，他必定以上宾之礼敬待。他还特意取出一块刻有皇冠的金表，赠予辜鸿铭。俄国皇储后来抵达上海，逢人便说：汉上见张总督，有辜鸿铭所通语文至博，各国无此异才。

语言不过是辜鸿铭得心应手的工具，辩智才是他最厉害的。

张之洞为训练新式军队，请来几名德国教官协助，并规定其必须和大清军官一样，着清朝官服顶戴，行跪拜或半跪礼。几名德国教官对穿着无异议，但无论如何也不肯行跪礼。张之洞一时犯了难，辜鸿铭便主动请缨去说服德国人。

"先生们，每个礼拜日，你们都到教堂去，跪在耶稣面前，虔诚忏悔。在尊敬的德皇面前，你们不是也要跪吗？向心爱的女人求婚时，也经常下跪。所以，行跪礼绝不是我们东方独有的。在欧洲，跪礼的历史，怕不比我们中国短呢。"

"辜先生，你们的张总督大人当然也值得尊敬，但怎么好和耶稣、日耳曼大帝相比？"

"在中国，跪和半跪都只是一种礼节而已，只是为了表示尊重和敬意。对中国人来说，对自己尊重的人行跪拜礼或半跪之礼，还格外有一种君子的谦恭和客气。这也是做人的一种美德。"

德国教官无奈，只能同意在就职之日，穿清朝官袍，向张之洞行跪拜礼。此事在当时引起轰动。

那是一段风云跌宕的岁月。命运，就在兵器和热血中来回冲撞。

回到故土的辜鸿铭，对国家的软弱和不幸认识得越发清楚：那是清醒的耻辱和深刻的愚昧。因此，他一心埋头研究中华文化，并致力于向西方阐释和输出中国文化。

1898年，伊藤博文到中国游历，此时正值辜鸿铭的英译本《论语》问世不久，身为英国爱丁堡大学校友的伊藤博文为此专门造访了辜鸿铭。

他乘机调侃道："听说你精通西洋学问，难道还不清楚，孔子之道，只能施行于数千年前，不能适应当今二十世纪的局势了吗？"

辜鸿铭见招拆招，回答道："孔子教人的方法，就好比数学家的加减乘除，在数千年前，其法是三三得九，如今二十世纪，其法仍然是三三得九，并不会三三得八。"

伊藤博文听了，一时间无词以对。

身处张氏幕府，的确给了辜鸿铭施展才华的宽阔舞台，他的"副业"也深得张香帅（张之洞号香涛，又是总督，故称"香帅"）的支持和鼓舞，名声自然不知不觉远扬在外。

不过，他不光给香帅出谋划策，而且还时常痛斥丑恶，体现出其性格中疾恶如仇的一面。

辜鸿铭应邀出席湖北自强学堂的开学典礼，全省官员及教员学生百余人参加。典礼一开始，学堂监督梁鼎芬就将事先准备好的一篇颂词，叫一个日本归国留学生站在台前高声朗诵，对上至张之洞总督、下至学堂的各级上司歌功颂德。其颂词之谄谀肉麻，令在座的辜鸿铭浑身不自在。那位留学生终于朗诵完毕，辜鸿铭马上接着说：

"呜呼哀哉！尚飨——"

声音古怪又响亮，整个会堂顿时哄笑如雷，肃穆慷慨的气氛荡然无存。

1902年，慈禧太后六十八岁寿辰时，大小官员大搞祝寿活动。辜鸿铭所在的两湖总督衙门自然也不例外，请来各国驻汉口领事及学界、军界要人们开怀畅饮。为了给大家助兴，席间还伴奏西乐，反复播唱新编的为太后歌功颂德的《爱国歌》。

作为陪宴人员，辜鸿铭看着眼前热闹而又奢华的场面，忽然间想起了官衙外老百姓的辛劳与悲苦。他颇有感慨地对邻座的梁鼎芬说："唉，现在满街都在唱《爱国歌》，却没有人唱《爱民歌》！"

梁鼎芬听罢，对他戏言道："你何不试着编一首唱唱看。"

辜鸿铭略一沉思，脱口："我已得佳句四，梁大人愿意听吗？"

"当然。"梁某应声道。

这时，只见辜鸿铭摇头晃脑，一字一句地大声念了起来："天子万年，百姓花钱；万寿无疆，百姓遭殃。"

闻听这惊人的十六字打油诗，满座一片哗然。

对于怪人，人们大概只有两三种应对方式：张之洞是偏爱，众人是不痛不痒地嬉笑而过，而袁世凯则更多的是惧怕吧。

1903年，张之洞到北京，袁世凯欲讨好，特地派北洋军在张之洞的寓所周围驻留保护。因知道辜鸿铭是张之洞的红人幕僚，见其时也极为谦恭，并客气地请教道："汤生（辜鸿铭的字）兄，西洋人练兵的要旨是什么？"

"练兵的秘诀，最重要的是尊王。"

见袁世凯露出不解的神情,辜鸿铭继续说:

"西洋各国,凡大臣寓所,有派军队守卫的,都是出于朝廷特别的恩赏。现在香帅入都,你竟然派军队替他看门,是以国家的军队巴结同僚。士兵们见此情形,必只知有你而不知国家,一上战场,将士各为自己的领兵统帅而战,临阵时一定彼此不相救顾。如此一来,即使步伐齐整,号令严明,器械娴熟,也不可能打胜仗。因此说:练兵的秘诀,第一是尊王。"

袁世凯一时下不了台。

然而,袁世凯的"噩梦"才刚刚开始。

在张之洞与袁世凯同入军机处之时,一次,袁世凯对德国公使说:"张中堂是讲学问的;我是不讲学问的,我是讲办事的。"

当袁世凯的这一"得意之举"传入辜鸿铭耳中时,辜鸿铭不假思索道:"诚然。然要看所办是何等事,如老妈子倒马桶,固用不着学问;除倒马桶外,我不知天下有何事是无学问的人可以办得好的。"

当时流传一种说法:洋人孰贵孰贱,一到中国就可判别。贵族的洋人在中国多年,身材不会走形变样;贱种的洋人则贪图便宜,大快朵颐,不用多久,就会脑满肠肥。辜鸿铭借题发挥,以此痛骂袁世凯:甲午以前,本乡曲一穷措无赖,未几爆发富贵,身至北洋大臣,于是营造洋楼,广置姬妾,及解职乡居,又复购甲第,置园囿,穷奢极欲,擅人生之乐事,与西人之贱种到中国放量咀嚼者无少异。人谓袁世凯为豪杰,吾以是知袁世凯为贱种也!骂得袁世凯体无完肤,一无是处,袁氏由此视其为心头大患,几欲杀之而后快。

辜鸿铭最看不起袁世凯，因此袁世凯挨他骂字数最多，也最为不堪。

袁世凯称帝之后，辜鸿铭怒骂：袁世凯的行为，尚不如盗跖贼徒，寡廉鲜耻无义气。又曾多次在不同场合公开宣言其为中国流氓的化身，并放语他的统治不会长久。

这时间，袁世凯为了堵住辜鸿铭的嘴，曾托人请他到袁家做家庭教师，月薪六百元，希望以此缓和关系。辜鸿铭毫不犹豫地一口回绝了。

好戏还在继续上演。袁世凯死后，全国举哀三天，辜鸿铭却特地请来一个戏班，在家中连开三天堂会。附近巡逻的警察前来驱散人群，却被辜鸿铭大骂一通。因辜家的座上客中有不少洋人，警察不敢得罪，只能报告上司。北京警察总监吴炳湘闻讯赶来，发现是辜鸿铭，只对下属说了一句：

"不要惹他，且随他去好了。"

——民人是纵是畏，辜鸿铭是狂是愤？！

只是，他有他的个性，他更有他的心劲儿与使命。

因缘际会，也就在襄佐张之洞的时候，辜鸿铭结识了其生命中另一位重要人物——晚清硕儒沈曾植。

张之洞做寿，府中大宴宾客。张之洞特意将辜鸿铭引荐给前来祝寿的沈曾植："沈公可是当代的泰山、北斗，名儒、大儒，他的聪明学力无人能及。"此时的辜鸿铭年轻气盛，耳朵里哪听得进去张香帅的话。跟沈曾植略微寒暄几句之后，辜鸿铭就同一帮文人聚在一起高谈阔论，大讲西方学说。

谈兴正酣时，他突然发现沈曾植在一旁一言不发，而且面带不屑之色。辜鸿铭忍不住问道:"沈公为什么一言不发呢?"沈曾植轻描淡写地答道:"你说的话,我都懂,但是你要懂我的话,还需要读二十年中国书!"

这一对话对辜鸿铭刺激很大,让他记忆尤深。

他知道自己对中国传统文化的了解还不够,就向张之洞请教。在张之洞的点拨下,辜鸿铭的学识日益精进,四部书、骚赋、诗文,无所不览。

二十年后,辜鸿铭再次见到沈曾植,让人把张之洞的藏书一部一部地搬到其面前,沈曾植笑着问道:"你这是做什么?"

辜鸿铭拱手施礼说:"请教沈老前辈,哪一部书老前辈能背的,我不能背;老前辈能懂的,我不懂。"

沈曾植说:"我知道,你能背能懂。我老了,快离开这个舞台了,你正走上这个舞台。今后,中国文化这个重担子,挑在你的肩上。他人通中学,不通西学;通西学,不通中学,皆非其选也。"

辜鸿铭听到此番话后感激涕零,以后有人问他平生最佩服谁,他总说:中国有三个聪明人——周公、纪晓岚、沈曾植。

时代的惊涛骇浪,使辜鸿铭不得不以狂放偏执的姿态来做悲情而绝望的守护。因为眼界比同时代的人开阔得多,使得他对于国家的现状体会得更清楚,对文明的思考触及得更深远。

他一方面孜孜以求地深究孔孟哲学、精神道义,并将其用英文翻译、写作出来,以让西方人了解并进而尊重中国文化,另一方面仍怀着赤心,以怪才之态展现于世。

辜鸿铭生平喜欢痛骂西方人,反以此而见重于西方人,不为别的,就为他骂得鞭辟入里,并总能骂在要穴和命门上。故很多西方人崇信辜鸿铭的学问和智慧,几乎到了痴迷的地步。

当年,辜鸿铭在东交民巷使馆区内的六国饭店用英文讲演"The Spirit of the Chinese People"(他自译为《春秋大义》)。中国人讲演历来没有售票的先例,他却要售票,而且票价高过"四大名旦"之一的梅兰芳。听梅兰芳的京戏只要一元二角,听辜鸿铭的讲演却要两元,外国人对他的重视由此可见一斑。

遥遥坦途,学贯中西,狂儒旧士,他在西方的领地上锐意进取,又在中国的故土上"大放厥词",成了有名的怪人。

这怪,大部分来于真,或说痴,如果有上帝,这痴必是上帝的情之所钟,我们常人怎么能不刮目相看呢?

杀二人以谢天下

拨开云雾见青天。

当辜鸿铭年近六旬,已为深有智慧的老者时,他走进北京大学的校园,成了一名教授。

若说胡适是学者为官,那么辜鸿铭便是仕退从教。那个年代,以学问为武器的文人,注定要成为铮铮名士。

辛亥革命后,蔡元培邀请辜鸿铭到北大讲授英国文学和拉丁文等课程。当有人对蔡元培聘请辜鸿铭表示异议,蔡元培了解并坚定地说:"我请辜鸿铭,因为他是一位学者、智者和贤者,绝不是一个物议飞腾的怪物,更不是政治上极端保守的保皇派。"

而辜鸿铭对蔡元培也是敬重的,并认为现在中国仅有的两个好人,一个是蔡元培,一个就是他自己。他言:"我不跟他同进退,中国的好人不就要陷入孤掌难鸣的绝境吗?"

有人问"好人"作何解释,他回答:好人就是有原则!蔡先生点了翰林之后,不肯做官而跑去革命,到现在还革命。我呢?自从跟张之洞做了前清的官,到现在还保皇。这种人什么地方有第三个!

所以,及五四运动之时,蔡元培请辞北大校长一职,辜鸿铭积极挽留,他的理由是:校长是我们学校的皇帝,所以非得挽留不可。

可见,辜鸿铭尊敬的,其实是坚定自己主张到底的人,而他自己一旦选择了认为值得坚守一生的道路,也便至死不改。

辜鸿铭的学问是先西后中、由西而中,辜鸿铭的装束也是先西后中、由西而中。他在回国之后,乃至当幕僚期间都是西装革履,后来便是长袍马褂,头顶瓜皮小帽,足蹬双梁布鞋,脑后拖着一条黄毛小辫,而且进入民国之后,他也衣冠不异昔时。

周作人这样刻画辜鸿铭:"生得一副深眼睛高鼻子的洋人相貌,头上一撮黄头毛,却编成了一条小辫子,冬天穿枣红宁绸的大袖方马褂,上戴瓜皮小帽;不要说在民国十年前后的北京,就是在前清时代,马路上遇见这样一位小城市里的华装教士似的人物,大家也不免要张大了眼睛看得出神吧。尤其妙的是那包车的车夫,不知是从哪里乡下去特地找了来的,或者是徐州辫子兵的余留亦未可知,也是一个背拖大辫子的汉子,同课堂上的主人正好是一对,他在红楼的大门外坐在车兜上等着,也不失车夫队中一个特殊的人物。"

遥想当年,有这样的一对主仆和一辆洋车来往于北大红楼与椿树胡同,也确实是民国时王府井大街的一道风景,而且这道风景是真实的,不是复制的。

1915年9月,他在北大的开场白想来也是不同凡响的。

1915年9月,辜鸿铭在北大的开学典礼上发言时,大骂当时的政府和一些社会上的新事物,他说,现在做官的人,都是为了保持他们的饭碗。他们的饭碗,可跟咱们的不同,他们的饭碗大得很,里边可以装汽车、姨太太。又说,现在的人做文章都不通,所用的名词就不通,比如说"改良"二字吧,以前只说"从良",没有说"改良"的,既然已经是"良"了,你还要改什么,你要改"良"为"娼"吗?

辜鸿铭照旧本性使然,不过学生们倒十分青睐。

当他戴着"名片"走进课堂惹来一片哄堂大笑时,他只是平静地说:"我的辫子是有形的,你们的辫子是无形的。"并且,每次去上课,他总带一童仆为他装烟倒茶。他坐在靠椅上,辫子拖着,一会儿吸烟,一会儿喝茶。学生着急地等待着他讲课,他却一点也不管,慢慢吞吞。

前奏是平静的,后续却真的精彩。

辜鸿铭讲课诙谐幽默,讲到得意处,会忽然唱段小曲,或从长袍里掏出几颗花生糖大嚼,令人忍俊不禁。他在课上教学生念英文的《千字文》:Dark skies above the yellow earth(天玄地黄)。音调很足,口念足踏,全班合唱,使得学生乐而忘倦,这种独特的教学方法很受学生们的喜欢。

由于二十五岁之后才开始研习中国文化，辜鸿铭授课时写别字，或写的字缺笔少划的事常有发生。他讲《晏子春秋》时，将"晏"写成"宴"。学生指出错误后，他很尴尬，一边纠正一边自语：中国汉字真讨厌，"晏"与"宴"不过把"日"字的部位换一下而已，字义就不同了。英语中就没有这样调皮捣蛋的。有好事的学生马上接口道：英语中也有。比如"god（上帝）"倒过来就成了"dog（狗）"了。辜鸿铭听罢，一笑了之。

辜鸿铭上课时经常"跑题"，信马由缰，针砭时弊，臧否人物。周作人说，他在北大教的是拉丁文等功课，不能发挥他的正统思想，他就随时随地想要找机会发泄。

某毕业班的班长请辜鸿铭提供一张照片，贴在毕业簿的同学录中，作为纪念。结果，辜鸿铭火冒三丈道：我不是娼妓者流，何用照片？你们要是不吝惜经费，何不铸一座铜像作为纪念？

然而，先生这般放荡不羁，上课却还是有规矩的。

辜鸿铭曾为学生定下三条规矩：

第一，我进来时，你们要站起来，上完课我先出去，你们才能出去。

第二，我向你们问话或你们向我提问，你们都要站起来。

第三，我指定背的书，你们都要背，背不出来不能坐下。

然而，事情总有难平之境。一次，辜鸿铭问某学生问题，要求该生站起来回答，学生就是不起立，他气得将其驱逐出教室。该生离开后，其余学生皆随之而去。他怒道：礼教果坠地无余！

万般趣事皆风采，还是学生最受用。辜鸿铭在北大执教的时候很得学生爱戴，甚至连胡适也比不上他。

而这位促使第一所孔子学院诞生的守旧派，与新文化的提倡者之间，注定因为对传统文化的不同态度而常有笔墨官司。

1919年8月间，胡适在《每周评论》发表文章，说辜鸿铭的鞭子"立异以为高"，故"久假而不归"。文章刊出后，辜鸿铭极为恼火，要求胡适在报上正式道歉，否则向法院起诉。大半年后，胡适见到辜鸿铭，打趣道："辜先生，你告我的状子进去了没有？"辜鸿铭说："胡先生，我向来看得起你的，可是你那段文章实在写得不好！"

隔了两年，王彦祖在家中宴请法国汉学家戴弥微，辜鸿铭、胡适、徐墀等人亦被邀请。入席后，戴弥微的左边是辜鸿铭，右边是徐墀。大家正在喝酒吃菜，辜鸿铭忽然在戴弥微的背上一拍，说道："先生，你可要小心！"戴弥微吓了一跳，问为什么，辜鸿铭答道：

"因为你坐在辜疯子和徐癫子的中间！"

辜鸿铭对中国古代文化极其热爱与拥护，他的东方情结到老也那么浓烈。犹如那条最著名的辫子，那是他拖在脑后的顽固，系在心里的庄重，同时，这又何尝不是一种提醒？

显然，辜鸿铭势必要求自己继续发力。

有人宴请辜鸿铭，林纾、严复也在座，他与二人事先并不认识。在闲话之际，辜鸿铭说道："恨不能杀二人以谢天下。"人问："这二人是谁？"辜鸿铭回答："就是严复、林纾。"听到这句话，严复置若罔闻，林纾则有点儿不高兴，便问为何要杀二人。辜鸿铭道："自严复译出《天演论》，国人只知物竞天择，而不知有公理，于是兵连祸结。自从林纾译出《茶花女遗事》，莘莘学子就只知男欢女悦，而不知有礼义，于是人欲横流。"

文明的锁链，已趋之若鹜，盘结而来。他在椿树胡同的家中宴请欧美友人，局促而简陋的小院已够寒酸，照明用的还是煤油灯，昏暗而又烟气呛鼻，而且，这帮欧美友人也不清楚"晋安寄庐"的真实含义。于是，就有人说："煤油灯不如电灯和汽灯明亮。"辜鸿铭直道："我们东方人，讲求明心见性，东方人心明，油灯自亮。东方人不像西方人那样专门看重表面功夫。"辜鸿铭的一番高论，还真把欧美友人给唬住了。

辜鸿铭在西方名气本就极大，又经回国这一番"修炼"，几乎成为中国文化和中华文明的代名词。

1921年，英国名作家毛姆游历中国时，想拜访辜鸿铭，特地托一位英国洋行的同胞代为约见，但几天未见回音。毛姆忙去问所托之人，那人回答说，他写了一张条子，让辜鸿铭前来拜见，不知为什么一直未见他的影子。

毛姆一听，心知此人坏事，忙亲笔拟了一封短信，恭恭敬敬送去，表达仰慕之意，求赐一见，辜鸿铭这才答应与他见面。见面后，辜鸿铭不客气地说："你的同胞以为，中国人不是苦力就是买办，只要一招手，我们非来不可。"毛姆甚为尴尬，无言以对。

此次会面，毛姆被辜鸿铭极尽讽刺嘲弄了一通。临走时，辜鸿铭送给他两首诗，后来毛姆请人翻译，才知道是两首赠给妓女的诗。毛姆哭笑不得。

黄兴涛评：一个奇特的文化保守者。

张中行语：这位怪人最大的贡献就在于，在举世都奔向权和利的时候，他肯站在旁边喊：危险！危险！

旷达自喜，睥睨中外，诚近于狂，能言顾行。
——是他辜鸿铭。

妻妾与小脚之怪女子

男人和女人，就好比茶壶和茶杯，一个茶壶要配几个茶杯，一个茶杯却不能配几个茶壶。

此说影响之广，以致陆小曼在婚后对徐志摩说："你可不能拿辜老的茶壶比喻来作借口，而去多置茶杯。你要知道，你不是我的茶壶，而是我的牙刷，茶壶可以公用，牙刷可不行。"

不错，辜鸿铭不单留辫子、穿长袍，还为纳妾和缠足进行辩护。

既是怪人，那么自然有趣，他对女性的轻视也往往出之以诙谐。他用拆字法将"妾"字解释为"立女"，妾者靠手也，所以供男人倦时作为手靠。

他曾将此说告诉给两位美国女子，对方立刻反驳他的话道："岂有此理！照你这么说，女子倦时又何尝不可以将男子作为手靠？男子既可多妾多手靠，女子何尝不可以多夫？"

她们甚为得意，以为这样就可以轻易驳倒辜鸿铭，使他理屈词穷。谁知辜鸿铭立刻使出他的撒手锏，这也是他被人传播得最广的一则幽默：

"你们见过一个茶壶配四个茶杯，可曾见过一个茶杯配四个茶壶？"

他还在北京大饭店戏弄一个英国贵妇人。那位贵妇跟他搭讪:"听说你一向主张男人可以纳妾,那我们女人也可以招夫婿了?"

辜鸿铭大摇其尖尖的脑瓜,连声否定:"不可不可!论情不合,论理不通。于事有悖,于法不容!"

英国贵妇人正要提出质询,他又反问道:"夫人代步是用黄包车还是用汽车?"

她回答道:"用汽车。"

辜鸿铭于是不慌不忙地说:"汽车有四个轮子,府上配有几副打气筒?"

外国人一夫一妻,可依然经常红杏出墙。中国人和大老婆生气了,还有小老婆,所以不会出轨。——辜鸿铭由是感叹:中国的婚姻制度真是好啊!

小足之美,美在其肉,食品中其臭豆腐、臭蛋之风味,差堪比拟。

辜鸿铭雅好小脚。

他说,三寸金莲走起路来婀娜多姿,会产生柳腰款摆的媚态,那小足会撩起男人的遐想。

他说,女人的奇绝之处正全在小脚。

他说,小脚女子,特别神秘美妙,讲究瘦、小、尖、弯、香、软、正七字诀。

辜鸿铭的原配夫人淑姑,就是他理想中的妻子:小足、柳腰、细眉、温柔、贤淑。二人感情甚笃,从结婚之日起,辜鸿铭就将妻子的小脚视为珍宝。闲暇之时,他脱掉妻子的绣花鞋,把又臭又长的裹脚布一层层解开，低下头，将鼻子凑近，嗅其肉香。作文没灵感时，他总将淑姑唤到书房，让她将瘦如羊蹄的小脚放到身旁的凳子上，右手执笔，左手抚弄着淑姑的小脚，时捏时掐，如同玩佛手。每当此时，他文思泉涌，下笔千言。

世上若说怪人，可能是不少的，但与辜鸿铭有着相同怪癖的，估计寥寥无几，或于此，他可称得上唯一。

在北大执教时，辜鸿铭去一位学生家看藏书，见到前来开门的丫鬟的小脚，顿生兴趣。他本是为看学生所藏宋版书而来，此时心意全乱，匆匆浏览。学生悟出先生是想得到这个丫鬟，于是投其所好，将丫鬟送之。丫鬟行前把小脚洗了又洗。结果人到辜府，老先生如获至宝，赶紧让丫鬟坐到桌子上，脱下鞋子，凑上前准备好好嗅嗅，却大失所望，兴味索然，差人送了回去，并附一信，只书四字：完璧归赵。

康有为就曾送辜鸿铭一幅"知足常乐"的横幅，辜鸿铭见其果真大乐：康有为深知我心。

所谓"婚在东洋"，是在淑姑的撮合下，辜鸿铭将他救助过的一位孤独无靠的日本姑娘蓉子纳为侍妾。

一妻一妾，享齐人之福。他曾幸福地说道：淑姑，是"兴奋剂"；爱妾蓉子，是"安眠药"。此两佳人，一可助他写作，一可催他入眠。

辜鸿铭与其妾蓉子的感情也很是甜蜜。一次，辜鸿铭不知为何得罪了蓉子，任凭他如何赔罪，蓉子就是不予理睬，连着两三天，晚饭一过便关起房门自行睡下。缺了"安眠药"，辜鸿铭整夜失眠，急得不知如何是好。这天傍晚，他拿了根钓竿，从窗户伸进蓉子房内桌上的金鱼缸里，垂纶而钓。

蓉子见状忙喊道："你怎么在我金鱼缸里钓起鱼来！"

辜鸿铭笑道："好人儿，你终于肯和我说话了！我不是钓鱼，是为钓出你的话来。"

蓉子随即笑出声来，两人和好如初。

蓉子去世后，辜鸿铭特意留下了她的一缕头发，已经习惯夜夜有蓉子做伴的辜鸿铭每晚必须将那缕头发置于枕下，才能安然入睡。

然而，就是这样一位尤喜小脚、妻妾分明的老先生，曾与印度诗人泰戈尔一起获得了诺贝尔文学奖的提名，他对泰戈尔说："你是诗人，不适合讲东方文化，更不懂《易经》高深的哲理，你还是去写诗吧！宣扬东方文化的精义还是让我来做吧！"

于是，他的确做了，且一直在做。

今人要直观靠近他，首选必是那本《春秋大义》，又名《中国人的精神》。

辜鸿铭说，要真正懂得中国人和中国文明，那个人必须是深沉的、博大的和纯朴的。中国人给人留下的总体印象是温良，那种难以言表的温良。在中国人温良的形象背后，隐藏着他们纯真的赤子之心和成年人的智慧。

辜鸿铭写，中国人过着孩子般的生活———一种心灵的生活。

而这，世间的任何时代，总嫌太少，有时少而至于无……

当一个怪人，或者不是勇敢，只是一种懒惰。

懒于逢迎，并不愿随波逐流；懒于屈服，只本性肆意追求。

叩心生活，全为性情。

是怪，又有许多其他的名字。

刘文典

世上已无真狂徒

生平：1889—1958，字叔雅，安徽合肥人。校勘学大师与研究庄子的专家。历任国立安徽大学校长、清华大学国文系主任等职。著有《淮南鸿烈集解》《庄子补正》等。

受业：章太炎、刘师培。

传道：陶光、傅来苏等。

言语：在中国真正懂《庄子》的，只有两个人，一个是庄周，还有一个就是刘某人。

品藻：其人有版本癖，在车中常手夹一书阅览，其书必属好版本。而又一手持卷烟，烟屑随吸随长，车行摇动，手中烟屑能不坠。

——钱穆

时年，蒋介石是中华民国总统，军权在握，是说一不二的强权者。有多少手握军权的军阀将领即使盘踞一方，也不得不对大总统的指示言听计从，俯首称臣！军人都如此，更不用说是手无寸铁的文人了，顶撞蒋介石，甚至违抗命令的下场恐怕就是一辈子失业了！

但是就有这么两个胆大包天，敢于在太岁头上动土的民国大师，给蒋介石上了一课！

一个是胡适，另一个就是刘文典。

前者我们十分熟悉，或至少耳有听闻，但后者，概莫知之甚少。

搜罗历史资料，不难捋清其人生轨迹：早年师承刘师培、章太炎，青年交游胡适之、陈寅恪，中年瞧不起闻一多、沈从文，老年批评过鲁迅、巴金，还曾追随过孙中山，营救过陈独秀……

如此大活动家、国学大师，善治庄子，一身傲骨，狂介狷人，留得后人称道的还是他的一生趣闻，于是也记住了一个叫作"刘文典"的狂人。

当权贵碰上真狂徒

三尺讲台上,刘文典躬耕一生。他先后在北京大学、安徽大学、清华大学、西南联大和云南大学等高校任职,任阵地随流年辗转,他姿态尤傲、气节尤盛。

功成耻受赏,高节卓不群。

如果那天刘文典忍住了怒气,或者干脆低声下气,那他肯定不会被当时正威风凛凛的"蒋主席"关上一个星期,更不需要"即日离皖"。但那样他就不是刘文典了。

1928年,刘文典出任安徽大学文学院院长,行校长职。

时恰"虎而冠者"蒋介石掌握大权不久。他挟北伐之功,声望正隆,到安徽大学走访视察,便是"新官上任三把火"势在必行的举动了。

省政府通知刘文典安排人员欢迎,但这位代理校长凛然拒绝其到校"训话"。结果,当蒋介石下榻安大之时,校园到处冷冷清清,并没有他所希望的那种隆重而热烈的欢迎场面,而接待人员也只有学校秘书、学监等一般职员,刘文典连面都没露一下。一切皆因为刘文典冷冷掷出的一句话:"大学不是衙门!"

对于他而言,当下最大的愿望无非是希望大学校园能够尽量自由宽容一点,可以允许多种思想、多种声音同时存在,不能变成官场,更不能变成政治的附庸。

他不太喜欢官员有事没事就往学校里跑,混个兼职教授,或者搞个什么报告。他觉得教书育人是教授们做的事情,当官的就应该想着怎么为大家提供独立自由的空间与尽量充裕的资金支持。其他的,用不着官老爷们瞎掺和。

然而,世间的事情,惊变往往出于偶然。

刘文典是一身文人的傲骨,治学为谦、教育当道,可那蒋介石也正值年轻气盛、春风得意之时,与其说乘胜追击"整顿安徽学风",不如讲迎刃而上"大树我党权威"。

听闻安徽发生学潮,蒋介石十分恼怒,立即召见刘文典。

11月29日,刘文典穿了件破旧的灰鼠皮袄,戴着礼帽,昂首阔步,跟随侍从来到蒋介石办公室,携一身正气之风,找了个座位端坐下来。

刘文典虽然极不愿意前往,但学潮不能平息,一味避见始终不是解决问题的办法,于是决定单刀赴会:"我刘叔雅并非贩夫走卒,即是高官也不能对我呼之而来,挥手而去!我师承章太炎、刘师培、陈独秀,早年参加同盟会,曾任孙中山秘书,声讨过袁世凯,革命有功。蒋介石一介武夫耳!其奈我何!"慷慨激昂,自是豪言称雄。

到场后,他以一句"蒋先生"拉开了会谈的帷幕。

蒋介石面带怒容,既不起座,也不寒暄理会,冲口就问:

"你是刘文典吗?"

"字叔雅,文典只是父母长辈叫的,不是随便哪个人都能叫的。"

刘文典本就怀有怨气,这下正如火上浇油,一副傲然之态更激怒了蒋介石。于是,蒋介石直入主题,喝令他交出在学生风潮中挑动闹事的共产党员名单,要严惩罢课学生。

刘文典毫无惧色,冷冷答道:"我只知道教书,不知道谁是共产党。你是总司令,就应该带好你的兵。我是大学校长,学校的事由我来管。此事内容复杂,尚有黑幕。在事情尚未调查清楚之前,我不能严惩肇事学生。"

蒋介石气得腾地站起身,拍着桌子,勃然大怒道:

"教不严,师之惰,学生夜毁女校,破坏北伐秩序,是你这新学阀横行,不对你撤职查办,对不起总理在天之灵!"

"提起总理,我跟他在东京闹革命时,还不晓得你的名字哩。青年学生虽说风华正茂,但不等于理性成熟,些微细事,不要用小题目做大文章。如果说我是新学阀的话,那你就一定是新军阀!"

刘文典也毫不含糊,嗖地站了起来,与之直面相对,语调依然是不紧不慢、从容不迫。好一场"巅峰对决",当一个权贵遇上一个狷介狂人,结局或许是权力占了上风,但过程势必精彩。

"看我能不能枪毙你!"

"你就不敢!凭什么!"

"来人,把他扣押起来!"

不畏强权,不媚世俗。仅仅这最后关头的一幕,世人就有多种演绎,《南渡北归》中续有此话:"想不到这刘文典竟具有侠客精神和响马的作风,待响亮的耳光响过,刘文典飞起一脚向蒋的胯下踢去,风声响过,蒋介石被击中,应声倒地……"

后来的事可想而知,蒋介石以"治学不严"之罪名把刘文典扭进局子,下了大牢。

有后人赞曰:"好个刘文典,名士风流,还是狷介狂人?我不知道,我能知道的是,今天,这样的知识分子已无处可觅,所谓'风流总被雨打风吹去'。"

消息甫一传出,社会一片哗然。

安徽大学学生立即组成"护校代表团"激愤请愿,要求保障人权,立即释放刘校长。全国的学术界、教育界中,也掀起了极大的震动。

最终,在蔡元培、胡适、蒋梦麟等同道的多方斡旋、营救下,蒋介石释放了刘文典,但要求他"即日离皖"。

1928年12月5日,刘文典恢复自由。当来人打开后乐轩的阁楼门,恳请他下楼回家时,他死活不肯出来:

"我刘文典岂是说关就关、说放就放的!要想请我出去,请先还我清白!"

来人哭笑不得,只得好言相劝,刘文典这才善罢甘休。一场"劫难",就此了结。

刘文典后来对好友冯友兰说,当蒋介石将他囚禁的时候,他已经做好了杀身成仁的心理准备,不过他知道蒋介石没有正当理由,是不会轻易动手的。老师章太炎听说此事后,在病中特意作对联相赠:"养生未羡嵇中散,疾恶真推祢正平。"此联借用了三国时狂士祢衡击鼓骂曹的典故,可见对刘文典的气节甚为赞赏。

如此看来,在中国传统文人的内心深处,始终埋藏着一种挑战权威、抗衡强者的基因。只不过,由于考虑到种种现实因素,许多人最终选择了避让退缩,而"愣头青"刘文典站到了与强者对抗的前台。这需要的显然不仅仅是胆量。

为什么后人会时常想到刘文典呢？许是欣赏他有狂态。对着蒋介石敢"哼"他，是真名士，实为他人所不及的。

遥想当年，章太炎因反对袁世凯称帝而被软禁。袁世凯逼其求饶，但他宁死不屈，用七尺宣纸篆书"速死"两个大字贴在壁上，以示决心，还托人买坟地，自题五字碑文，以死相抗。

如此刘文典，确可称作章太炎第二，即便放在今天，亦是动人心魄的独立文人风骨。

那一辈乡友知遇

安大风波后，对于刘文典而言，安徽是无法再待的了。于是，他受邀于蔡元培，回北京大学任教。

事实上，刘文典的生活从来就与这园林般的大学紧密相连，并自此再也没有松开过。他暗自欢喜、庆幸，不由得想起了先前那段读书、教学、研究的峥嵘岁月。

而这一程，撩开他记忆之门的必是，第一偶像陈独秀。

1917年，新文化运动的核心转移到北京。具体地说，"风暴眼"就在北京大学。一心报国的校长蔡元培，因看重陈独秀筚路蓝缕的韧劲，将之聘为文科学长，而陈独秀一上任就为其招募了一批人才兼志士，包括胡适、刘文典、刘半农等。

群雄云集的北大红楼里，一个年轻骄傲而特立独行的身影，留下了深深的印痕。刘文典白天去中央公园喝茶看书，晚上就待在西华门外北长街兴隆胡同的家里，做点校勘，译点文章，真正是"两耳不闻窗外事，一心只读圣贤书"。

　　1919年6月13日，刘文典像往常一样打开早晨的报纸，一个消息震住了他的眼球：陈独秀被捕了！

　　他与陈独秀之间情谊深厚，是同乡、同事，亦师亦友的多重关系。

　　现下，情势危急！刘文典心想事不宜迟，赶紧找到安徽旅京同乡会负责人，说服他们动员皖省各界采用致电、致函等官方途径，参与营救。在北京学界的营救签名活动上，他更是毫不犹豫地签上了自己的名字。

　　就这样，陈独秀终于被保释出来了！出狱后的陈独秀并不安全，随时还有再次被捕的可能，他不得不在刘文典家躲藏了下来。

　　须知刘文典这是冒着杀头危险的。只是刘文典没有想到，陈独秀住在他家的日子，竟是他们最后的直接往来。

　　刘文典清晰地记得，当初在安徽公学求学，聆听陈独秀讲课时，就对其不拘小节的风范印象极深，并从他那里接受了用西方哲学对照中国古籍的研究方法。他对陈独秀很是钦佩，大抵灵魂深处狂气的积淀最早开始于此吧。

　　而后，《新青年》让二人再次走到了一起：一个是创办者，一个是撰稿人。1918年，有个叫易乙玄的人写了一篇诘难陈独秀的文字《答陈独秀先生"有鬼论质疑"》，刘文典自然马上援手，做了一篇《难易乙玄君》进行反诘。他与陈独秀站在同一营垒中。

　　青年的自强不息、勇猛精进之气，是那个时代的号角，刘文典当仁不让。后被陈独秀招进北大，他异常兴奋，能与偶像一道冲锋陷阵。

只是今日,刘文典与陈独秀,两个命运曾经紧紧连在一起的人,终因人生追求的殊异而走上了不同的路途。

1942年5月,陈独秀病逝于四川江津。听到这个消息,刘文典长长叹了口气:"仲甫是个好人,为人忠厚,非常有学问,但他搞不了政治——书读得太多了!"

人生就是一个圆,起点往往就是终点。或许连他们自己都没想到,他们的再次相逢竟是在双双归寂之后。陈独秀的遗骸后由其子陈松年运回安庆北门外大龙山麓安葬。而于1958年7月病逝的刘文典,晚年始终心系乡里,最终如愿魂归故土,安葬在安庆怀宁高家山上。

两座坟茔,相距不过两公里。

刘文典的营救于陈独秀而言当属恩泽,那么,在与胡适的交往中,刘文典便毫无疑问是那个受惠者。

虽然刚进北大不久,但刘文典的狂狷个性已显露无遗。对于旧派人物的论战与批驳,他总是一笑而过。"北大怪杰"辜鸿铭,是个有名的顽固派,一向瞧不起像刘文典这样的年轻教员。有一次,他遇到刘文典,问:"你教什么课啊?"

刘文典客客气气地回答:"汉魏六朝文学。"

辜鸿铭冷笑了一声,满脸鄙夷地说:"我都教不了,你能教好?"

刘文典表面上倒也不以为意,暗下却因这番嘲弄,自尊心备受打击。他沉想,反正这是一个凭实力说话的年代,他有信心总有一天会让辜鸿铭对他刮目相看。

的确，刘文典下了功夫。没过一两年，刘文典在北大教员名册上的排名就上升到了第五，恰好就在辜鸿铭之后。辜鸿铭佩服有真才实学的人，从那以后，他每次见到刘文典，都会主动打招呼。因此事件，日后在北大教授中，刘文典尤以"狂傲"与辜鸿铭齐名。

要说这一过程中，刘文典的"功成名就"，可谓全仰仗于胡适。

1921年，刘文典给胡适写信，诉说内心的愤懑："典在北大里，也算是背时极了，不如典的，来到典后两年的，都是最高级俸。照章程上规定的，授课时间之多少，教授的成绩、著述及发明，在社会上声望等四个条件，除末一条外，前三条似乎都不比那班先生差多少，然而整整五年，总是最低的俸。钱的多寡原来不算什么，面子上却令人有些难堪，所以典实在不想干了，只要别处有饭可啖，这个受罪而又背时的professor（教授），典弃之无异敝屣。"

要证明自己，就要拿出"硬功夫"。受胡适"整理国故"的启发，加之慎重考虑，刘文典决意将治学方向定位于古籍校勘上，并选定秦汉诸子作为主攻方向，而且一出手就是颇有难度的《淮南子》。

刘文典的这一计划自然得到了胡适的鼎力支持。而如果说"怀才不遇"的情绪让刘文典坚定了尽快"出名"的决心是内部动因的话，那么，胡适对他的切实帮助与鼓舞，就是刘文典这颗国学"新星"一举成名、耀眼天下的外部推力。在此后的友谊道路上，刘文典是分外感激胡适的。

刘文典一向主张，校勘古籍不可凭孤证下结论，两证可以立议，三证方可定论。在一封给胡适的信中，刘文典吐露了自己点校《淮南子》的惴惴情怀："弟目睹刘绩、庄逵吉辈被王念孙父子骂得太苦，心里十分恐惧，生怕脱去一字，后人说我是妄删；多出一字，后人说我是妄增；错了一字，后人说我是妄改，不说手民弄错而说我之不学，所以非自校不能放心，将来身后虚名，全系于今日之校对也。"

他经常通宵达旦地看书，鸡鸣时始上床，到第二天下午一两点吃早饭，其著作多在夜间完成。夜间读书时，则茶、烟相伴。儿子刘平章也回忆说，为了能静心研究学问，他总是在夜里九十点钟才开始看书写作，一直读到第二天七八点才睡觉，从来不吃早点。到了中午，饭做好后，夫人张秋华负责叫他起床，并把他"领"出房间。刘平章说："有时他还朦朦胧胧的，我母亲给他夹菜，他看也不看就吃下去了，他不是那么重视外表、饮食这些学问以外的事情。"

终于，功夫不负有心人，刘文典写出了《淮南鸿烈集解》，胡适当然是第一读者。他略翻几处，即知刘文典确然发愤地费了一番严密的功夫，不吝措辞夸赞道，北大国文部能拿起笔来作文的人甚少，并尾随其后数了刘文典之名，还郑重称这是一部可以不朽之作！

作为学界新人，出版界对于刘文典基本上是不怎么买账的，于是，胡适又理所当然地充当了"经纪人"，全权代表刘文典与商务印书馆进行谈判、洽商。

除此之外，胡适不仅逢人说项，令那些曾经嘲笑刘文典的人也热笑着问长问短，还专门将已经校勘好的《淮南子》部分篇章，送给时任北大校长的蔡元培审阅。这其实也是让蔡先生"重读"刘文典，消弭其"不出名"的尴尬。

1923年2月2日，就在《淮南鸿烈集解》即将付印之际，刘文典写了一封信，请胡适为之作一篇序，并要求他以文言为宜。

胡适接到此信时，正在病假之中，为了不耽误友人出书，他很快破例写了一篇洋洋洒洒的文言文序。要知道，自从新文化运动以来，胡适就几乎已经不再用文言文写文章了。

刘文典的自序与胡适的序言形成鲜明的对照，无疑是一道亮丽的风景线，由此可说这是二人协力的结晶，他们共同为其擎旗开路。

同年3月，正值学术界"开书目热"，胡适应《清华周刊》的邀请，开出了《一个最低限度的国学书目》，在"思想史"部分毫不犹豫地将尚在印刷之中的《淮南鸿烈集解》写了进去，并"加圈"重点推荐。

放到今天可以这样讲，刘文典出书全程，胡适可谓是做足了前期策划、后期宣传工作，他步步为营，好似天生的掌舵者，所以当《淮南鸿烈集解》刚刚走上书市时，梁启超、鲁迅、周作人等大家便都前来捧场。当刘文典一时间声名大振，胡适大概是在"坐享其成"吧。

刘文典后来做《论衡》《庄子》《说苑》《大唐西域记》等的校勘与整理，都认真征求过胡适的意见。凡是胡适支持的，他都较为圆满地完成了，凡是胡适不太赞成甚或反对的，刘文典也就没再坚持。可以说，刘文典对胡适的信赖是全方位的，而胡适或轻而易举或竭心尽力，总之是办得妥帖有余。

刘文典这样评价胡适对于他的教益："你是弟所敬爱的朋友，弟的学业上深受你的益处。近年薄有虚名，也全是出于你的'说项'，拙作的出版，更是你极力帮忙、极力奖进的结果。"

正因为这份"敬爱"的渊源，刘文典每遇到一个生活上的重大麻烦、每做出一个学术上的重大决定，一般都会寻求胡适的援助或者与之商议一番。可以说，与胡适成为朋友之后，刘文典几乎将他当成了生命中不可或缺的重要人物，事无巨细，有难必求。而胡适也很少推却，能帮忙的尽量帮忙，有时候甚至是主动提供帮助。

朋友间必须是患难相济。要说在这份真正的友谊里，胡适缘何对刘文典如此倾心相照，大概一个更重要的原因是胡适一直非常看好这位与自己同龄的学问家，在他看来，刘文典所做的校勘工作，填补了一个又一个空白。这对于坚持提倡用科学的方法"整理国故"的胡适来说，没法不引为同道，不协力而为。

1948年年底，国民党败走台湾。临行前，受蒋介石的委托，胡适帮助国民党实施"挽救"学者、教授、名人计划，刘文典就在他的考虑名单之列。

经过慎重思量，胡适开始谋划送刘文典及其家人去美国。他主动为刘文典联系好了在美国的具体去所，甚至为他一家三口人办好了入境签证，但刘文典在接到胡适的通知后迟迟不肯出发："我是中国人，我为什么要离开我的祖国？"

就这样，刘文典与胡适从此天涯相隔，鱼书魂断。

世事沧桑，白云苍狗。

在那个死水微澜、英雄辈出的年代，仁人志士个性张扬概莫各有出口，但也都殊途同归。

每个人的一生都是一场远行，每一个细节都是一段波澜壮阔的历史。当往昔的深挚乡友纷纭别去，刘文典默言接受，继续他勤勉而狂傲的道路，行走他丰富而浮沉的一生。

传奇与羽毛

刘文典人生的黄金时代来了。

狂者，进取。进入清华大学中文系任教的时候，正当刘文典学术上的鼎盛时期。他在安徽痛骂蒋介石的经历，被年轻学生们演绎成无数个不同的版本，到处流传。等他正式在清华园授课后，许多对校勘、古文根本就不感兴趣的学生也跑来选课。他们感兴趣的，其实是刘文典这个人。

一位清华门生描述刘文典说："记得那日国文班快要上课的时候，喜洋洋坐在三院七号教室里，满心想亲近这位渴慕多年的学术界名流的风采。可是铃声响后，走进来的却是一位憔悴得可怕的人物。看啊！四角式的平头罩上寸把长的黑发，消瘦的脸孔安着一对没有精神的眼睛，两颧高耸，双颊深陷；长头高举兮如望空之孤鹤；肌肤黄瘦兮似辟谷之老衲；中等的身材羸瘠得虽尚不至于骨子在身里边打架，但背上两块高耸着的肩骨却大有接触的可能。状貌如此，声音呢？天啊！不听时犹可，一听时真叫我连打几个冷噤。既尖锐兮又无力，初如饥鼠兮终类寒猿。"

传说中的偶像,原来竟是如此憔悴模样!这不能不令那些想方设法选课的同学心底一沉,大呼失望。而转折往往就在刘文典开口之后,他的声音并不高,细而尖,软无力,但一向"语不惊人死不休"的他,简单几句开场白,就将所有在场的学生全部"拿下":"大家来听我讲课嘛,就要了解我的一个习惯:别人不认识的字,我认识;别人不懂的文章,我懂。你们不论有什么问题,尽管拿来问我好了。"

这个牛皮还真不是吹的。无论是在抗战前的北大和清华,还是在战争时期的西南联大校园里,刘文典都是最有学术威望、最受学生欢迎的教授之一。

刘文典不拘常规,常常乘兴随意,别开生面。

上课前,先由校役带一壶茶,外带一根两尺来长的竹制旱烟袋,讲到得意处,便一边吸旱烟,一边解说文章精义,连下课铃响也不理会。有时刘文典是下午的课,一高兴讲到五点多钟才勉强结束。有人称他"俨如《世说新语》中的魏晋人物"。

有一次,刘文典只上了半小时的课,就忽然宣布说:"今天提前下课,改在下星期三晚饭后七时半继续上课。"原来,下个星期三是阴历五月十五,他要在月光下讲《月赋》。届时,一轮皓月当空,学生们在校园里摆下一圈座位,静听刘文典在中间大讲《月赋》,时而高声吟诵,时而旁征博引,妙语连珠,将充满新奇感与求知欲的学生带进一个人与自然交融的化境。刘文典的一位学生后来写文章说,那是距离人类登陆月球二十多年的事情,大家想象中的月宫是何等的美丽,而老先生当着一轮皓月大讲《月赋》,做出如此别开生面而风趣的讲学和精辟的讲解,那情景在他一生中留下了难以磨灭的印记。

刘文典教学生写文章，仅授以"观世音菩萨"五个字。台下的学生听了直发愣，此话怎讲？刘文典并不着急，眯着眼睛，慢慢地讲解道："观"就是要多观察；"世"就是要懂得人情世故；"音"就是要讲究音韵；"菩萨"就是要有救苦救难、关爱众生的胸怀。一语言毕，满堂惊叹！

刘文典至今仍生动地留存于人们的记忆中，大多数的精彩都源自其三尺讲台上的风骨，超然物外，令人回味无穷。

刘文典讲起他偏爱的晋文《海赋》，更是大有魅力。

"风压轻云贴水飞，乍晴池馆燕争泥。"——他总是闭着眼睛，旁若无人地大声吟诵，每每沉醉其中。有时念到慷慨激越的字句，他便要求当堂的学生一起大声模仿。有的同学不愿意遵命，他很不高兴，但也不苛责，只是不断地说：

"好文章不吟诵，怎知其中真味！大家都听过梅老板（梅兰芳）的戏吧，如果只是听听而不出声吟唱，怎么能体会其中无穷韵味呢！"

有一次，刘文典很神秘地向学生发问："你们仔细看看这篇文章的文字，跟别的文章有什么不同？"

学生看了半天，没看出来，都是汉字啊！刘文典却饶有兴致地解密道："这篇文章的最大秘密在于，满篇文字多半都是水旁的字。"

接着他有点像自言自语地感慨："这个文章嘛，不论好坏，光是看到这一篇水字旁的字，就足以令人有波涛澎湃、浩瀚无垠的感觉了，快哉快哉！"

这种天马行空的讲课方法，悬念迭起，细致入微，学生没办法不喜欢听。虽然上课的进度慢——一学期下来，只上了半篇《海赋》——但学生们真的感觉到受益终生。

时至今日，红学热仍浪潮时起，《百家讲坛》更是常说常新。然而听过刘文典《红楼梦》讲座的人，都难以忘记他大谈研究心得时的"牛气冲天"。

刘文典一出场就摆出不同凡响的派头，事先由组织者在校园里广贴海报，时间定在某日晚饭之后，地点原定在一小教室，后因听讲者太多，容纳不下，只好改在教室区的广场上。当日，早有一大批学生席地而坐，等待开讲。

其时天已近晚，讲台上燃起烛光。不久，刘文典身着长衫，缓步登上讲台，坐定。一位女生站在桌边从热水瓶里为刘文典斟茶。先生从容饮尽一盏茶后，霍然站起，如戏台上说"道情"一般，有板有眼地念出开场白："只——吃——仙——桃——一口，不——吃——烂——杏——满筐！仙桃只要一口——就行了啊！"

停顿片刻，未等台下听众回过神儿来，他又颇为自负地接着大声道："我讲《红楼梦》嘛，凡是别人说过的，我都不讲；凡是我讲的，别人都没有说过！今天给你们讲四字就够！"接着在身旁小黑板上写了"蓼汀花溆"四个大字，转身环视四周问道："为何我要专写这四字，其中必有隐情奥秘所在，有奥妙呵！"见众人皆为这一噱头提起了精神，成行成片的观者跷脚仰身伸着干树枝一样细黑的脖子等着听"下回分解"，刘文典摆开架势开始以"索隐派"的手法破译这一"寓言式"的四字真经密码。

"元春省亲大观园时，看到这幅题字，笑道：'花溆'二字便好,何必蓼汀?花溆反切为'薛',蓼汀反切为'林',可见当时元春已然属意薛宝钗了。"

刘文典此说一出,众人无不称佩,皆赞"贾宝玉这次遇到了真宝玉",不愧为国宝级的大师!

刘文典成了清华校园里的一个传奇。关于他的各种趣闻,铺天盖地,怪不得很多学生数年后仍发出无限感慨:"刘先生外观虽不怎么动人,然而学问的广博精深,性情的热烈诚挚,却是小子到如今仍觉得十二万分地佩服的!"

时势维艰,国事激荡,身在校园的刘文典显然不能安心教学。而他的确不是一介平平书生、教授,气高义盛皆现于其行。

因刘文典大骂蒋介石,1931年,一向反蒋的粤系军阀陈济棠曾多次函请其赴粤共事,并汇来重金相聘。他毅然婉谢,将巨款退回,叹曰:"正当日寇侵华,山河破碎,国难深重之时,理应团结抗日,怎能置大敌当前而不顾,搞什么军阀混战?皮之不存,毛将焉附?"

卢沟桥事变后,刘文典未能及时南下,日军得知他曾留学日本多年,精通日语,于是多次利诱,请他出山教学、任伪职,都被刘文典断然拒绝。日本人还请了他的好友知交来当说客,但刘文典坚辞不就,说:"国家民族是大节,马虎不得,读书人要懂得爱惜自己的羽毛!"

"软"的不行,就来"硬"的。日本人再三遭拒,恼羞成怒,派出宪兵队径直闯进刘文典的住宅,翻箱倒柜,将里面的私人信件、名人字画、珍藏典籍扔得漫天乱飞,有的干脆直接抢走。刘文典虽然会讲日语,却一言不发,身着袈裟,昂首抽烟，怒目而视，毫无惧色。翻译大声喝问："你是日本留学生，太君问话，为何不答？"刘文典仍是自顾两眼朝天，置之不理。

事后有人追问个中因由，刘文典回答说："国难临头，我以发夷声为耻！"

后来，刘文典在友人的帮助下只身辗转南渡，见到比他晚到昆明的吴晓玲教授，便向其打听周作人景况。在听闻周作人以"家中还有老小"为托词未出来时，刘文典气愤地说："连我这个吸鸦片的'二云居士'都来了，他读过不少的书，怎么那样不爱惜羽毛呀！"

历史与今天，往往只是一张纸的两面。在中华民族五千年的历史记忆里，有一些东西是始终存在的，比如文人的骨气。因此，"狂人"闪亮登场，就几乎成为中国历史上的一个"保留节目"。

他刘文典，实为民族风骨的一个缩影，每每抛出"狂语"，或振聋发聩，或喃喃自语，均不失为时代的绝响。

二云居士

没有比人更高的山，没有比脚更长的路。

1937年7月底，清华大学与北京大学、南开大学南迁长沙，一个学期后，局势趋紧，再迁昆明，改称国立西南联合大学。

而刘文典闻此讯后，内心那种追寻同道的愿望越来越强烈，他放不下他的职业、他的学生,眼前的道路变得只有南下,南下!

臣心一片磁针石,不指南方不肯休。一路上,刘文典心中反复默念着文天祥的诗句,脚步愈发坚定。可他又何尝能想到,这一南渡,他竟再未能北归,直至终老。

刘文典一生很少把别人放在眼里。

到了晚年,他回首平生,曾说过一句自我评价的话:"我最大的缺点就是骄傲自大,但是并不是在任何人面前都骄傲自大。"能够让刘文典始终肃然起敬的人,其实只有一位,那就是国学大师陈寅恪。

他一直自称对陈寅恪的人格和学术不是"十分"佩服,而是"十二万分"佩服,并曾多次在课堂上情不自禁地竖起大拇指说:"这是陈先生!"然后,又翘起小拇指,对向自己说:"这是刘某人!"

面对人生中的又一偶像时,刘文典内心的自我激励机制便又要奋起爆发了。

刘文典多年潜心研究庄子,终于完成了十卷本的《庄子补正》,并于1939年出版。一向不肯轻易誉人的陈寅恪,被刘文典实事求是、谨小慎微、有一说一的治学态度所打动,而为之作序,推崇备至:"先生之作,可谓天下至慎矣……然则先生此书之刊布,盖将一匡当世之学风,而示人以准则,岂仅供治《庄子》者之所必读而已哉!"

有人问刘文典,为什么会选择《庄子》研究作为自己的安身立命之所?刘文典回答说:"现在国难临头,国家存亡之际,间不容发,我们应该加倍努力研究国学……因为一个人对于固有的文化涵濡不深，必不能有很强的爱国心。不能发生伟大文学的国家，必不能卓然自立于世界。"想必，他一定是深瞻陈寅恪"独立之精神，自由之思想"的要义，才在学问的践行中如此深彻坚定。

《庄子补正》为刘文典赢得了学术界的广泛美誉。曾有人问起古今治庄子的得失，刘文典大发感慨，放言道："普天下真正懂庄子的，只有两个半人。一个是庄子本人，一个是刘文典，半个天下人共分之。"刘文典每次上课讲《庄子》时，开头第一句总是说："《庄子》嘛，我是不懂的喽。也没有人懂！"和梁启超每次讲课的开场白"启超没有什么学问，但也有点喽"，倒有异曲同工之妙。

每当刘文典开讲《庄子》时，吴宓等几位重量级国学教授便前往听讲。刘文典见了并不打招呼，旁若无人地闭目演讲。当讲到自己认为出彩的节骨眼上，便戛然而止，抬头张目望着坐在教室最后排的吴宓，慢条斯理地问道："雨僧（吴宓的字）兄以为如何呵？"每当这时，吴宓照例起立，一面点头一面回答："高见甚是，高见甚是。"两位名教授一问一答之状，惹得全场人为之暗笑。

勤耕为勉，这下，刘文典的底气就更足了。

刘文典一心钻研古典文学，很瞧不起搞新文学创作的人，认为"文学创作的能力不能代替真正的学问"。想想他语出此言时义愤填膺的状貌，大概不难觉察其中的文化偏见：苹果当然代替不了水果，但苹果也是水果的一种，正如文学创作的学问是学问的一种。他可能真正想要表达的意思是"文学创作的能力不代表研究的能力"。

于是,巴金、朱自清和沈从文在他的心目中全是跳蚤过秤——没斤没两的。

当他获悉联大要提升沈从文为教授时,勃然大怒,说:"陈寅恪才是真正的教授,他该拿四百块钱,我该拿四十块钱,朱自清该拿四块钱。而沈从文只该拿四毛钱!他要是教授,那我是什么?"在讨论沈从文提升为正教授的教务会议上,大家都举手同意,唯有刘文典表示不满。他说:"沈从文是我的学生。他都要做教授,我岂不是要做太上教授了吗?"

当时,空袭警报一响,教师和学生就要赶紧疏散到昆明郊外,美其名为"跑警报"。有一次警报响起,刘文典挟一破布包,收起教具就带着学生冲出了教室。跑着跑着,他忽然想起什么似的停了脚步。原来那时候他最为钦佩的陈寅恪身体羸弱且目力衰竭,行动极为不便,刘文典生怕陈教授忙乱中有个三长两短,赶紧带着几个学生,在人群中找到正茫然不知去处的陈寅恪,架起他就往安全的地方跑,边跑边喊:"保存国粹要紧!保存国粹要紧!"

快到学校后山的时候,刘文典忽然看到人流中沈从文正夺路而奔,顿时怒上心头。他顾不得自己气喘吁吁,冲到沈从文面前就大声呵斥起来:"陈先生跑是为了保存国粹,我跑是为了保存《庄子》,学生跑是为了保留下一代的希望。可是该死的,你什么用都没有,跑什么跑啊!"

沈从文了解刘文典的为人,也懒得与之争辩,索性一扭脖子挣脱他的"紧箍咒",来了个逃之夭夭。刘文典仍在后面继续嘟囔叫骂,忽见敌机飞临头顶,炸弹落下,便立即收住嘴巴,放开脚步狂奔起来——毕竟炸弹是不管庄子还是什么"海龟"或"国宝"的。

恃才傲物的刘文典，是西南联大唯一一位吸鸦片的教授，他有个绰号就叫"二云居士"。

周作人对此这样记录说："叔雅人甚有趣，面目黧黑，盖昔日曾嗜鸦片，又性喜肉食。及后北大迁移昆明，人称之谓'二云居士'，盖言云腿与云土皆名物，适投其所好也。好吸纸烟，常口衔一支，虽在说话也粘着嘴边，不识其何以能如此，唯进教堂以前始弃之。性滑稽，善谈笑，唯语不择言。"

何谓云腿和云土？就是云南火腿和鸦片。而刘文典最终被西南联大解聘与后者有着直接的关系。

想他满不在乎的性子，甚至公然赞美"云土"为鸦片中的上品，我们或许可以揣测说，他的磨黑之行，就是冲着鸦片去的。

1943年，刘文典应云南磨黑大豪绅、盐商张孟希之邀，为其母撰写墓志铭。并且，鉴于刘文典当时的名声地位，张孟希表示供给充足的鸦片和酬资外，还愿承刘文典一家三口费用，回昆明时再送五十两云土作为酬谢。这样的条件在战时可算是十分优厚，刘文典特立独行的名士派头这时再次表现出来，他全然不顾他人议论，接受了这个邀请，为期四个月。

而往往，执意坚持是要付出代价的。

由于刘文典耽误了课程，而且此行被认为不足为人师表，清华大学中文系主任闻一多拒不颁发聘书。刘文典于是写信给清华校长梅贻琦申诉，但闻一多坚持不肯通融，而他在此事上也确实授人以柄，梅贻琦尽管爱惜其才，最后也只能"挥泪斩马谡"。

刘文典最后被云南大学聘请,并且一直留在了云南。

可是,对于刘文典来说,离开清华,毕竟是一种伤痛。即使他在云南大学获得再大的荣耀,都无法抚平他"被驱逐"的心灵创伤。直到逝世为止,刘文典恐怕都无法接受这一事实。

人是复杂的。有些人的品格一以贯之,仿佛金刚石一般坚不可摧,这种人是最可宝贵的。但也有些人,仿佛多棱镜,在阳光的照射下,会呈现出不同的色彩。刘文典当属后者,这也是为什么有很多人愿意记住刘文典,这个颠顶抗颜的狂儒。

并且,在刘文典的狂傲中,可以看到他对待世事人情,无虚饰、不矫情,不失赤子之真——君子坦荡荡。由他的率真和坦荡,也能见出其可爱处。而在历史的吉光片羽中,刘文典的这种率真和坦荡则尤显珍贵。

真理是朴素的,一切闪耀着人性光芒的美德也都是朴素的,必须发自人真正的内心。

当外在的一切都无法把握,人唯一可以把握的,就是自己的内心。当狂风褪去,狂沙淘尽,才可以看到,谁的内心真正是金。

王国维

众里寻他千百度

生平：1877—1927，字静安，浙江海宁人。中国新学术的开拓者，连接中西美学的大家。在教育、哲学、文学、美学、史学等方面均有深诣和创新，代表作有《人间词话》《宋元戏曲史》《观堂集林》等。

受业：毕业于杭州崇文学院，留学于日本东京物理学校。

传道：徐中舒、蒋君章、戴家祥、周传儒等。

言语：教育之事亦风味三部：智育、德育、美育是也。

品藻：先生之学说，或有时而可商，惟此独立之精神，自由之思想，历千万祀，与天壤而同久，共三光而永光。

——陈寅恪

这是一位端穆的学者,一位卓越的导师,一介女子的丈夫和几个孩子的父亲。

刚过天命之年的王国维带着四重身份,离开了清华研究院公事房,坐车行往颐和园,他的终点是昆明湖。面对时局淡然自若说"我自有办法"的他,在微澜的湖水前,扑通一声,不见了人。

时值1927年。他的女儿王东明称这一年为王国维人生最暗淡的一年。

他以学术为性命,又为学术而殒命。

他在《人间词话》中留下了最广为人知的三个境界理论:

古今之成大事业、大学问者,必经过三种之境界:"昨夜西风凋碧树。独上高楼,望尽天涯路。"此第一境也。"衣带渐宽终不悔。为伊消得人憔悴。"此第二境也。"众里寻他千百度,回头蓦见,那人正在,灯火阑珊处。"此第三境也。(注:此段引自岳麓书社2003年施议对译注《人间词话译注》,第1版第1次印刷,第47页。)

后人深解良久,才知这三重境界的含义实为:看山是山,看水是水;看山不是山,看水不是水;看山还是山,看水还是水。

漫长的告别

1927年6月1日,是清华大学又一届学生毕业的时间,谁都没有想到,在王国维的设定中,他的生命进入了倒计时。

悄无声息,仿若平常,一如他的名字——静安。

这天中午,师生在工字厅如期举行告别会。在这样的时刻,师生间不拘形迹,欢笑连连,热闹极了。但学生会负责人姚名达发现,王国维所在的那一桌却寂然无声,姚名达心下微有疑惑:"不知先生之有所感而不乐欤?抑是席同学适皆不善辞令欤?"因着欢乐的大气氛,这疑惑很快便在无形中消退了。

宴会即将结束时,梁启超起身致辞,对国学研究院各位毕业生的优异成绩予以表扬与祝贺,并鼓舞道:"吾院苟继续努力,必成国学重镇无疑。"大家静静地听着,王国维也不时点头赞同,神情安然。停顿了一会儿,梁启超又说:"党军已到郑州,我要赶到天津去,以后我们几时见面,就很难说了!"话毕,闻者皆大惊失色。

王国维正好和卫聚贤坐在一张桌子上,他又想起前几天的话题,于是问卫聚贤:"山西怎样?"卫聚贤答:"山西很好。"

如今看来,人们或许总想从这位先生不多有的言行中觉察点什么,但当时大概谁都不会注意这一普通的举措。

散会后,王国维与诸位同学一一道别,之后,随陈寅恪到了南院的陈家,畅谈至傍晚才起身向自己的家中走去。

漫长的谈话,怕是离不开北伐以及何去何从的问题吧。不过,这在王国维一贯冷峻又平静的面庞上,是无论如何也看不出端倪的。

在家中的书房,学生姚名达、朱广福、冯国瑞正在等他。夜幕渐临,三人向王国维提了许多问题,他的回答照例是简洁而精练的。时间在不知不觉中过了一个小时,王家已经将晚餐摆好了,他们起身告辞,王国维像往常一样,将学生送到院子中。

晚饭后,柏生与谢国桢来向王国维请教阴阳五行的起源问题。在谈话的间隙,涉及时局,王国维的神色立刻显出一丝黯然,他劝他们避乱移居。但……再没有下文了,这竟是王国维最后一次和同学们谈话。

世事的发展,好似总该有突击推进的一环?

偏在此时,有人恶作剧地在北京《世界日报》上戏拟了一份北伐军入城之后要处理的一批人的名单,其中就赫然有王国维的名字!而恶作剧者究竟是谁,大概真的不重要了。

该如何应对,他早有打算。

王国维一向认为梁启超的消息是最为灵通的,由梁启超口中说出革命军就要到北京了,这个消息是不会错的。研究院的学生何士骥就曾带了北京大学沈兼士、马衡的口信,请王国维入城暂避,北大的同仁们可以保护他,而且特意提出要请王国维将头上的辫子剪去,但是王国维说:

"我自有办法。"

那晚在书房,王国维批阅完试卷,写好遗书,放在怀里,随后便去安睡了。

第二天,太阳照常升起。

天色微亮，王国维起床后，夫人潘氏为他仔细梳好发辫并编结起来，服侍他洗漱之后，和当时在家的三子贞明、女儿东明共进早餐。餐毕，他去书房整理了一会儿，随后一人独自出门，往研究院去了。

　　八时，王国维已身至办公室，习惯性地将桌上扫视一遍，猛然想起批改完的学生成绩本没带，就让院里的听差去家里拿。然后，自己坐下来和同事侯厚培商谈下学期招生的事情。平时少言的他在谈及学术或工作时，话便多些，待话题结束时已过了大概一个小时。

　　身上从不带钱的王国维，向侯厚培借两元现洋，因没有零钱，侯厚培便给了他一张五元纸币。王国维一向不理财，当时清华给他的薪水是每月四百元，他算是高薪阶层了，不过他每月的薪水由家人到学校为其代领，领回后也由夫人负责用度，只有买书的时候才会向夫人取用。

　　一切，即从这一刻起了变化。

　　上午十一点多，陆侃如兴冲冲地和卫聚贤一同去王国维的办公室，找他题签，却发现没人在。见桌上有一杯喝了一半的茶余温尚存，他们认为王国维可能去厕所了，结果等到中午十二点，还不见回来，他们只好退了出来。

　　此时，桌上那杯茶已经完全凉了。

　　一个世界安静了，另一个世界开始骚乱了起来。

　　午饭毕，王国维的家人打电话到办公室，问他怎么还没有回去吃饭。这时候，人们才着急起来，赵万里立即问门口的人是否见过王国维，有一个黄包车车夫说：

"王先生坐车往西走了。"

赵万里立刻又向西追去,卫聚贤也一同赶去。到了颐和园的门口后,门房告知说:

"一位老人跳湖自杀。"

待他们顺着人群的方向走近时,王国维的尸体已经被放在了湖边的亭子下。一位扫亭子的园丁说:

"这位老人,在石船上坐了许久,吸纸烟不停,到湖边,走来走去,我扫地没有留意,听见扑通一声,不见了人。我跑到湖边,见他跳下水去,我也跳下去,抱他上来,已经死了。"

水深不过二尺,但王国维扑下去时,是头先入了水,以致口、鼻都被泥土所塞,虽然园丁很快将王国维救了上来,但因其不懂急救术,王国维还是窒息而亡。此时,他穿在里面的衣服还没有湿呢。

1927年6月2日,王国维自沉于颐和园的昆明湖中,学界为之震惊!

自辟户牖,并世所稀

梁启超赞他,不独为中国所有而为全世界所有之学人。

郭沫若评他,留给我们的是他知识的产物,那好像一座崔嵬的楼阁,在几千年的旧学城垒上,灿然放出了一段异样的光辉。

胡适说:王国维是一个绝顶聪明的人。

而王国维自己说:"生百政治家,不如生一大文学家。"因为政治家只能谋求物质利益,文学家则可创造精神之利益。"夫精神之与物质二者孰重？物质上利益一时的也，精神上利益永久的也"。

如果说，辜鸿铭自言他的辫子是有形的，那么王国维的辫子也可以说是形式的，他保持着晚清之士风，精神上却不能完全说没有辫子。

一个不很高大的身材，面孔也瘦小，有点龅牙，常穿着当时通行的及法布袍子，罗缎短袖马褂，后面拖了一条短辫子。他的衣式不很时式，也不很古板，但很整洁。他的近视眼镜是新式的。他也会抽香烟。总之他的物质生活似乎随随便便，绝没有一点遗老或者名流的气味。

徐中舒回忆王国维："先生体质瘦弱，身着不合时宜之朴素衣服，面部苍黄，鼻架玳瑁眼镜，骤视之几若六七十许老人，态度冷静，动作从容，一望而知为修养深厚之大师也。……先生口操浙江音之普通话，声调虽低而清晰简明可辨。当先生每向黑板上指示殷墟文字时，其脑后所垂纤细之辫发，完全映于吾人视线之前，令人感不可磨灭之印象焉。"

就是这样一位先生，不知底细的人单看衣饰相貌，很可能判断错误，把他当作乡下佬，但清华园内无人不晓这一道独特的风景。

一次，日本学者桥川时雄前来拜访王国维，行至清华园门口，留着辫子的门房问桥川找谁，当被告知后，门房立刻很恭敬地对他说："你真了不起！"桥川很是奇怪，问为什么，门房答："拜访那位留辫子的先生的人，都很了不起！"

读经书、考秀才、中进士,经世致用,光宗耀祖。

这是父亲王乃誉对王国维的培养计划。而这位开放的学人,在他一生的读书历程中,成就的可不仅仅是不负父望。

他精通英文、日文,能够阅读德文版哲学原著,是中国学人研究康德、叔本华、尼采等现代西哲的先驱;所著《人间词话》《宋元戏曲史》《红楼梦评论》,文学界至今仍奉为经典名著;而他的甲骨学、"古史新证"、文字音韵训诂之学和古器物学研究成果,更是当代史坛无法逾越的学术空间——从知识结构上论,王国维真正做到了化合中西,贯通今古。

他在《〈国学丛刊〉序》中提出:学无新旧也,无中西也,无有用无用也。

王国维早年专心学习外文,在初读康德《纯粹理性批判》时,他感慨:哲学的海洋深不可测。而在这之后,他潜心苦读,竟用西方哲学思想对《红楼梦》中的人物进行性格分析。他按照叔本华的哲学去解读《红楼梦》,认为它是彻头彻尾的悲剧。

他这样解释:《红楼梦》为解脱之书,其中的"玉"即欲。在《红楼梦评论》开头,他用三分之一的篇幅大谈人欲,最后将整个故事看作是宝玉出世还玉(欲)的过程:

所谓"玉"者,不过生活之欲之代表而已矣。

生活之相质何?"欲"而已矣……此可知生活之欲之先人生而存在,而人生不过此欲之发现也。此可知吾人之堕落由吾人之所欲而意志自由之罪恶也。夫顽钝者既不幸而为此石矣,又幸而不见用,则何不游于广莫之野,无何有之乡,以自适其适，而必欲入此忧患劳苦之世界？不可谓非此石之大误也。由此一念之误，而遂造出十九年之历史与百二十回之事实……而解脱之道，存于出世，而不存于自杀。

照此理论，"宝玉"似乎当谐音"饱欲"，"黛玉"当谐音"待欲"。

游走于哲学的宏伟大道，王国维看深了其间的真理与谬误，他不愿做一个搜集、整理材料的二流学者，希望自创一新哲学，所以以哲学为基底，先后将文学、诗歌、戏曲、美学与之融合进行探索，孜孜以求，著作卓成。

哲学上之说，大部可爱者不可信，可信者不可爱。

而王国维是做了可爱又可信之人。

他试图从学术问题入手借以揭示出人生的目的与意义——无意识的学习与有意识的学术追求，在他这里开拓性地结合了起来；传统的学术研究与科学的考据方法，在他这里创造性地贯通了起来。他将"学无新旧""二重证据法""中西化合"等方法摆到世界眼前，充实了中国现代学术思想的构建，推动了民族文化的发展。

对于王国维这位一生的挚友，罗振玉说，博学强识，并世所稀，品行峻洁，如芳兰贞石，令人久敬不衰。

对其研究方法，他也有评价：先生的学问，是用文字、声音，考古代的制度、文物和他自己所创立的方法而成功的，他的方法由博反约，由疑得信，做到不悖不惑，刚刚适可而止。

王国维一生都在实践着这些方法，尤其到了晚期的史地、甲骨、敦煌学研究中，更是尤为成熟。

当他从日本留学回国旅居上海时，开始对甲骨文进行独立的研究。

研学的敏锐，让王国维时有收获。1913年，他发现了早在九年前孙诒让即已写成的《契文举例》，做了考证并予以出版。彼时，上海收藏甲骨文资料较多的英籍犹太人、大资本家哈同，为讨好其夫人，不仅搜购了很多甲骨文，而且还在他的哈同花园中兴办了一所仓圣明智大学。为了更好地研究甲骨文，王国维便到该校任教。1917年，他以哈同花园大总管姬觉弥的名义，刊印了《戬寿堂所藏殷虚文字》一书，并在书中将罗振玉搜集的甲骨文资料拓印，同时对每片的卜辞做了考释。

王国维对甲骨文的考释，使《史记·殷本纪》所传的商代王统得到了物证，证明司马迁是一个严肃的历史学家，也就纠正和澄清了自司马迁以来两千多年的一些混乱认识。他还根据甲骨文资料将《史记·殷本纪》中记载的讹误一一加以订正。

郭沫若言："卜辞的研究，要感谢王国维。……我们要说，殷虚的发现，是新史学的开端；王国维的业绩，是新史学的开山，那是丝毫也不算过分的。"

人的精神每天都是从朝气落到暮气的，所以上午宜读经典考据书，午后宜读史传，晚间读诗词杂记等软性的东西。

王国维这样认为，且在日常生活中，他亦是如此自守的。

他处处严谨自持，不营生计，不图享受，潜心研究学问。他虽盛名满天下，却心无旁骛，专心向学，甘于清贫。1925年，他受清华之聘到国学院任导师，清华本希望他出任国学院院长，但王国维坚辞不就，因为他认为出任院长后必须管理院中大小事务,要为行政事务分心,令人不能专心治学。故此后国学院院长由吴宓以办公室主任的名义兼理。

不单是读书、治学,王国维颇有自己的一套,他写书的方法也是三字成经——博、专、细。

一天,徐森玉去王国维家,见之正在写《宋元戏曲史》。桌上、书架上摆的都是有关这部书的资料,其中还有一部分是从日本收来的善本。二人聊天时,他总把话头引到这部书上来,听取徐森玉的意见。这时,另一位朋友来看他,他还是用此法谈话。有时候提出问题和两位同道研究,如有相反意见,则展开辩论,最后得出结论,他都记在笔记里。

隔了一段时间,徐森玉再到他家,问起《宋元戏曲史》的情况,王国维说:"已看过校样,静等看最后的清样。"这时,他的书房里,桌上、架上、凳子上有关那本书的资料,全部收起,另换下一本书的资料,谈论的话题也变了。

日日为勤,夜夜嗜读,他的确不失为一位专注的学者。

一次,清华开茶话会,王国维为学生们朗诵辛弃疾的《摸鱼儿》《贺新郎》助兴。这两首词脍炙人口,但王国维仓促诵之,皆有遗脱。

徐中舒说:以此知先生不善强记,其谨严精深之学,殆皆由专一与勤苦得来。

王国维叹曰:"天才者,或数十年而一出,或数百年而一出,而又须济之以学问,帅之以德性,始能产生真正之大文学,此屈子、渊明、子美、子瞻等所以旷世而不一遇也。"

张慧剑说:"中国有三大天才皆死于水,此三人者,各可代

表一千年之中国文艺史——第一千年为屈原,第二千年为李白,第三千年为王国维。"

掩卷平生有百端

掩卷平生有百端,饱更忧患转冥顽。
偶听鸣鸠怨春残,坐觉无何消白日。
更缘随例弄铅丹,闲愁无分况清欢。

王国维填词的一首《浣溪沙》,道尽了他个人的端穆性情。

他因自小的"寡言笑"而终生埋头治学,又因哲学发端而始终清醒自立。他自陈:"余之性质,欲为哲学家则感情苦多而知为苦寡,欲为诗人则又苦感情寡而理性多。"

王国维有道德洁癖,他总是将文章与人格相联系。

三代以下之诗人,无过于屈子、渊明、子美、子瞻者。此四子若无文学之天才,其人格亦自足千古。无高尚伟大之人格,而有高尚伟大之文章者,殆未之有也。

在他的眼里,楷模皆为万古称颂的人物,所以不免自视极高,向来以天才居之。他三十岁以后致力于文学以及学问著述,著《人间词话》,并且填写了不少词,谓之:"余之于词,虽所作尚不及百阕,然自南宋以后,除一二人外,尚未有能及余者,则平日之所自信也。"

他坦然地说过自己愚暗："对于《尚书》大约有十分之五还读不懂，对于《诗经》也有十分之一二读不懂。"学生听罢，大为震动。

也许由于他自命甚高，所以朋友很少。不过这和他天生的僻冷正契合，令他更加专注于学问研究。

他与人交往，除了谈学问或正事，很少闲聊，更不会对人讲应酬话。

有人请他鉴定一件古铜器，他看后，若是假的，就会说"靠不住的"，而无论请他看的人再怎么说这个古器色泽如何古雅，清绿得如何莹彻，文字如何精致，什么书上有类似的著录……他对这些参考信息都置若罔闻，有时推不却对方盛意再看一眼，他看了以后，依然会说："靠不住的。"

不附和，也不驳难，简洁而精练，亦可谓惜字如金。

日本人本田成之读谭献的著作，问王国维对之有何看法，王国维就直言："他是个疯子，不过遣词巧妙。"

接着本田又问关于给词断句，《万氏词律》如何，他说："那种东西不行。"

本田再问什么是好的，王国维说："对中国人来说，这类规则性的东西没有也罢。"

他总是保持一贯的端重，但遇到学术的问题，便会破例多言一两句，而态度照旧是严肃的。

日本汉学家青木正儿对王国维说，他打算研究明以后的戏曲，因为元代以前的已经有王国维的大作了。王国维听罢，谦称："我的著作没什么意思。"接着又生硬地说："可是明以后的戏曲没有味道。元曲是活的，明以后的戏曲，死去了。"

如此一位先生，在外人眼里，多是距离的代名词。

不过，在他交际圈内的几位同事如陈寅恪、吴宓及学生们，对这样的王国维就毫无嫌隙、揶揄，全然是敬畏的。就连北大校长蔡元培每每"有求于他"时，都得想法子变通才行。

蔡元培想请王国维到北大任教，但王国维忠于清廷，认为不能为民国做事，五次拒绝。无奈之下，蔡元培想了个变通的办法，请他做通信导师，虽为北大学生讲课，但名义上不是北大的教师。指导半年后，蔡元培令人送去两百元的工资，王国维拒不接受，因为他觉得虽为北大做事，但毕竟未受聘于北大，就不能拿工资。最后又由北大研究生国学门主任沈兼士出主意，说北大正筹办《国学季刊》，需要王国维指导之处甚多，王国维这才收下了这笔款项。

鼎鼎大名的蔡校长在王国维这里遭到的拒绝可是不少，但有了第一次，往后应对起来自然便娴熟多了。

北大邀请王国维到校参观，为显示对之尊重而预先布置，夹道欢迎以示隆重气氛。王国维又是一口回绝，理由是欢迎者有各式人等，中间免不了有道不相同话不投机者，他王国维不能接受他们的欢迎。蔡元培听罢一笑了之，随即把欢迎仪式改成茶话会，并只邀请与王国维有共同研究兴趣的教授们参加。

王国维性格淡泊，不喜欢与人交游，在清华时除了讲书授课以外，一般不主动跟学生谈话，从来都是上完课就走，径直回到自己的西院住所，钻进自己的书房研究学术。但是如果有学生登门拜访或致函，不管是求教还是辩论，他总是仔细接待，不分老幼尊卑，对于讨论的话题知无不言，言无不尽。当时甚至有东南大学的学生特意赴京求教，就住在王国维家里。在他看来，学术为天下之公器，不应该有门户之见，所以不管是不是自己门下的弟子，即使自己治学很忙，他都有问必答。在他执教清华的两年中，不知有多少学子领受了他的恩泽。

北大的学生皖峰、何子星等人前往王国维处问学。对于金石学、小学、学术史、文学史的问题，王国维均一一解答。何子星提到李邕书叶国重碑，据所见本：一为"江夏李邕撰书"，一为"括州李邕文并书"，不知孰真孰伪？

王国维沉思片刻，答："不甚清楚。"

皖峰说："即此可见先生研究态度的忠实。"

女儿王东明回忆说：先父生性内向耿介，待人诚信不贰，甚至被人利用，亦不质疑。在他眼中，似乎没有坏人。因此对朋友、对初入仕途所侍奉的长官和元首，一经投入，终生不渝。他不是政治家，更非政客。他所效忠的只是他心中的偶像。

关乎学术，他总是那般热情与忠实，但除此之外，他便又是"难得一见"的先生，所以，每遇有他出场的宴会，人群中总有他的"特别观众"。

一次，清华教职员在工字厅聚餐，毕树棠当时正夹起一块海参往嘴里送，忽然听到邻座某君喊道："看！王国维！"他筷中所夹海参顿时滑落在地，随之看到校长曹云祥对面坐着一位清瘦而微须的四十多岁老头儿，红顶小帽，青马褂，身后垂着小辫子和玄色扎腰，谦恭而谨静地坐在那里。满室的人都在喧闹笑谈，似乎唯有他是安静沉默的，除偶尔动一动筷子，他什么都不甚理会。曹云祥的态度倒很周到，话很多，每一句话必问到老先生。但王国维只是微笑，点头，没有太多回答。饭后，照例有余兴，但早已不见了王国维的身影。

毕树棠回忆王国维:他的态度老是那么沉静而枯独,却又含着和蔼,每当夕阳衔山的时候,常见他在西院大路上散步,相遇必点头微笑,缓慢而去,总是那么淡淡的,而和他朋友见面时,又往往好问时事,却又不大看报纸,似乎是模模糊糊的,教人瞧不透。

毕树棠说他很少见王国维笑,只记得一次他曾经笑过。那是一家的晚饭席上,王国维亦在座,还是老样子,只是呆坐,没话,只吃菜,不喝酒。席间毕树棠与他人的一番对话,竟然逗得王国维笑出声来。

这难得的一笑啊,定格在这位素来严肃冷峻的大师身上,不能不说是一个罕见而特别的瞬间。

王国维每天在书房看书、著述,对于家务,不闻不问。他埋头读书,家里人也不去打搅他,大家各安其事。

他不善书,没有所请,一概拒绝。常有人闻名而来,但王国维总是答得干脆:"这是应酬,我没工夫。"

只有一次,是因为王夫人的援手,才得了先生的宝字。

他的近邻想请他写一幅小屏,怕被拒绝,故先找到王夫人,王夫人说:"你把格子打好,交给我,我逼他写就是。"王国维这才同意了。

不合他兴趣的事,都是应酬;若合了他的兴趣,这位冷面先生身上所满载的慷慨盛情,言语间流溢的情真意切倒是真的令人感动。

同为国学大将的姜亮夫填了一首词,想请王国维帮自己看一看。他晚上七点半到王国维家，王国维看了之后说："你过去想做诗人，你这个人理性东西多，感情少，词是复杂情感的产物，这首词还可以。"

王国维便帮他修改，一改就是近两个小时。在他改词的时候，姜亮夫顺手翻看两本书，其中一本是德文版《资本论》，他看见书中用好几种颜色的笔打了记号。王国维看了看姜亮夫说："此书是十多年前读德国人作品时读的。"

姜亮夫当时感到先生不仅学问广博，思想也非常先进。晚上九点多，词改好后，姜亮夫告辞，王国维要家人点着灯笼跟他一起送行，一直送到清华大礼堂后面的流水桥，并等其过桥后才回去。他对姜亮夫说："你的眼睛太坏，过了桥，路便好走了。"

闻此语，姜亮夫几乎落泪，此后一生难忘。

王国维，他以学术为性命，又以学术融了他的性情。

他一生中，可能没有娱乐这两个字。

彼时，收音机尚不普遍，北京虽有广播，但顶多有一个小盒子样的矿石收音机，戴耳机听听就算不错了。

他对中国戏曲曾有过很深的研究，却从来没有去看过戏。

他很少出游，在清华国学研究院，只有一次和同事共游过西山，骑驴上山，玩得很高兴。

他不会画画，小孩子缠着要他画人，他只会一个策杖老人或一叶扁舟。他也会亲自教孩子读《孟子》《论语》，讲解或听孩子背诵时从不看书本，讲解也不是逐字逐句地讲，讲完了，问一句懂不懂，孩子点点头，这一天的功课就算好了。

他在学术之外的生命并不丰富，好似寥寥几笔就能够概括完全，但他对孩子，则有格外的耐心和慈爱。

王国维在上海居住时，家中时常有日本客人。孩子们当时都还小，很是淘气。因受父亲的熏染，他们知道日本人喜欢乌龟，就趁着日本客人不注意，悄悄在其背后的衣服上用白色的石膏粉印上小乌龟图案，然后躲在一边调皮地笑个不停。这情景王国维见了并不责怪。等到孩子们成年后才知道，他们开玩笑的对象，不是一般的人物，而是学术研究上和王国维有密切联系的日本学者，在中日文化交流方面做出了杰出的奉献，如铃木虎雄、神田喜一郎等。

他很疼爱孩子。孩子们小的时候，他一闲下来就抱着孩子，一个大了，接着抱另一个。到清华任教时，最小的六儿子已六七岁了。没有孩子可抱，王国维就养了一只狮子猫。王国维有空坐下时，总是呼一声猫咪，它就跳到他的膝盖上，任王国维用手抚弄它的长毛，在他膝上打起呼噜来。

不过，孩子们还是爱到有父亲在的前院去玩。有时声音太大了，夫人怕他们吵到王国维，就拿着一把尺子欲将他们赶回到后院去。他们却躲在父亲背后，而疼爱子女的王国维则一手持卷继续阅读，一手护着他们满屋子转，让夫人啼笑皆非。

他的身份多，"分身"也多。素来珍惜亲情的王国维，还有着天性上的忧郁悲观。他自己也说："体质羸弱，性复忧郁，人生之问题日往复于吾前。自是始决定从事于哲学。"

原来，王国维的家庭成员多为非正常死亡，死亡的阴影一直笼罩着他。1907年7月，发妻莫氏因生产双胞胎女儿病危，王国维从北京回到家乡海宁，延请名医救治，十几天后，年仅三十岁的发妻离开人世。1905年至1908年间，王国维的人生不断遭遇重大变故，父亲、妻子、继母相继去世，他便不断地由北京返回家乡参加葬礼，其中辛酸、悲痛，自不待言。

1908年，在岳母莫太夫人的主持下，王国维续娶潘氏为继室，可噩运再度连环降临在他的头上。1921年之后的五年里，不仅他的两个女儿、一对孙女先后夭折，他的长子也因伤寒病逝。

无数的丧亲之痛，盘踞在王国维的生命之上。

他一向崇尚叔本华，而在此时与之共鸣的唯意志论与悲观主义，更是让王国维坠入了悲观主义的深渊。

"伟大之形而上学，高严之论理学，与纯粹之美学，此吾之所酷嗜也。然求其可信者，则宁在知识论上之实证论，伦理上之快乐论，与美学上之经验论。"

当他感发着这些熟悉而清醒的心绪时，他如何想得到命运对他是如此残酷？

他因而常是长久枯坐，又总是默默不言。

除了学问，他说得什么？又有什么值得可言？

大概只留得后人揣度了……

所以，梁启超言：静安先生平时对时局悲观，看得很深刻，他的性格很复杂，而且可以说很矛盾……他对于社会，因为有冷静的头脑，所以能看得清楚；有和平的脾气，所以不能采取激烈的对抗；有浓厚的情感，所以常常发生莫名的悲愤。积日既久，只有自杀一途。

他又言：若说起王先生在学问上的贡献，那是不为中国所有而是全世界的。

王国维在《人间词话》中曾经写道："社会上之习惯，杀许多之善人。文学上之习惯，杀许多之天才。"

伴随着一封外书"西院十八号王贞明先生收启"遗书的面世，王国维永远地辞别了在他的词中曾反反复复出现和咏叹着的人间：

五十之年，只欠一死。经此事变，义无再辱。我死后当草草棺殓，即行藁葬于清华茔地。汝等不能南归，亦可暂移城内居住。汝兄亦不必奔丧。因道路不通，渠又不曾出门故也。书籍可托陈、吴二先生处理。穷人自有人料理，必不至于不能南归。我虽无财产分文遗汝等，然苟谨慎勤俭，亦不必至饿死也。

当钉子叮叮当当钉死了灵柩的盖子后，这清醒而又悲愤的人间故事，再惊扰不到他的安魂。

是日，傍晚约七八点钟，研究院同仁及学生们执着素灯，将王国维的灵柩移到校南成府之刚果庙停灵。停放既妥，即设祭。面对王国维的遗体，当其他人都行鞠躬礼时，陈寅恪却行旧式的跪拜礼，吴宓、研究院的同学们也纷纷效仿。

他的墓地，落在清华园一处麦垄中的稍高处，圹深六七尺，宽只有三四尺，长约丈余，棺材放入穴中后，上面盖了石板，然后填土成坟——一代学术大师，永远长眠于地下了。

同月17日，旅京同乡旧友，假座于北京下斜街全浙会馆，为王国维举行了悼念大会。

19日，罗振玉又在天津日租界公会堂，为王国维举行了另一次追悼会，参与者也非常之多。

25日，日本友人狩野直喜、内藤虎次郎、铃木虎雄等人，在京都的袋中庵，招僧读经，为王国维再开了一次追悼会。

当世人惋惜这位不善交往的国学先生时，却避不开一份极其冗长的吊客名单，从中或可窥见王国维在学界的影响……

鲁迅说：要谈国学，他才可以算一个研究国学的人物。

梁启超这样评价：此公治学方法，极新极密，今年仅五十一岁，若再延十年，为中国学界发明，当不可限量。

好友陈寅恪为王国维写下墓志铭：

先生之著述，或有时而不章；先生之学说，或有时而可商，惟此独立之精神，自由之思想，历千万祀，与天壤而同久，共三光而永光。

赵元任

天生快活人

生平：1892—1982，江苏常州人。中国语言科学之父，中国现代音乐学先驱，中国科学社的创始人之一。他先后就职于康奈尔大学、哈佛大学、清华大学、中央研究院历史语言研究所等。既奠定了中国语言学研究的基石，又替中国音乐界开了一个新纪元。主要的语言学著作有《现代吴语的研究》《中国话的文法》《国语留声片课本》等，发明五度标音法；音乐方面的代表作有：《教我如何不想她》《海韵》《厦门大学校歌》等。

受业：康奈尔大学、哈佛大学。

传道：王力、朱德熙、吕叔湘等。

言语：在瑞士的德语区，赵元任将车送去保养，车行的人见之是外国人，便说起了法语。赵元任像个孩子一样"犟"道："那不成，我昨天晚上用的是德文的功，今儿非得用德文才会讲汽车的事情呢。"

品藻：他是一位最可爱的人。

——胡适

若说旅行，大概无人不爱，但绝对没有人比赵元任更会用嘴"旅行"了。

常人行路万里，赏悦风景，他却口述千语，且玩转方言。

精彩绝伦的口技"全国旅行"就是他的趣作：从北京沿京汉铁路南下，经河北到山西、陕西，出潼关，由河南入两湖、四川、云南、贵州，再从两广绕江西、福建到江苏、浙江、安徽，由山东过渤海湾入东北三省，最后从东北入山海关返北京。

这趟"旅行"，赵元任一口气说了近一个小时，"走"遍大半个中国，每"到"一地，便用当地方言土话介绍名胜古迹和土货特产，表演得惟妙惟肖，令人拍案叫绝。

不过，他说自己研究语言是为了"好玩儿"。

到处有人攀"老乡"

赵元任一生最大的快乐是到了世界任何地方,当地人都认他作"老乡"。

这位被誉为"汉语言学之父"的奇才,会说三十三种汉语方言,精通英、德、法、日、俄、希腊、拉丁等多种外语,甚至也精通这些语言的方言,因此还得了个"赵八哥"的绰号。

赵元任的听觉异常灵敏,听人言谈可过耳不忘,能在很短的时间内就学会一种方言。同时,生活上地域相隔的里程给了他一贯到底的语言环境与学习机会。

儿时,跟随做官的祖父生活,让赵元任的语言天赋——每到一个地方居住,就能迅速学会当地方言——得以萌芽与展现,此后一发而不可收。

祖父常换差事,差不多一年换一个地方。赵元任1892年出生于天津,第二年就搬到北京,不久就到保定,没多长时间又去了磁州。

四岁的他已慢慢记事,他记得:四岁住磁州,五岁住祁州,六岁到保定,七岁到冀州,八岁又回保定,九岁迁回冀州,十岁才回到祖籍常州。所以小时候他说的是北方话,腔调还是京腔,一半是南边音,一半也是跟着保定、冀州那些地方的口音学来的。他从小就特别喜欢学各地的口音,对于各种口音也向来留心,什么口音一学就会。回常州后,很快又学会了常熟话、常州话和苏州吴语。

十五岁时，赵元任在南京读书。当时全校二百七十名学生中，只有三名是地道的南京人，他向这三位南京同学学会了地道的南京话。在某次宴席中，赵元任居然用八种方言与来自四面八方的同桌客人交谈。

此外，赵元任结婚生女之后，一家多次往返于欧、美、亚三大洲，成为洲际旅行的常客，又熟悉了多国语言。

沉浸于对语言的喜欢，保持了对语言的兴趣，赵元任一生可谓获得了至大的快乐。他的生活全然由语言架构，精彩总是太多：成为学问，成为事业，成就了中国现代语言学先驱。

无心插柳柳成荫，赵元任语言研究生涯的开始源于一个巧然的契机。

1920年冬，英国学者罗素来华巡回讲演，已受聘于清华大学的赵元任，在蒋百里、蔡元培等人的极力推荐下担任翻译一职。接下来的一年中，由于赵元任口齿清晰，知识渊博，每到一地皆能用方言翻译，因此罗素当时的讲学比杜威获得更好的效果。

从此，赵元任的语言天才得到了公认，他自己也决定将语言学作为终生的主要研究方向。

罗素的演讲涉及心理学、生理学、伦理学、数学、逻辑学、物理学、教育学、社会学等多个领域，赵元任应付自如。他觉得，生活中的客套话很难翻译得确切，而翻译学术讲演反倒容易一些。一次担任学术讲演翻译后，他在当天的日记中写道：以译员的身份讲，比主讲人更有乐趣，因为译员讲完后才引起听众反应。

赵元任为罗素当翻译，每到一个地方都用当地方言来翻译。罗素在杭州演讲时，赵元任便以杭州方言来翻译；他在杭州到长沙途中向湖南人学长沙话，等到了长沙，已能用当地话来翻译了。以至于讲演结束后，一个学生跑上来问他："赵先生贵处是湖南哪一县？"

被称为"中国最后一位儒家"的梁漱溟，晚年口述《这个世界好吗》之时，曾如此评价赵元任："他懂得那个地方人讲话，从音韵上，从利用口齿上，他住上一两天就晓得怎么样，就讲当地的话。"

赵元任的听力很好，拼音能力也很强。

他能够把一个字的发音分几部分分析，从后面的部分念起，将一个字由后向前倒着念。有时他用录音机录下一段这种古怪的发音，然后用能够倒着放的录音机放，听起来就和按正常发音顺序念一段文章差不多。他高兴时喜欢给朋友们表演这种技艺。

语言的王国正渐步走近他，并已决心予他一个宏大的拥抱。

那音韵起舞回旋时，从他的舌尖滑离，而后脱口而出，顺畅并且优美，连带着声线的魅力，浑然自成，仿若从来就应属于他。

20世纪二三十年代，白话文运动已成气候，赵元任开始进行汉字拼音化推广，他编辑灌制了《国语留声机片课本》，胡适为该书作序，称以留声机片教国语没有第二人比赵元任更适宜。该书最大的长处是辨音正确，如辨声调、辨方言等，且书中用语活泼诙谐，可以破除教科书历来的沉闷。

1925年，赵元任夫妇由法国马赛回国，途经香港，看见一家鞋店的白皮鞋很好，于是赵元任用国语对店员说要买两双鞋。这是赵元任的一个习惯，遇到合意的鞋总是买两双。当时，香港通用的语言是英语与广东话，通晓国语者不多。这位店员的国语很差，无论赵元任怎么说他都不明白。于是赵元任伸出两个手指，然后指指白皮鞋，意思是要两双。

店员看了生气地说："一双鞋不就是两只吗？还要说什么？"

最后赵元任只好买一双皮鞋。谁知临出门时，店员用很浓重的广东话奉送他一句："我建议先生买一套国语留声片听听，你的国语太差劲了。"

赵元任反问："谁的国语留声片最好？"

那店员答："自然是赵元任的最好了。"

这时夫人杨步伟在旁边指着丈夫，笑着应道："他就是赵元任啊！"

不想店员不但不信，还愤愤地说："别开玩笑了，他的国语讲得这么差，怎么能跟赵元任比？"

语言的道路越发生趣，加紧的战事却催促着一切，向前，曲折，向前。

中研院历史语言所南迁，赵元任随行。途经广西桂林时，他们一时很难找到旅馆，只能住在一个车夫们住的小旅馆内。第二天，同事章元善让赵元任和他一起去拜访当时的广西省主席黄旭初，赵元任颇为反感，说："我不要去看这些大人物。"

章元善劝道："不能不去，因由广西经过镇南关、谅山这一带非由省政府派车送不可，否则不能去，而你老兄又是多数人知道的，去一下效果很大。"

赵元任只好与章元善同去。

见到黄旭初后，黄旭初开口便说："赵先生，我天天办公前总要和你谈谈天。"赵、章二人莫名其妙。黄旭初接着请二人去他休息室内，二人更觉莫名其妙，以为黄有什么秘密要和二人讲。进去一看，二人不觉大笑。

原来黄旭初的床前放了一套赵元任录制的国语留声片，有一片还正在唱机上转动。黄旭初解释说："每日我至少都要听一刻钟或半点钟才去办公。"

如此，赵元任的影响力是他自己也不能"摆脱"的了，他做了太多如他所言的"好玩儿"的成绩。

赵元任掌握语言的能力非常惊人，可是奥妙何在呢？

原来他能迅速地穿透一种语言的声、韵、调系统，总结出一种方言乃至外语的规律。掌握了规律，那就运用自如、如鱼得水了。

他的这种天赋，无从轻易复制，那是他生来就有的财富。

抗战期间，赵元任夫妇赴美，途经香港。陈寅恪夫人唐筼和次女陈小彭陪同着一起购物，在一家象牙工艺品商店，陈小彭听到赵元任与售货员以标准粤语交谈，但速度没有本地人讲得快，觉得奇怪。后来陈小彭才知道，赵元任并不会粤语，但他是语言学家，可以用拼音将粤语拼出。

而在外国语方面，赵元任自己说："在应用文方面，英文、德文、法文没有问题，至于一般用法，则日本、古希腊、拉丁、俄罗斯等文字都不成问题。"

赵元任辗转到各处讲学、参加会议，他的语言频道随时更新，随地转换。

他在巴黎车站，对行李员讲巴黎土语，对方听了，以为他是土生土长的巴黎人，于是感叹道："你回来了啊，现在可不如从前了，巴黎穷了。"待到法国索邦（巴黎大学前身）讲演时，用的是纯粹标准国定的法国语音。演讲完毕后，听众对他说："你的法语说得真好，比法国人说得都好。"

后来他到了德国柏林，又用带柏林口音的德语和当地人聊天，邻居一位老人对他说："上帝保佑，你躲过了这场灾难，平平安安地回来了。"老人还以为他是地道的柏林人呢。

对于赵元任来说，"老乡"无疑是他语言生活的一大美名，于是研究也渐趋深入。连闲暇时的游玩中，也派得上用场，他乐在其中。

赵元任和家人一起开车环游欧洲。他总结沿途国家跟外国人说话的惯例：一路上法国人和比利时人跟他们说法语；荷兰人因为知道很少有人会说荷兰语，所以跟外国人多半说英文；到了德国说德语；丹麦人和瑞典人则尽量跟外国人说英文。他说：我们开车从法、荷、比、德近海一带听他们说话所得的印象，并不是过一国换一种语言，我们的感觉非常像坐着长江轮船从上海到四川一路的口音渐渐地变，而不是一国一国地变。

在瑞士的德语区，因为赵元任第二天要开车到马特峰高山上去，所以准备将车送到车行进行保养，上上润滑油、检查一下机件。这天晚上他拿了一本词典查了这些机件的德文名称。第二天到了车行，车行的人看赵元任是外国人，说起了法语。赵元任像个孩子一样"犟"道："那不成，我昨天晚上用的是德文的功，今儿非得用德文才会讲汽车的事情呢。"

不单是语言"游戏"，学术探讨方面，他也颇有一番见地。

当有人提议汉字全部拼音化时，赵元任编了一个极"好玩"的单音故事，以说明语言和文字的相对独立性。他限制性地使用一组同一读音但字形不同的汉字来行文，借以说明国语普通话同音字较多，有时候只能借用书面语才能交流。

这篇妙文名为《施氏食狮史》，通篇只有"shi"一个音，写出来人人可看得懂，但如果只用口说，那就任何人也听不懂了。

石室诗士施氏，嗜狮，誓食十狮。氏时时适市视狮。十时，适十狮适市。是时，适施氏适市。氏视是十狮，恃矢势，使是十狮逝世。氏拾十狮尸，适石室。石室湿，氏使侍拭石室。石室拭，氏始试食十狮尸。食时，始识十狮尸，实十石狮。试释是事。

全文只有八十九个字，字字同为"shi"音，所以念不清，但所述能看得懂。其大意是：

石室有诗士施这么一个人，喜欢吃狮肉，此人经常在大街上探寻有无狮子。某日十时，恰好碰上十头狮子在大街上，就用箭射杀了这十头狮子，并把狮子的尸体全抬回石室。石室很潮湿，他便让仆人将石室擦拭干，然后开始试着吃狮尸，吃的时候才发现这些狮尸实际上都是石狮子。

读此妙文，令人捧腹，更不得不佩服这位"汉语言学之父"组配语言文字的功夫。

赵元任生性滑稽，做学问亦是如此。

他在谈到中国语言的五声问题（阴阳上去入），为了便于分辨，发明了一句"荤油炒菜吃"来解说。

生活的确是语言的集散地。

而如今,当我们享受着先人这丰盛的美味,咂摸着语言的魅力,想及这位有意思的智者,内心不禁多了些许动念,为他的热爱,为他的痴心……

中国的舒伯特

对于学术,要怀着"女人对男人的爱";而对于艺术,要具有"男人对女人的爱"。

赵元任,切切实实是个不可多得的多面手。

1910年,赵元任进入康奈尔大学主修数学、选修物理。在大学初期,他的兴趣已扩及语言、哲学和音乐。

因着少年时代对中国各地方言的兴趣,在校期间,他又于宾州史克兰顿城的国际函授学校学习法文。在"世界语运动"初期,还加入了"世界语俱乐部",成为活跃分子。他同时选修了音韵学,学习国际音韵字母,大开了眼界和耳界。他对哲学的兴趣也不小,在康奈尔大学第一年,兴趣就从数学转到哲学。

在校内外,他对音乐产生了浓厚的兴趣,并热情地实践着。1914年5月,他将中国的一首老调《老八板》谱了和声,在风琴演奏会上第一次公开表演。

此外,戏剧也被其列入日程:参加中国学生活动,演出话剧《失掉的帽子》,还试写了独幕剧《挂号信》,反映中国学生在美国讲英文的苦恼。该剧是赵元任在舞台上演的第一个剧本。

一时间，蜂拥而至的生命的兴致在赵元任这里打开了阀门。

他在康奈尔大学的中国学生创办的《科学》月刊上投稿，写文章又成了他的一项重要事业。他用文言撰文，在上海出版。接着，他组织"中国科学社"，这个社团后来发展成为组织完善的科学社，并迁回上海，继续发扬光大。

赵元任除了编《科学》月刊及听音乐、看电影外，在体育运动方面也颇为活跃，1913年、1915年他曾两次获得学校一英里竞走冠军；他还积极参加游泳、溜冰和长途旅游等活动。

激情繁盛，岁月如歌。后来，赵元任进入哈佛研究院深造，研读哲学，获得学位。在此期间，他继续钻研语言学、中国方言；还经常使用两英寸望远镜观察天体，探究星球；继续涉猎音乐，选修高级和声学课程，撰写曲谱。

1919年，赵元任回康奈尔大学，第一次走上讲坛，讲的是电磁现象，未带讲稿。后来，不带讲稿讲课成了他的一种习惯。在康奈尔这一年，赵元任除讲课和做物理实验外，还在音乐方面十分活跃，他既作曲又为中国民歌和声，并领导中国学生合唱团。

当学生生涯结束，赵元任带着他的兴趣伙伴们依然继续在生活的航道中自由遨游，从美国到中国，从学术到家庭。

他的生活始终不失兴味，品质自持。

赵元任到史语所后，曾组织了一个小剧团。有一次在协和大礼堂表演赵元任的话剧《挂号信》，演出前剧团还在北京的电车头上打了广告，熊佛西和赵元任两个人亲自上台表演。预演的第一天，赵元任戴了两副眼镜，熊佛西表演时忽然看见赵元任的怪样子，大笑不止，根本没法继续演下去了。

生活的丰盈，如跨山越海般将赵元任生命的底色填充，又斑斓描绘,他全然是个不可多得的奇才。

一定是付出了太多的执着,才和天赋交得了至好的关系;一定是发掘出太多的智慧,才全情为此生一次竭诚表演。

赵元任喜欢小发明,赵家四处布有大大小小的"机关"。书房、卧室里,东拉根绳子,西扯个滑轮,连炉门上也装了"机关"。早晨,赵元任不用起床,伸手一拉,炉门就"自动"打开,等他起床时,火已经很旺了,屋子也烧暖和了。赵家有一台老式冰箱(非电冰箱),赵元任的女儿小时候常常忘记关上门,赵元任就装上"机关",门一开冰箱里的灯就亮了,如果没有关上门,灯就一直亮着,这样她就不会忘记关门了。

还有一年,中国科学社美国分社开年会,大家提议去看日全食。赵元任向来对天文学兴趣浓厚,欣然同意。为了赶时间,车子开得飞快,以至于车后的一个手提箱掉了他们都不知道。后面的车拼命按喇叭试图提醒他们,但他们以为自己超速,警察追来,就开得更快了。等他们知道掉了东西再找回来,到达目的地时,天色已晚,日全食也快结束了。大家都觉得扫兴,同车的韩权华说:"怎么已经完啦?"赵元任的女儿如兰、新那说:"就看这么一点儿啊?"三女儿来思则说:"太阳真难看,一个黑脸长了些白胡子!"

只有赵元任依旧高兴地大叫:"看corona,corona(日冕)!"

除了语言,赵元任还是对音乐的迷恋最为深久。如果一定要为他定义什么的话,那么语言是主业,音乐就是第一副业。

他师从著名的音乐学家,专攻过和声学、作曲法,教过音乐、音乐欣赏、中国音乐等课。他为同时代的诗人谱曲:刘半农

《教我如何不想她》，徐志摩《海韵》，刘大白《卖布谣》，胡适《他》，陶行知《小先生歌》，施谊《西洋镜歌》……

在康奈尔大学读书期间，赵元任对音乐的兴趣越来越浓厚。他花二百二十美元分期付款买了一架旧钢琴，而当时他的留学官费每月才六十美元。为了买到廉价的音乐票，他和爱好音乐的同学半夜起床去排队。一次，赵元任凌晨两点起床去替换早已在售票处排队的同学邹秉文，直至六点半，别的同学才来替换他。

赵元任常随手取身边的小东西做乐器。一次在清华的同乐会上，赵元任取十多只茶杯，然后敲打倾听音调，七音调正后，便用茶杯奏出一曲乐曲，四座皆惊。又一次游西湖，在一家木鱼店内，赵元任在每个木鱼上敲一记，很快选出十几个小木鱼，以半音相间凑成一套乐器。他用这套"木鱼琴"，可以奏出各种乐曲。

随器起声，赵元任总是不放过任何一次"演奏"的机会。赵家宴客，饭毕，赵元任不让把盘子、筷子和碗收走，他拿起一根筷子，一个一个地敲，从餐具中挑出do、re、mi、fa、so……的音来，但找来找去，就是差一个音怎么也找不到。赵元任抬头看见玻璃灯罩，灵机一动，取下来敲了一下，说也巧，正好补上了那个缺的音，大家全乐了。

自然，有这样一位父亲，赵家的女儿们自小就沐浴在艺术氛围中。

女儿如兰出生后，赵元任负责看孩子。他弹钢琴时，总是将女儿的小床放在钢琴旁边。孩子就听着音乐在小床上一面哼一面摇。有一次如兰忽然不摇了，停在那儿脸涨得通红，原来她是要大便，赵元任说别动，等他把这一段弹完了再来弄！结果等到赵元任弹完了再看，如兰拉得一床一身都是。夫人杨步伟看了又好气又好笑，问赵元任为什么不早点叫她，赵元任一脸郑重地说：一个孩子的音乐教育要早打好基础，所以不可以把整段的乐曲随便中断。

到了年纪，学英文字母、国语罗马字、注音符号等，赵元任就教她们唱，歌学会了，字母拼音也跟着会了。他不仅教孩子们唱字母拼音，还将九九乘法表谱上曲，让孩子们边唱边背。他还从女儿们的课本中调出课文，谱上曲，配上和声，教孩子们唱。

赵元任一生创作过一百多件音乐作品，包括声乐和器乐。他和他的女儿们，有机会便聚在一起，组成一个家庭合唱团，分声部地练习演唱他的音乐作品。在赵元任的音乐作品中，有相当一部分是为家庭创作的，他常为女儿写歌，并教她们演唱。他把许多歌曲写在小五线谱本子上，随身携带，一有灵感就进行创作修改，就连上邮局寄挂号信排队的时间也不放过。长女赵如兰说，他的许多音乐作品都是在剃胡子的时候创作的。

抗战爆发后，赵元任一家随着史语所南迁，东奔西跑，钢琴丢了，天黑了也没有点灯，但他们的家庭合唱团一路越唱越起劲。一到天黑，赵家的合唱团就开始唱起来了。赵元任的两个小女儿年纪小，嗓音尖，就唱女高音；赵元任则唱男低音；二女儿赵新那是女中音；大女儿赵如兰则补上第四声部。

著名音乐家萧友梅这样评价赵元任：

"这十年出版的音乐作品里头应该以赵元任先生所作的《新诗歌集》为最有价值。虽然不是向来专门研究音乐的，但是他有音乐的天才，精致的头脑，微妙的听觉。他能够以研究物理学、语言学的余暇，作出这本Schubert（舒伯特，奥地利作曲家，早期浪漫主义音乐代表人）派的艺术歌（Art song）出来，替我国音乐界开了一个新纪元。"

赵元任是"中国的舒伯特"。

无独有偶,语言学家陈原这样写道:"赵元任,赵元任,在我青少年时代,到处都是赵元任的影子。"何故?原来,少年时代的陈原着迷于赵元任翻译的《爱丽思漫游奇境记》,这本是赵元任兴之所至偶一为之的译作,后来却成了一部儿童文学经典译作。陈原长大了,想学国语,就用赵元任的《国语留声机片课本》当老师。再后来,迷上音乐,迷上了赵元任的音乐朋友萧友梅介绍的贝多芬《欢乐颂》,也迷上了赵元任谱曲并亲自演唱的《教我如何不想她》。

他是一位最可爱的人!

胡适对赵元任推崇备至:每与人评论留美人物,辄推赵元任为第一。其治哲学、物理、算数,皆精。以其余力旁及语学、音乐,皆有所成就……以学以行,两无其待,他日所成,未可限量。

爱有多深,怕有多深

赵元任语言研究生涯的开启与罗素有关,他的感情,罗素也得以见证。

一次罗素演讲,左等右等也不见赵元任的影子,罗素呆站在台上,急得毫无办法。终于,赵元任带着一个女孩子匆匆跑进来——原来他和杨步伟饭后聊得兴浓,以致忘记了时间。罗素见状,低声对赵元任连说:"Bad man, bad man!(坏家伙,坏家伙!)"

不错，赵元任时值热恋中，而这杨步伟，正是与之缔结姻缘、携手一生的赵夫人。

杨步伟出身皖南名门望族，但她不愿当阔小姐，拒绝包办婚姻，独自一人到上海读书，曾大胆言："女子者，国民之母也。"后来留学日本，获东京帝国大学医学博士学位。毕业后到北京，和友人李贯中一道，开办了私营的森仁妇产科医院，开创当时妇女创业风气之先。

赵元任在一次聚会上被杨步伟的才貌折服，认定杨步伟就是意中人，非她莫娶。此后他几乎每两天去森仁妇产科医院一次，算是展开了追求攻势。一日，他突然向杨、李两位告别说："我恐怕太忙，如果不能再来，希望你们不要介意。"

杨步伟听后觉得好笑：你不来就不来吧，又无人请你来，干吗要介意？

可是当晚赵元任又去了。谈话间听到外面出了车祸来找医生，赵元任随着杨、李两位医生跑到大门，匆忙中踩破一盆菊花。从那以后，每年在杨步伟生日那天，赵元任都要买一盆菊花送给她。当然，这是后来的故事。

君有情，妾尚未有意。杨步伟对这个经常无病光顾医院的人虽有好感，但她是婚姻的理想主义者，她要用时间了解，用事实观察，用知识碰撞，以待爱情擦出火花。赵元任心中焦急，只得把苦衷向胡适倾吐。

胡适听了，哈哈大笑：这有什么难？明天听喜讯！

第二天胡适果真就去了森仁医院。大名鼎鼎的胡博士来了，杨博士亲自迎接。胡适望着杨步伟，笑眯眯地说："我这博士可不如我的好朋友，他上知天文地理，下通书画琴棋。当年我们一同考庚子赔款第二批留美官费生时,共录取七十二人。胡某不才,列五十五名,而我的朋友高居第二!"

见杨步伟不动声色,胡适又道:"英国哲学家罗素访华时,我的朋友能够用京腔、汉腔、客家话、吴语、粤语等等为罗素翻译,到什么地方说什么地方的话。他还精通英语、法语等多国语言,国内外方言大概能说三十多种!"

"您说的是——"说话干练的杨步伟莞尔一笑,故作不知。

"就是常到你这里,想治'心病'的赵元任啊!"胡适大笑起来。

没想到,挚友"大刀阔斧"地当了一把红娘,一段佳偶良缘就此结成。

看来,赵元任确有神手啊。

1921年6月1日,赵元任和杨步伟举行新式婚礼,他们除了租一间房屋外,一切从简。

婚礼这天,二人先到定情之地中山公园格言亭照了张照片,再向有关亲友发了一份结婚通知书。下午,二人打电话将胡适和另一位朋友朱征请到家中,由杨步伟亲自掌勺,做了四碟四碗家常菜。赵元任拿出一张自制的结婚证书,请胡、朱二人做证人、签字。为了合法化,贴了四角钱印花税。

赵元任写的证书如下:

下签名人赵元任和杨步伟同意申明他们相对的感情和信用的性质和程度已经可以使得这感情和信用无条件的永久存在。

所以他们就在本日,十年六月一日,就是西历一九二一年六月一日,成终身伴侣关系,就请最好朋友当中两个人签名作证。

本人签名　杨步伟　赵元任

证人签名　朱　征　胡　适

他们的结婚通知书一共寄出四百份左右,上面是这样写的:

赵元任博士和杨步伟女士恭敬地对朋友们和亲戚们送呈这件临时的通知书,告诉诸位,他们两个在这封信未到之先,已经在民国十年六月一日下午三点钟东经一百二十度平均太阳标准时,在北京自主结婚。告诉诸位,因为要破除近来新旧界中俗陋的虚文和无为的繁费的习气,所以除底下两个例外,贺礼一概不收。例外一,抽象的好意,例如表示于书信、诗文或音乐等,由送礼者自创的非物质的贺礼。例外二,或由各位用自己的名义捐款给中国科学社……

结婚通知书所附照片上写有格言:

阳明格言:知是行之始行是知之成;
丹书之言:敬胜怠者昌戴胜敬者灭。

赵元任和杨步伟就这样结了婚。

第二天,晨报以特大字标题《新人物的新式结婚》报道二人的婚礼,后来赵元任问罗素:"我们的结婚方式是不是太保守?"罗素答:"足够激进!"

身在美国威斯康星州威廉斯贝夜可思天文台的比斯布罗克教授接到赵元任的英文通知书后，将该通知书贴在天文台的布告牌上，让他的同事们看1921年6月1下午三点钟东经一百二十度平均太阳标准时，发生了何种天文现象。于是赵元任、杨步伟的结婚就成了一种"天文现象"。

有人说，赵元任天性淳厚，道德风采，有修养，对人和蔼可亲，从不与人争长短，语言风趣，是谦谦君子；杨步伟则天性豪爽而果断，思想灵敏，心直口快，无话不说。二人性格迥异，却携手走过六十年。

赵元任和杨步伟婚后坐轮船赴美，百无聊赖的时候，两个人便决定下围棋解闷。因没有携带围棋，赵元任向船上要了两袋早晨吃的炒米和炒麦子，可以分黑白两种，当成棋子用。谁说这不是浪漫呢？

陪伴是最长情的告白，纪念日又怎可错失？

1946年，赵元任夫妇银婚纪念日时，二人的证婚人胡适因故不能亲临祝贺，特寄来一首贺诗《贺银婚》，戏谑曰：

蜜蜜甜甜二十年，人人都说好姻缘。
新娘欠我香香礼，记得还时要利钱。

四十周年纪念会上，有人将赵元任做学问的求实精神比之《西游记》的唐僧玄奘，说玄奘之所以能成功，应归功于观世音菩萨的保护，而杨步伟就是赵元任的观世音菩萨。

金婚纪念日——从红颜到白首，两人相携走过半个世纪的风雨长路,艰苦共尝,欢乐分享,感情不见递减,反而与日俱增,这很不容易。逢此吉期,杨步伟不可能无所表示,她吟成一首《金婚诗》,谐趣之中另含美意,并押当年胡适《贺银婚》的韵:

吵吵争争五十年,人人反说好姻缘。
元任欠我今生业,颠倒阴阳再团圆。

的确,赵元任与杨步伟虽情投意合,但两人的个性趋向两极,意见时常相左,争吵总是难免,而他们不曾翻脸,更不曾反目,争吵之后,无论谁占上风,谁是赢家,都会云开雨霁。《金婚诗》的意思很显明,两人来世还要搭伙做夫妻,但角色必须阴阳互换,权当是赵元任偿还今生的"欠债"吧。这样好玩的主意,老顽童赵元任不可能不在第一时间做出回应,他的和诗足够让夫人莞尔:

阴阳颠倒又团圆,犹似当年蜜蜜甜。
男女平权新世纪,同偕造福为人间。

赵元任在诗后署名"妧妊",表示自己来世要成为女性。
杨步伟读后笑出声来。她本就有男子汉刚强果断的性格,最出色的表现是,南京沦陷前,撤离的船票极其紧张,她让生病的丈夫和大女儿先走,自己和三个小女儿留在后头,千钧一发之际幸而脱险,否则她早就成了南京万人坑中的一堆白骨。在晚年的回忆录《杂记赵家》中,杨步伟说过一句蛮好玩的大实话:不管是哪一国，嫁了一个教授，都是吃不饱饿不死的。真要调换角色，就该她来做教授了，也让赵元任充当全职太太，洗衣浆衫，生育四个宝贝女儿试试。

实然，杨步伟的幽默感并不逊色于赵元任，赵元任在耶鲁大学任教时，常常因为漫不经心乱泊车而收到罚单。后来，他要离开耶鲁去哈佛任教，临行前不得不去警局勾销旧账。办事的警察与赵元任夫妇早已熟识，问他为何要离开耶鲁，杨步伟打趣道："你们给他开的罚单太多了，我们只好离开此地。"对方知道这是一句玩笑话，也马上给足顺水人情："下次你们违章停车，我们不开罚单就是了。"

当问及平时在家谁说了算时，杨步伟应道：她在小家庭里有权，可大事情还是让赵元任决定。但是后面幽默地补了一句：不过大事情很少就是了。

事实上，有时他俩多少也有一点争吵，因为杨步伟嗓子大，性情也急些，赵元任也就顺从不争了。杨步伟说：夫妇俩争辩起来，要是两人理由不相上下的时候，那总是她赢。赵元任有自知之明，不跟妻子一争高低，他不否认自己惧内，往往以幽默的语言回答道：与其说怕，不如说爱；爱有多深，怕就有多深。

她说：我们争争吵吵六十多年，但也和和睦睦共度了大半个世纪。

他说：她既是我的内务部部长，又是我的外交部部长。

教我如何不想她

赵元任生性平和幽默,如闲云野鹤,一生只做学问,不问政治。

长久而美满的婚姻生活之前,赵元任与杨步伟曾有这样的共识。此时,这位趣味先生展示出了他鲜少有的郑重其事之态:"韵卿(杨步伟的别号),你的脾气和用钱我都能由你,只有一样事,将来你也许失望的,就是我打算一辈子不做官,不办行政的事。我看你对行政很有特长。"

杨步伟答:"我虽很年轻就负重任,可是我对做官也不喜欢。因为第一,我祖父不喜欢做官,常常批评做官人的弊病;第二我自己也看见很多人只做了一下官,就养成十足的官派来,我看着就生气。"

此后,赵元任果真有好几次当校长的机会,他都坚辞不干。可惜的是,最后一次"逃校长",竟让他和家人失去了回国的机会。

1946年夏,时任教育部长的朱家骅连发五次电报催赵元任从美国回任中央大学校长,最后还打电报给杨步伟,让夫人劝其就职。杨步伟回电说:"我从不要元任做行政事。"并对丈夫说,暂不回国,等风波过去再回。

没料到这一待下来就快二十年……

故国难家游子吟——尽是眷恋,尽是念念不忘。

枯树在冷风里摇,
野火在暮色中烧。
啊!
西天还有些儿残霞,
教我如何不想她?

在《杂记赵家》中,杨步伟不知道提到多少次,他们多年没有回国了,盼望着有生之年还有回来的机会。有一次,台湾邀请赵元任去讲学,大家热情欢迎他们,说他们多年没有回国了。可杨步伟说,台湾只是中国的一个省,回台湾不算真正回国。

由此可知,他们心中的国家,是海峡那边的那块大陆。著名书法家于右任,去世前要求把他葬在遥望大陆的地方,并写下感人至深的诗句:葬我于高山兮,望我大陆;大陆不可见兮,唯有痛哭……

而当年,赵元任动身去美国,在船甲板上,唱的就是周若无作词、他谱曲的《过印度洋》:

圆天盖着大海,黑水托着孤舟。
远看不见山,那天边只有云头。
也看不见树,那水上只有海鸥。
那里是非洲,那里是欧洲,我美丽亲爱的故乡,却在脑后!
怕回头,怕回头,一阵大风,雪浪上船头。
飕飕,吹散一天云雾一天愁。

风一尘一尘地去,海一翻一翻地打,这一时代的赵元任们就这样一寸一寸远游离散了……

归期终至——这位海外的儿子回家了。

1973年，赵元任夫妇回国时，开了一份想见面的人的名单，有七十多人，都是几十年前的朋友和学生，多数只有姓名，没有地址和工作单位。在接待单位的努力下，这些人差不多都见到了，赵元任夫妇非常高兴。赵元任笑着说：

"这简直是一项科学研究。"

胡适的异国红颜知己韦莲司在书信中曾说：赵元任无论在何困境都不会令人觉得他可怜，因为他随时以嬉戏的心态从中获得乐趣。

明代著名思想家李贽有云：夫童心者，真心也。……夫童心者，绝假纯真，最初一念之本心也。若失却童心，便失却真心；失却真心，便失却真人。这话在赵元任身上得到了完美的验证。

一片执着，一悸痴迷。不忘初心，方得始终。

黄 侃

魏晋风流何曾见

生平：1886—1935，字季刚，湖北省蕲春县人。著名语言文字学家。留学日本，与师章太炎合称为"乾嘉以来小学的集大成者""传统语言文字学的承前启后人"。曾在北京大学、武昌高等师范学校、中央大学等校任教。他的重要著述有《说文略说》《尔雅略说》《集韵声类表》《文心雕龙札记》等数十种，因生前立誓"年五十当著纸笔矣"，故多为后人整理而得。

受业：章太炎、刘师培。

传道：姜亮夫、陆宗达、程千帆、徐复观等。

言语：陈独秀说："毁孔子庙罢其祀。"黄侃对曰："八部书外皆狗屁。"

品藻：辛勤独学鲜传薪，歼我良人，真为颜渊兴一恸；断送此生唯有酒，焉知非福，还以北叟探重玄。

——章太炎

黄侃孝母是有名的。

少年时,每天晚饭过后,他弄头驴,让母亲横坐在上,牵着在家中大花园里遛,称为"孝顺"。

直到有一天母亲实在有些不能受用,跟他说:儿呀,你别孝顺我了,你把我孝顺得受不了了。

黄侃的本意大概是相当于今人的饭后散步、消食。不过,老太太吃完饭就坐在毛驴背上来回颠,大约不会怎么舒坦。

听闻此举,不觉黄侃颇有痴气。

音韵学家俞敏生却如是论:像黄季刚这种庶出的子女,在旧家庭里一般是很受压迫的。所以庶出子女在那种压力下常常会变作两种性格。一种是逆来顺受,唯唯诺诺,甘受压迫求一个温饱。另一种便是拼命反抗,桀骜不驯,使性任气处处叛逆。黄季刚反封建反得走火入魔了,所以有了那么多常人所不理解的行为脾气。

时人亦有评:不媚俗、不媚奴、不阿贵、不阿众、是所是、非所非、爱所爱、憎所憎。

师承且须恭敬

黄侃被时论称为民国学问界鼎鼎大名的"三大疯人"之一。

我们且看看民国三大怪杰的序次：

老大章太炎，因为性情落拓不羁，被黄兴、袁世凯笑骂"害了神经病"，而得了一个"章疯子"的绰号。

老二刘师培，一生高调地提倡"三不生活方式"：衣履不要整洁、不要洗脸、不要理发。只这一条就体现出他俨然是一位卓尔不群的"文疯子"。

年轻气盛的黄侃，则成名于1911年的盛夏。某日午睡后他行走于杨柳流苏的树荫间，忽然有了一种"大梦我先觉"的醍醐灌顶般的妙感。他立即赶往《大江报》，信誓旦旦地撰文说：大乱者，实今日救中国之妙药也。由是，黄侃也一举荣登"三疯子"的宝座。

历史在有些时候，真的是善解人意的。

在东京求学期间，黄侃与学识渊博的章太炎恰巧住在同一个寓所。黄侃占据了楼上的高位，章太炎则住在楼下。伊始的两人像两条并行不悖的平行线，很久未得相识。

1906年的一个春夜，应该是日本的樱花散淡了清香的静美时分，黄侃读书上了瘾，膀胱间涌起一阵阵尿意，也懒得去打理。后来，内急到了一种箭在弦上、不得不发的紧张情状，实已来不及跑去厕所。于是，通达洒脱的黄侃便忙不迭地爬上了书桌边的窗口，舒畅肆意地往下面抛出弧线形液体。

大抵名士夜读自古便是一种风行不衰的嗜好。当时，楼下的章太炎也在读书，并且章大师的夜读也进入一种曲径通幽、山花烂漫的呵护微妙的痒处。蓦然，窗外幽明的静物间自上往下挂了一股瀑布般流泻的水流，一股浓郁非凡的臊臭之味扑鼻而来。这打断了章先生的雅趣，他烦躁地冲出屋外寻找水流来源。此时的黄侃尚骑立于自己的窗台，进行着收敛的程序。章太炎一见之下，不由得勃然大怒，即时指着黄侃咬文嚼字地泼骂起来。

一般的人，在这般理亏的情形之下，都会采取息事宁人的态度，可黄侃是什么人？他是正牌的名门贵公子出身，且正值"自信人生二百年，会当击水三千里"的年轻踞世的时期，加之他平日就盛气凌人，这章太炎有板有眼的叫骂陡然激起了他好斗的旧性，所以，当时的黄侃不但不认错，还不甘示弱，也报之以泼骂。

这一回，是章大疯子恰巧遇见黄小疯子了。

于是，章太炎、黄侃两人在清幽的月色下，一个倚窗而立于楼上窗口，一个叉腰站定在楼下甬道，开始了一场引经据典、有板有眼的国骂——两人出口便是对仗，你来我往，骂得出口成章。这一场骂，使得两人都有了一种棋逢对手的痛快淋漓之感。他们疾缓舒纡有致的国骂，引得了许多留学生的围观。骂到后来，两人都渐由惬意转向疲倦，心底却涌上来一种惺惺相惜的感觉。

最后，两个人便在骀荡的春风间惬意相对微然而笑起来。恰在此时，有围观的好事者代为通名报姓，两人这才恍若有悟，知道了一个是成名的国学大师章太炎，另一个便是隐然间已有自己的国学气候的黄侃。

两人由此结成了朝夕相处、探讨学问的同道中人。

第二年秋，黄侃即将归国省亲，章太炎对之说道："务学莫如务求师。回顾国内，能为君师者少，君乡人杨惺吾（清末地理学家杨守敬）治舆地非不精，察君意似不欲务此。瑞安孙仲容（清末经济学家孙诒让）先生尚在，君归可往见之。"见黄侃并未首肯，章太炎接着说："君如不即归，必欲得师，如仆亦可。"黄侃听罢当即叩拜，对章太炎执弟子礼，受业于章氏，从此学业日益精进。

章太炎对黄侃的学识十分激赏，曾夸道：恒言学问进益之速，如日行千里，今汝殆一日万里也。

聪颖过人，加之师承有道，想想便是一件既幸运又幸福之事。

传道——授业——解惑，专注而绵长的时月中，考验来了。

1914年2月，章太炎从日本回国后因反对袁世凯称帝，遭到软禁，先被囚于北京本司胡同，后又被软禁于东城钱粮胡同。

平日里，黄侃虽一副全然不顾他人褒贬的独我之态，但他于大处又丝毫不含糊，刚直有骨气。

此时的黄侃正接受北大之聘来京任教，辗转打听到章氏下落，冒着生命危险前往探视。又见章太炎寂寞一人，就主动要求留下来伴宿，同时请之讲文学史。

遇此情状，一般人避之唯恐不及，黄侃却主动前来做伴问学，章太炎深为感动。一连数月，黄侃早出晚归，白天外出教书，晚上师生秉烛谈学，其乐融融。在幽幽的黑墙里，嗜学的师徒点着蜡烛，照亮了治学之路。

但一天深夜，警察强行把黄侃驱逐了出去，且不准其他客人来访。章太炎见黄侃被逼走，见客自由又被剥夺，愤而绝食，后在同道马叙伦巧妙劝说下才放弃绝食。

这样脾性相投、正气相照的弟子，令章太炎甚感幸兴，并且其对章氏的学问亦有帮助和启发。章太炎的《文始》一书便是吸收黄侃意见写成的，他的著作《新方言》出版时，不请同辈学人，却让黄侃为他写《后序》，足见其对黄侃的赏识与看重。

章太炎著书广征群说，而往往以黄侃所提作为定论。黄侃为此感佩万分，每逢学术讨论，必以章太炎的观点为准则，维护先生可谓不遗余力。某次黄侃与人讨论训诂，此人反对章之学说，而黄侃不许他人反对章太炎，结果争得面红耳赤，直到那人让步才肯罢休。

章氏门人无数，但最得意的弟子也仅几人。据章门弟子吴承仕回忆，章太炎晚年在苏州时，一日闲话，说他"门下当赐四王"，即"天王"黄侃、"东王"汪东、"北王"吴承仕、"翼王"钱玄同。半年后又封朱希祖为"西王"，合称"五大天王"。几大"天王"中，黄侃最得章太炎青睐，被称为"清通之学、安雅之词，举世罕与其匹……"。

20世纪40年代罗常培就把黄侃与章太炎并称，认为"周秦古音之研究导源于宋，昌明于清，至章炳麟、黄侃乃总集前人之大成"。

黄侃自视甚高，目中无人，独对老师章太炎执礼甚恭。周黎庵在《记章太炎及其逸事》中记载："季刚先生事章氏恭谨又倍于他人，黄有弟子陈君，亦能传其衣钵，主章家为西席，章氏以西席礼待之。每逢新年，季刚先生必诣章宅叩贺，至必行跪拜礼，黄叩章，陈又叩黄，章又向陈行礼。坐定，陈举茶敬黄，黄敬章，章又敬其西席，如此循环不绝，家人传为笑谈。"

尊师所以重道。一位得意小生，在自己瞻仰的师道面前，竟也是敛翼的雄鹰，方圆自持，骄矜不必。这也是他的意气。

修行漫漫，道阻且长。

黄侃信服的老师，除了章太炎，还有一位刘师培。

章太炎、刘师培、黄侃三人常在一起切磋学问，无所不谈，但每次谈到经学，只要黄侃在场，刘师培就三缄其口。黄侃由是猜测，莫非刘师培想让自己拜他为师，才肯传授自己经学？适逢刘师培感叹自己学问没有传人之机，黄侃朗声问道："我来做你的关门弟子如何？"

刘师培以为黄侃只是玩笑话，便说："你自有名师，岂能相屈？"黄侃正色相告："只要你不认为我有辱门墙，我就执弟子礼。"

第二天，时年三十四岁的黄侃前往刘家，向仅比自己长两岁的刘师培磕头拜师，并奉上十块大洋的红包作为拜师礼金。刘师培当仁不让，欣然受礼："我今天就不再谦让了。"

有人认为黄侃的学问在刘师培之上，他不必自轻身份，黄侃说："《三礼》为刘氏家学，非如此不能继承绝学，此所谓道之所存，师之所存。"对此，连章太炎也不以为然，黄侃只应："予于经术，得之刘先生者为多。"

心有敬者，是为信，是为执。坚定捍卫，恭心相向，竭诚援手。

1916年，刘师培与黄侃在北京见面时，刘师培将其关于《左传》的研究著作出示给黄侃，黄侃读后十分佩服，认为刘师培乃"旷代奇才"，对其过目成诵的才能尤为推崇。一次侄子黄焯问黄侃，刘师培与章太炎哪一个读书较多，黄侃不悦道："汝何知？刘先生之博，当世殆无其匹。其强记复过绝人。"

有一段时间刘师培失业在家，黄侃向蔡元培推荐他到北大任教，蔡元培以其曾经依附过袁世凯不肯聘任，黄侃则坚持说："学校聘其讲学，非聘其论政。何嫌何疑？"最终蔡元培接受了黄侃的意见，聘请了刘师培。

黄侃在课堂上曾对学生说起他为何心折刘师培。他在北大教书时，课前十分钟必定要看一遍讲义。一次，他看到陶渊明的一句诗，不知典故出自何处，便去问刘师培。刘师培说要思索一下再告诉他，他说时间来不及了，便去问章太炎。当时章太炎刚起床，正在阶前刷牙，问他何事如此匆忙，他说明来意，章太炎立即告诉他出处。回来时，他又绕道去看刘师培，结果刘师培说的与章太炎的一致。从此，黄侃对刘师培更加敬重了。

而这与黄侃日后治学常说的学问五道之二——不知者不道、为后世负责，正是契合。授鱼亦授渔啊，黄侃受之深远。

刘师培去世前对黄侃说："我一生应当论学而不问政，只因早年一念之差，误了先人清德，而今悔之已晚。"刘师培去世次年，黄侃在武昌写了一篇悼文《先师刘君小祥奠文》，中有"悲哉小子，得不面墙，手翻继简，涕泪浪浪"之句。

黄侃的骨子里，确是有几分崇尚魏晋人士之风度的。

可是，中国传统的文人，既不能跻身于庙堂间，又有谁不曾崇尚过魏晋的三分傲骨呢？而黄侃，也不过是放浪形骸，至真率性而已。

是可忍，孰不可忍

冲淡平和的周作人，在谈起自己的同辈时，曾经以敬畏的语气提到了黄侃：

"如果要谈起北大的名人旧事,黄侃是断不可缺少的一个人。因为他不但是章太炎门下的大弟子,乃是我们的大师兄,而且他的国学是数一数二的。可是他的脾气乖僻,和他的学问倒也成正比例,说起有些事情来,着实令人不能恭维。"

为子至孝,事师甚恭,可谓有深情;为人特立独行,率性而为,可谓有真气。

黄侃年轻时曾拜访大学者王闿运,王闿运对黄侃的诗文激赏有加,不禁夸赞道:"你年方弱冠就已文采斐然,我儿子与你年纪相当,却还一窍不通,真是钝犬啊。"黄侃听罢美言,狂性立刻发作,竟道:"你老先生尚且不通,更何况你的儿子。"好在王闿运通脱,并未计较。

不过,若是遇到不那么宽忍的对手,恐怕就要开练对阵、一争高下了。

他和学生之间,也毫不客气。有一个学生叫郑奠,原本深受黄侃的喜爱。郑奠毕业后留在北大任教。一次北大讲授诗词的黄节教授在家里请客,二人同去赴宴,郑奠穿着皮袍,黄侃见了大为不快:"我还没有穿皮袍,你就穿皮袍了?"而郑奠也不服气,回答道:"我穿皮袍,你管不着我。"师徒二人从此形同陌路。

对黄侃与人交往的结局做一调研,我们会发现,"不计较"与"失和"之类居多,且后者尤甚。

执教于北师大时,黄侃曾借住在同门吴承仕的另一所住宅中。后来他讲课,有不尊重女学生的语言,女学生反映给国文系主任吴承仕,吴婉言转告黄侃,希望他日后注意。谁知黄侃大怒,愤而辞职。吴承仕挽留不得,只好任其离去。没想到,黄侃竟要求吴承仕一同下台。吴承仕在北师大多年,又身任主任之职,岂能为此离职?此时又正值黄侃在北大读书的长子病逝,黄侃悲恸欲绝,悻悻而去。临行前,他用毛笔蘸浓墨在墙上挥了七个大字:"此天下第一凶宅。"

认定了晦气缠身,居处不祥,怎管顾什么三思而后行?就是天王老子家,他也会弄得满室皆"鬼"。黄侃就是这样,与之相处,交情是绝无用处的。

如此以往,黄侃的"臭名"恐怕是尽人皆知了。但他依旧毫无收敛,狂言妄语,任性而为,只是遇到"强势力",倒也还能伸能屈。

1926年,武昌高等师范改为国立武昌中山大学,黄侃任代理校长,因喜欢骂人,作风霸道,教育部便正式委派石瑛担任该校校长。到任第一天的校务会,石瑛踟蹰半天才开口道:"听说黄季刚先生在治校方面比较专制……"

话音未落,黄侃便起身说:"听说石瑛的姆妈偷和尚。"石瑛质问他为何如此无礼,黄侃朗声答:"我听说的。"并在其后故意附一句"阁下"。

石瑛对黄侃说不能用这样腐败的口吻称呼他,黄侃接着反问:"称你为王八蛋,成吗?"

事实上,黄侃对石瑛也颇为忌惮。石瑛身材魁梧,孔武有力,发起脾气来,不惜动粗,黄侃自我解嘲说:碰着石蘅青(石瑛字蘅青),就像秀才遇到兵,有理说不清!

石瑛对黄侃讲课只凭高兴,不用大纲也不写讲稿的教学作风,很不以为然。当石瑛严肃地规劝他,"季刚,你读了一肚子好书,为什么不好好用以济世呢?还发什么狂",黄侃唯唯称是。

此时,有人问黄侃:"为何转了性?"

黄侃毫不避讳地说:"打不过人家,有什么办法呢?"

他好似不争名利,不争输赢,既无城府,也无羁绊。时而令人生愤,时而又萌生错觉:他不是应该如常还击?于是,看黄侃的人生,多了一份戏剧性的趣味。

总是桀骜性子,言行露于心迹。

从教多年,黄侃辗转各处校园,皆映原初之态。

黄侃到暨南大学任教。一日,他在教室门口遇到在暨大任教务长的学生黄建中。莫可名状,黄侃当头便是一问:"你教什么课?"一向老实温厚的黄建中回答:"哲学。"黄侃大声道:"我问你,你自己懂不懂?不要胡吹乱说。"黄建中愕然良久。

暨南大学为规范管理,以资门警识别,要求教授人人都须佩戴一枚徽章。可黄侃不肯佩戴,刚入校门,校警看到他胸前没戴徽章,以为他是闲人白撞,便阻止入内。

黄侃说:"我是黄侃,只是你不认识我!"

门警却不通融,说:"你既是教授,应该有一枚徽章的!"

黄侃悻悻然地说:"我硬是不挂那种东西,你不给我进去,我就不进去!"说完掉头便走。幸有学生看见,关照校警,才冰释误会。

但黄侃自始至终不肯佩戴校徽,成为暨大唯一不佩校徽进出校门的教授。

狂而生畏,黄侃因此得到的破例不少。彼时,上课铃已响,黄侃仍泰然安坐教员休息室。学生们空待良久,还未见黄侃来上课,便向学校教务处报告。教务处职员赶紧提醒黄侃上课时间到了,孰料黄侃两眼望天,冷冷地道:"时间到了哦,钱还没有到呢。"原来,学校没有及时给老师们发薪水,黄侃拒绝上课表示不满。教务处赶快替他领来薪水,他这才去教室上课。

黄侃在私立中华大学兼课时更有"特权"。在该校,黄侃只拿干薪,从不赴校讲课。时间长了,学生们找到校长陈时责问:

"学校课表上列了黄季刚先生的课,为什么这年把时间了,我们连他的人影都没有见到?是不是学校没有把钱给他?如果学校没有把钱给他,那要退我们学费,就是因为鼎鼎有名的黄季刚先生给我们授课,我们才交这么多学费的。"

"我每个月是几百块现洋给他,哪没给钱?"

陈时直喊冤枉,如是解释。无奈之下,他登门请求黄侃去给学生上几堂课。黄侃到了课堂上,开口便是一顿咆哮:

"你们是何等动物?非要我来上课?你们出去只管甩我的牌子,就说是我的学生,还怕没得饭吃?看哪个不派你事做?"

这成为他在中华大学唯一的一次授课。

任哪一所学校都被他点乱了章法,时间久了,"黄侃特色"也就不得不形成了。

在中央大学,黄侃和校方约定,每遇刮风、下雨、降雪,他便不到校上课,被称为"三不来教授"。如此,每逢天欲雨未雨、欲雪未雪时,学生们便猜测黄侃今天会不会来上课,有人常戏言"今天天气黄不到",往往是戏言成真,有例外时,却又会上演新的好戏。

不过,来去自如的黄老师,对于教规,又怎么会乖乖就范、束手就擒呢?

黄侃开设文学研究法课程,讲授《文心雕龙》。他平时只讲课，不给学生布置作业。到期末考试时，他不肯批改考卷，也不给学生们打分数。教务处一再催促，黄侃被催急了，就给教务处写了一张纸条，上书"每人八十分"。他的意思是学生总想得甲等，给九十分嫌多，七十分又非甲等，八十分正合适。教务处也无可奈何，从此不再提这件事。

其实，一个"特立独行"，又如何够形容他？不，远不可行。

中央大学的教授们大都西装革履，出入乘坐小汽车，最起码也坐着黄包车，唯黄侃进出都是步行，每次都着一件半新不旧的长衫或长袍，用一块青布包着几本常读之书。

一日，下雨，黄侃穿着钉鞋到学校上课。课毕，天晴了，黄侃便换下钉鞋，用报纸包上，挟着走出校门。新来的门卫不认识黄侃，见眼前之人土里土气，带一包东西，便上前盘问，要检查纸包。黄侃二话不说，放下纸包便走，之后几天一直未去上课。系主任见黄侃连续几天未到校，便登门探望，询问其故，黄侃闭口不答。系主任不知所以然，赶紧将此事告诉校长。校长亲自登门，再三询问，黄侃才说：

"学校贵在尊师，连教师的一双钉鞋也要检查，形同搜身，成何体统？是可忍，孰不可忍！"

校长再三道歉，后又托人前去劝说，也无济于事。黄侃从此与中央大学断绝关系。

今人生疑，黄侃从来无所谓机缘，抑或生计，因为他资历自在，无须考虑。

黄侃傲岸不羁，凡事但求合诸己心，任凭他论。

但另外，又就事论事，不因事废人，其性情之光明磊落由此可见一斑。

黄侃与号称"两足书橱"的陈汉章曾同为北大国学教授，二人常促膝抵足地凑在一起讨论学问。一次，遇小处分歧，辩论相持不下时，黄侃便拿起一根手杖塞给对方，自己则执了一把短刀跳出门外，招手让陈汉章到外面去决斗。后来在同仁的劝说下，黄侃才作罢。不过，二人后来在中央大学再为同事，双双"不计前嫌"，一派和善。黄侃为陈汉章的《史通补释》作序，在序中称其为"魁儒"，是刘师培之外又一博学之人，自称"门下士"。陈汉章患病，旁无童仆，汤水极不便，黄侃怜之，买了两瓶橘汁，让侄子黄焯送去。陈汉章辞职回乡时，黄侃准备送他一张床、一个菜罩，但因不知其门牌号，而没有送到。对此，黄侃很是怅然。

有一段时日，黄侃听人说起"汪黄"，便怒气冲冲地找到同门汪东说："外面的人称中大学者必称'汪黄'，我比你年长，为何要置于我上？"

汪东莫名其妙。旁边有人笑道："你们都误会了，'汪黄'不是什么好名字，当朝政府里另有'汪黄'，与你二人无关。"

原来，当时正值对日和谈，国民政府的代表是行政院院长汪精卫和外交部部长黄郛，时人对二人颇为不齿，将他们称为"汪黄"，是将二人比作南宋时对金称臣的汪伯彦、黄潜善（史称"汪黄"）。

黄侃听罢，怒气顿消。

与其说对于人情世故，他跌跌撞撞，不如说对于学问之人，他是有绝对正气的。

黄侃常与同事胡小石切磋学问。胡小石教授甲骨文课程，曾以甲骨文纠正儒许氏《说文解字》之非。但黄侃认为甲骨为后人伪造，不可信。两人争得不可开交，甚而击碎玻璃板。但辩论结束，二人友谊又固如初始。

中大学生常任侠曾拜在黄侃门下，后留在中大任教。每年春节，常任侠必去黄侃家中叩首致敬，平日亦常去问学。一次，常任侠备课时，不知《秋蟪吟馆诗抄》中《兰陵女儿行》句"天吴紫凤贴地满"何解，便去问黄侃，黄侃以为常任侠有意考他，竟不回答，怒向中文系主任汪东道："常生不驯，可以开除。"汪东答："常生已经毕业，留在本校教书，已经无法开除。"黄侃只好作罢。常任侠知道黄侃脾气，日后亦常去请益，而黄侃待之如常。

黄侃一身桀骜，对同时代的文人学者赞许甚少——康有为、梁启超、胡适、皮锡瑞等人是他在课堂上嘲骂的对象。他对学生承言："我骂他们，是看得起他们，否则就不必费唇舌了。"又跟着补充说："我骂他们可以，你们还不够资格哩。"但他不因骂他们就将他们贬得一无是处，他将皮锡瑞的《经血历史》用作教材，常常在课堂上逐条进行批评，但又常掩卷歌唱，唱罢叹道："皮锡瑞的文章真好！"又说康有为十七日著成《广艺舟双楫》，真算得是才子。

浩浩洪涛，流年风云。

且说黄侃疯至极端，却也直中有曲；不可完全恭维，却也势必钦敬。

人无癖不可与交

明末散文家张岱有一颇为自得的名言:"人无癖不可与交,以其无深情也;人无痴不可与交,以其无真气也。"

武酉山曾概括黄侃的课余消遣为:喝酒、抽烟、喝浓茶、听清唱昆曲、游山玩水。但恐怕还得补上:好吃、嗜书与喜美色。

黄侃是一个名副其实的吃货。

早年他在参加同盟会时,就彰显了这样的天趣。因黄侃放言骂过很多人,会员们聚餐大多都不"打扰"他。黄侃明知自己没有被邀请的缘由,但挡不住美食的诱惑,不请自来。与宴者见黄侃进门,装作很热情的样子邀他入座。黄侃二话不说,脱鞋坐下,大快朵颐。吃完之后,他一边提鞋,一边回头骂道:"好你们一群王八蛋!"说完,拔腿就跑。

试想,不羁不屈的黄侃,遇美食而隐忍,该是怎样的情状?确然,真有其事。

一次,某宴上美味颇丰,熊掌、蛇羹、八珍等饕餮至极。黄侃得知后,很想前往品尝。但他曾经痛骂过主人,只好请好友刘成禺为其想办法,并保证从入席到终席,绝不发一言。刘成禺与主人商量,主人同意。这日席间,黄侃果然只是埋头大吃,一言不发,众人都以为黄侃转了性子,其实不知他为了美食才愿意"忍气吞声"。

对于这样的嗜趣,黄侃将之巧迁到教学生活中。

在北大任职时，黄侃给学生讲课过程中，待到关键的地方，他突然停下来不再继续，故作悬念，说："这里有个秘密，专靠北大这几百块的薪水，我还不能讲，你们要我讲，得另外请我吃饭。"

台下满室起初愕然一片，因着他们的聪明，还真有从中得了益处的。

有一位学生，平日对黄侃执礼甚恭。某日，该生在同和居宴客。主宾落座后，他忽然听见黄侃在隔壁说话，经一打听，得知黄侃也在此处请客吃饭，就赶紧过去问好，不料黄侃见面就对他大加训斥。该生洗耳恭听良久，见黄侃丝毫没有打住的意思，便心生一计，把饭馆的人叫来，当着黄侃的面交代说："今天黄先生在这里请客，无论花多少钱都记在我的账上。"

"好了，你走吧。"

果不其然，黄侃一听，立即停止训斥。

不但如此，这一小嗜，还有更精妙的用武之地。黄侃在北大开设《说文解字》课程时，学生大多觉得此门功课晦涩难懂，每次期末考试，都有学生不及格。后来，学生们知道黄侃好吃，投其所好，凑钱宴请黄侃，他欣然前往。这年期末考试时，学生们果然都及格了。校长蔡元培知道这件事情后，责问黄侃为何违反校规，接受学生们的吃请。黄侃不以为意，答道：

"他们这帮学生还知道尊师重道，所以我不想为难他们。"

人生成功的一部分秘诀是，吃下爱吃的东西，然后让食物在肚子里斗争到底。

黄侃大概和近一百年前美国的马克·吐温是极有共鸣的。

世事今如腊酒浓，交情自古春云薄。

黄侃与居正是湖北老乡，私交甚笃。居正任司法院长后，拜访者甚众，所以每日下班后便避不见客，由门房挡驾。一日，黄侃去拜访居正，门房见他的外表和衣着土气，不太像有身份的贵客，照例以"院长不在家"挡驾。可黄侃旁若无人，长驱直入。门房赶紧上前紧拉黄的衣袖，一边吆喝道："你是什么人？出去！"

"你是什么东西，你管不着！"

黄侃大怒，一边骂，一边挣脱继续往里走，不料用力过猛，衣袖被拉破了一道大口子。两人的争执惊动了居正，他走出门，黄侃便大发雷霆："觉生（居正字觉生），你做了官，居然就摆起官架来了！"

"季刚！不要理他！"居正一看是黄侃，忙连声叫道。

他又回过头来斥责门房说："我早就关照过你，这位黄先生来的时候，立即通报，你怎么忘了！"

"怪我多吃了两杯酒，糊里糊涂的。"门房也还算机灵，赶忙作答。

居正大笑，牵着黄侃的手往里迎，并说："快进去坐，有两瓶茅台，请你尝尝。"

黄侃一听，怒气全消，高高兴兴地随居正进门了。

不错，酒，黄侃也偏好。

黄侃坦言自己身体不好，如果不是学过拳术，身体恐怕要更坏。但他牢骚满腹，无从发泄，所以只能寄情于杯中物了。他每日早晨要喝四两酒才出来上课，冬季常患咳嗽，吐血症从来就没断过根。他喜欢吃蟹，螃蟹上市时，喝酒便更多了。学生卞孝萱回忆黄侃：群贤雅集，联句作诗，一手持酒，一手持螯，谈笑风生。

陆宗达就因为能喝酒能抽烟，深得黄侃喜爱与器重。两人常一边吃喝一边论学，有时一顿饭要吃四五个小时，陆宗达从中学到许多在课堂上学不到的东西，获益良多，后成就为训诂学家。古典文学学者程千帆对此也有同感：老师晚年讲课，常常没有一定的教学方案，兴之所至，随意发挥，初学的人往往苦于摸不着头脑。但他当时已是四年级的学生，倒觉得所讲胜义纷纭，深受教益……

黄侃常与学生一起郊游、吃饭、喝酒，畅谈学问，海阔天空，于闲谈中给学生莫大启发。他讲学也是天马行空，没有章法，讲到哪里算哪里，但又处处都是学问，非一般人能理解。

在北京时，经常陪同他游玩的"黄门侍郎"有孙世扬、曾缄二人。孙世扬曾说：先生好游，而颇难其侣，唯扬及慎言无役不与，游踪殆遍郊坰，宴谈常至深夜。先生文思骏发，所至必有题咏，间令和作，亦乐为点窜焉。

语言学家杨伯峻也曾拜在黄侃门下，他和其他弟子经常随黄侃一起出游。游罢，便找一家有名的饭馆吃晚饭。黄侃每饭必饮好酒，且酒量极大，学生中酒量最好的也不能及。黄侃说："饮君子要浅斟细酌，用大杯咕噜咕噜喝下去，纵使喝得多，算不得饮君子。"所以每次吃饭都要花上两三个小时。饭罢，还要拈韵，或作诗，或填词，限第二天下午课前交卷。他自己也作，拿来和学生们的比较。

兴之所至，随性起，随性往。

某次，黄侃动了游兴，到武昌后，下榻于弟子刘博平家中，做客月余。黄侃每餐非佳肴不饱，每天茶烟不停，而且都要上等货色，碰到高兴时，还要到附近逛逛名胜风景，刘博平一定奉陪无不曲意承欢。其妻事后曾向人诉苦说：伺候黄老师是一件苦差事，只要不合他的口味，他就瞪眼。

显然，黄侃不是迂夫子，而是思想活泼、富于生活情趣的人。

他喜欢游山玩水，喝酒打牌，吟诗作词，但是有一条，无论怎样玩，他对自己规定每天应做的功课都是要做完的。

黄侃读书极为认真勤奋，常通宵达旦。有人认为他精神超常，在于饮极浓之茶，茶水几黑如漆，每次读书之前，必狂饮之，屡屡饮之。茶色深黄，像醋一样，常人概嫌口苦，不能下咽，但黄侃甘之如饴。

有了这份极乐之癖，他往往陶醉于其中，每每饱读也近如酣畅一番，年深日久，又染了新的嗜好——视书如命。

他整理书籍，发现《古书丛刊》第二函不见，便怀疑被侄儿黄焯取走。他在当天的日记中写道："此儿取书，从不见告，可恨可恨！"并写一纸条，贴于书架之上，上书："血汗换来，衣食减去。买此陈编，只供蟫蠹。昼夜于斯，妻孥怨怒。不借而偷，理不可恕。"第二天，《古书丛刊》第二函在别的书架上找到了，黄侃才怒气全消。

章太炎在为他撰写的墓志铭中说："有余财，必以购书。"

夫人常因为黄侃买书之事责备他。因为他有时把钱汇到外埠去买书，钱寄出后，便天天盼望书能早些寄来。等书真到了，他打开包裹，匆匆翻过一遍后，便将书往书架上一放，甚至从此便不再翻阅。每每如此，夫人便指责他浪费。黄侃对夫人道：

"要知我买书的快乐，便在打开包一阅之时，比方我俩结婚吧，不也就在新婚燕尔之时最乐吗？"

黄侃在南京量守庐的藏书达三万卷之多。他以购书为乐，每月发薪水必先去买书，有时将一个月的工资全部用于买书。一次，黄侃购《四部丛刊》两千余册，耗资四百三十元，花去了大半月薪；另一次，他一次斥一千六百元巨资购买《道藏》。因黄侃购书，夫人常常为生计发愁，只能暗中向娘家求助。即便如此，黄侃还是不知足，他在诗中说：十载仅收三万卷，何年方免借书痴？

章太炎特地给他写了"寄勤闲室"四字挂在书房。

由于藏书甚多，所以书的储存和搬运便成了困扰黄侃的一件难题。

他的书大都散放在书架上，有时地板上几案上也一堆一堆地放着书。他的一部木版《皇清经解》便堆在客厅中的地板上。广州中山大学曾请黄侃去该校任教，但无论校方如何苦劝，开出再优厚的条件，黄侃都没有应允。后有人问他为何不去中山大学时，黄侃淡淡地答道："我的书太多，不好搬运，所以就不去了。"

因黄侃爱书，胡小石戏称其为"书淫"，但他不以为讽，反而极为喜欢。徐复观则说：黄先生一辈子最亲近的就是书。

极欲之人，总是几多偏嗜。愈为博广，愈为真彻。

黄侃在藏书庐门上挂了一个小木牌，上面写"坐谈不得超过五分钟"。一次，女学生舒之锐和程俊英去黄侃处借阅杂志，见到木牌后即准备离去，黄侃说："女学生不在此限，可以多坐一会儿。"

不得不说，他喜美色确是实况。他一生婚恋九次，其中真不乏如今人一样追求的轰轰烈烈的爱情。

黄侃在武昌高师任教时,与武昌女师学生黄菊英相恋。黄菊英与他的大女儿同年级,常到黄家串门,以伯叔之礼事黄侃,黄侃对这位女学生也非常友善。然而,一来二去,二人竟日久生情,互生爱慕,不出数月,便发展到突然宣布结婚的地步。

他们的婚事遭到了众人的反对,友人都以"人言可畏"劝他,他坦然地说:"这怕什么?"黄家也以"同姓不婚",拒绝将女儿嫁给黄侃。

黄侃便作《采桑子》一首,送与黄菊英,词曰:

今生未必重相见,遥计他生,谁信他生?缥缈缠绵一种情。
当时留恋成何济?知有飘零,毕竟飘零,便是飘零也感卿。

黄菊英看后,大受感动,毅然离家出走,与黄侃结为夫妻。

此事传遍武汉学界,顿时成为丑闻,小报更是大肆渲染,闹得沸沸扬扬。黄侃丝毫不以为意,居然要学生收集骂他的小报,以供蜜月消遣。

世人皆不齿黄侃的私生活,称他"有文无行""无耻之尤"。但章太炎对其种种行为极为宽容,认为黄侃酷似魏晋时期竹林七贤之阮籍,不论其如何玩忽礼法、藐视道德,但其母丧时呕血数升,乃纯孝之人,内心善良,并非残忍之徒。

1935年的重阳时节,满地黄花摇曳。黄侃与友人登高北极阁,持蟹赏菊。清风徐来,流水悠悠。黄侃一时兴起,数杯浊酒引动了万丈豪情。他当时饮酒过量,回到家中吐血半盂,两日后终是不治而亡。

章太炎讲他：断送一生唯有酒，焉知非福。我却联想到另外两句千古流传的诗句：古来圣贤皆寂寞，唯有饮者留其名。

　　只要是真心地呵爱着、喜欢过黄侃的人，大抵都不会怀疑他的至情至性。后来，章太炎在耄耋之年谈到黄侃，依然是谆谆地告诫世人：

　　"恐世人忘其闳美而以绳墨格之，则斯人或无以自解也。"

　　他这样讲当然是用心良苦的。先生是生怕后世的人们会因了黄侃曾经的风流自娱，而忘却他曾经的壮美与阔大啊。

五十之前不著书

　　黄侃学问既大且博，经、史、子、集几乎无所不通，尤其在音韵、文字和训诂方面学问精深。黄侃学问大，脾气也大，这一点颇为时人诟病。

　　陈独秀在日本时，曾在东京民报社章太炎寓所拜访章，章太炎命弟子钱玄同和黄侃到隔壁回避。陈独秀、章太炎二人闲谈，谈及清代汉学的发达，陈独秀列举戴、段、王诸人，多处于江苏、安徽，颇以自己为皖人而自豪。后来话题转到湖北，陈独秀说湖北没有出什么大学者，章太炎亦附和。此时，只听隔壁屋子里生于湖北的黄侃大声反诘道："湖北固然没有学者，然而这不就是区区！安徽固然多有学者，然而这也未必就是足下！"陈独秀闻听此言，扫兴而去。

　　后来，陈独秀到北大任文科学长。一次，众教授联句，咏古今名人，陈独秀说："毁孔子庙罢其祀。"黄侃马上对曰："八部书外皆狗屁。"所谓八部书指《毛诗》《左传》《周礼》《说文解字》《广韵》《史记》《汉书》《文选》。

黄侃属于守旧派，向来看不惯胡适等一批新派人物的做法，一有机会便冷嘲热讽。

新文化运动前，黄侃在北大教骈文，上课就骂散文；姚永朴教散文，上课就骂骈文。新文学运动开始后，黄侃、姚永朴彼此不再对骂，一致抨击白话文。黄侃抨击白话文可谓不遗余力，每次上课必以痛骂白话文开篇，然后才讲课。往往一节课六十分钟，一多半时间都用于骂白话文。逢时，黄侃当面向胡适发难："你口口声声要推广白话文，未必出于真心。"

胡适不解其意，究其故，黄侃说："如果你身体力行的话，名字就不该叫胡适，应称'往哪里去'才对。"

温文尔雅的胡适因尴尬而沉默，但依黄侃的个性，他后续的阵势可谓极尽揶揄之能事。

上海开了一家叫作"四而楼"的酒楼，为了招揽生意，曾经在报刊上刊登广告，大肆宣传。有学生看到"四而"二字，不解其意，就去请教胡适。胡适也不知何意，不敢贸然作答。黄侃得知此事后，在课堂上对学生说："这胡适之，没有读过《三字经》吗？书上说，'一而十，十而百，百而千，千而万'，楼主大概讨的是财源滚滚的兆头吧。"

又一次，黄侃给学生讲课兴起之际，又谈起胡适和白话文。他说："白话文与文言文孰优孰劣，毋费过多笔墨。比如胡适的妻子死了，家人发电报通知胡某本人，若用文言文，'妻丧速归'即可；若用白话文，就要写'你的太太死了，赶快回来呀'十一个字，其电报费要比用文言文贵两倍。"全场捧腹大笑。

黄 侃
魏晋风流何曾见

自古文人相轻是常事，谁都无法避之。

当黄侃、胡适同赴一宴，他势必又得胜一场。席间，胡适大谈墨学，黄侃对其所言甚为不满，跳起来说道："现在讲墨学的人都是些混账王八蛋！"

胡适大窘。黄侃又接着说："便是适之的尊翁，也是混账王八蛋！"

胡适怒极，正欲发作，黄侃却笑道："我不过是试试你，墨子兼爱，是无父也。你今有父，何足以谈论墨子？我不是骂你，聊试之耳。"举座哗然大笑。

"胡适之说做白话文痛快，世界上哪有痛快的事，金圣叹说过世界上最痛的事，莫过于砍头，世界上最快的事，莫过于饮酒。胡适之如果要痛快，可以去喝了酒再仰起脖子来给人砍掉。"

——时年，北大课堂上，黄侃这样的辟论可是大有篇章。

周作人说黄侃，攻击异己者的方法完全利用谩骂，便是在讲堂上的骂街。黄侃与钱玄同同为章太炎弟子，但钱玄同主张新文化运动，故黄侃素来对其鄙夷，常戏称钱玄同为"钱二疯子"。

一次，黄侃与钱玄同同去章太炎家中拜访，与大家一道在客厅等候。黄侃忽然大呼："二疯！"钱玄同很是不悦，但强忍未予理会。

黄侃接着说："二疯！你来前，我告你，你可怜啊！先生也来了，你近来怎么不把音韵学的书好好地读，要弄什么拼音字母，什么白话文……"

钱玄同忍无可忍，拍案咆哮道："我就是要弄注音字！要弄白话文！混账！"

两人大吵起来，章太炎闻声赶来，调节一番，两人才作罢。

是有多深弥的守护，才会如此激语，大作狂态；是有多坚定的情结，才会这般捍卫，大打言战。他对国学推崇备至，处处维护，一心只知纯粹，不惜呵责。

黄侃是善于坚持的。

因着对学问一贯的敬畏之爱，甚而几近偏执，他对于治学怀有绝对严谨的态度。

某次，一达官宴客，座中亦有黄侃。席前，大家虚上座以待，一留洋归国的青年翩翩迟来，并不谦让，径直往前坐上首席，同座多有不平，黄侃亦然。席间，青年夸耀说，适自某达官家来，又某达官邀宴，尚无暇前往。黄侃啐道："你这人真没学问！"青年即说自己留学某国某国，共有五六年之久，何以说他没有学问？黄侃起身道："鄙人留学中国，四十余年，尚谈不到学问，你五六年之久，算得什么呢！"说话间，打了该青年一记耳光，青年欲还手，众人早将他拉扯出去了。

黄侃终日醉心学问，常废寝忘食。一次，友人登门拜访，进门只见黄侃一手捧书，一手拿馒头，放到嘴边欲吃，却又停下。友人知黄侃正沉溺书中，便静坐等候。忽然，友人只听"啪"的一声，一看，原来黄侃读到开心处，先在桌上猛击一掌，再将馒头蘸着朱砂和墨汁后放入嘴里，顿时成了一个大花脸。友人笑道，你这哪是读书，是吃书啊！

黄侃说，学问之道有五：一曰不欺人；二曰不知者不道；三曰不背所本；四曰为后世负责；五曰不窃。又云：治学第一当恪守师承，第二当博学多闻，第三当谨于言语。

黄侃说，初学之病有四：一曰急于求解，一曰急于著书，一曰不能阙疑,一曰不能服善。

所以,他不仅要求自己不要急于著书,还告诫学生三十岁之前不要轻易发表文章。他常劝学生:要打好基本功,不要骛外,要耐心于久坐下苦功。

黄侃一生勤奋,以愚自处,他学识过人,却慎于下笔,述而不作。这可急坏了他的老师章太炎。章太炎曾打趣道:"人轻著书,妄也。子重著书,吝也。妄不智,吝不仁。"黄侃认为"观天下书未遍,不得妄下雌黄",但答应恩师"年五十当著纸笔矣"。

1935年的3月,是黄侃的五十岁生辰,章太炎精心准备了一副对联:韦编三绝今知命,黄绢初裁好著书。"韦编三绝"取的是孔子穷研《易经》,致使竹简的韦绳多次磨断的典故,以此赞赏黄侃的勤奋苦读。"黄绢初裁"源于蔡邕题词曹娥碑,"黄绢幼妇,外孙齑臼"。杨修当年的破题是:黄绢,色丝也,于字为绝;幼妇,少女也,于字为妙;外孙,女子也,于字为好;齑臼,受辛也,于字为辞。所谓"绝妙好辞"。章太炎仍然寄厚望于已年过半百的黄侃,潜心于著述,写出绝世好文。

谁知,章太炎苦心为弟子而作的对联暗藏了玄机,联中无意间嵌着的"绝""命""黄"三字,即象征黄侃的寿命不永。黄侃一向迷信谶语,他展开寿联,一眼就看出了其中的玄机,脸色骤然大变。很长的一段时间,他的内心都是忐忑不安的。

竟然是一联成谶。

是年十月八日,黄侃驾鹤西去。

就在去世前一天,虽吐血不止,黄侃仍抱病点毕《唐文粹补编》,并批阅《桐江集》五册。章太炎听到噩耗后,恸哭不已,连呼:这是老天丧我也!这是老天丧我也!

黄侃,真是一个异者。

他对己所学深为自负,而一旦服膺于对方,则折节叩头拜师请教。

他性喜佳山水、风月地,醉酒美食,但又刻苦自励,发奋向学。

他虽早已学术大成,名播海宇,竟不急于著书立说。

他置身于讲究雍容优雅温文恭敬的上流社会,却是口没遮拦心没算计。

……

静夜长思,扪心自问,以上的"异",产生于真。正因为黄侃对学术——认真,对师友——真诚,对欲海横流人心叵测的世界——天真,才有了这许多成就、名声、故事和永恒的回想,才有了不是因为权势的显赫和表面的喧嚣而带来的不朽与辉煌。

吴 宓

悲喜交集浮生梦

生平：1894—1978，字雨僧，陕西省泾阳县人。清华大学国学院创办人之一，中国比较文学的先驱者，中国红学的拓荒者之一。著有《文学与人生》，留有《吴宓日记》等。

受业：先后就读于清华大学、美国弗吉尼亚大学、哈佛大学。

传道：钱锺书、曹禺、李健吾、季羡林、李赋宁、何兆武等。

言语：一个有道德的人应该随时随地想到如何给别人以便利而不给别人添麻烦。

品藻：他自认是一名热诚的人文主义者和古典主义者，但他的气质是彻头彻尾的浪漫主义者。他的纯真和诚恳，任何人都看得清清楚楚，唯独他自己看不到。

——温源宁

吴宓活足八十四岁高龄，这殊非易事，亦殊非幸事。他晚年的经历再次印证了庄子"寿多则辱"的论断，这无疑是莫大的悲哀。他将自己的一生分为三个二十八年：

第一个二十八年（1894—1921）：他过得十分惬意，考上清华留美预备班，远涉重洋，拿到哈佛大学比较文学硕士学位，可说，学有所成。

第二个二十八年（1921—1949）：他比堂吉诃德更忙碌，也比堂吉诃德更烦恼，担任清华国学研究院主任，总理《学衡》，主编《大公报》文学副刊，是中国20世纪比较文学的奠基人，可说，事业有成。

第三个二十八年（1949—1978）：1949年年初，他曾将这个预测告诉一位友人，友人问：那你的第三个二十八年将在什么样的环境中度过？他答曰：尚欠明朗，尚难定夺。——事实确然证明，他的晚景异常凄凉，正如他向来自比的古希腊悲剧英雄。

他是一个水晶球，极其透明，却又是一个矛盾体，处处自相冲突。比如说他严肃、古板，却又崇尚浪漫，这就会产生不可思议的喜剧效果，同时染上不可收拾的悲剧色调。尤其他的婚恋，更是一个破绽百出的脚本……

奇绝得有如一幅漫画

吴宓，举世无双，见过一次，永生难忘。

有些人需要别人介绍一百次，到了第一百零一次，还有必要再经介绍。他们的面貌太平常，没有一点特色，"什么"也没有，只是一副张三李四都可能有的平常相貌。

吴宓的面孔堪称得天独厚：奇绝得有如一幅漫画。他的脑袋形似一枚炸弹，且使人觉得行将爆发一般。瘦削的面庞，有些苍白、憔悴；胡须时有迸出毛孔欲蔓延全脸之势，但每天清晨总是被规规矩矩地剃得干干净净。粗犷的面部，颧骨高耸，两颊深陷，一双眼睛好似烧亮的炭火，灼灼逼人。——所有这一切又都安放在一个过长的脖颈上。他的身躯干瘦，像根钢条那样健壮，坚硬得难以伸缩。

实然是一个奇特的人。

唐振常写道：凡是见过吴雨僧先生的人，总难忘他那踽踽独行、喃喃自语之状。他一个人低着头走，不看前面的道路，不看左右周围的人群，唯喃喃自语，壹似重有忧者。

有人爱马，有人爱狗，有人爱猫，吴宓独爱骡。

1899年，时年六岁的吴宓已然在一份极为特殊的爱好中获得了至大乐趣：喜欢自家的骡子。吴家养有两匹驾车、拉碾磨的骡子，一牝一牡。红色的骡小姐，温和顺遂，青栗色的骡小伙儿，刚劲有力。吴宓开始与家中的骡马戏狎，注意其性动作。他幼年时的男女性知识，多得之于骡马。他曾突发奇想，若自己变身为骡是为何状。于是，他在家中碾磨房中，扮作骡子，俯伏在地，让仆童拿来骡子驾车时用的鞍勒羁衔，给他披挂在身。当骡项圈挂到肩上时，太大的项圈，可使他全身从中通过。

年少时，作为一个孩子，他的感情至为真挚。可不想，因着这份特殊的爱好保持如一，这真挚竟也始终浓烈。常人绝是很难想象的，更别说感同身受了。

1905年10月中旬，吴宓乘姨母家纯黑色骡小姐所驾的车赴西安。这次西安之行，姨母家黑色的骡小姐让吴宓难忘不舍，思念和怜悯之情一纸开来：

此骡亦美女子身，今日为载送我来此，行如是之速，路如是之远，乃不赏其功劳，不速给饮食、休息，而痛施鞭打，骡诚冤且苦矣！我未能救护、抚慰，对骡实惭感交并。我中夜醒，不知骡在彼店亦能安息否？不受一群客骡之欺凌、亵扰否？

……过后，宓恒念及此骡。

自此，骡小姐不但是他日记中常出现的主角，而且还常常引发其思考。

骡一般不能生殖，可吴宓对此亦有对知识的探求精神。一天，已经懂事的他问叔父仲旗公："骡何以不能传种？"回答："因生殖器不完全。"多年以后，吴宓在亚里士多德的著作中得到了关于骡不能生育的另一种解释：由于牡骡的精液过冷。

设想时下的情景，他该是如一个解开弥久疑团的智慧小童一般，乐得欢跳起来吧。

吴宓对骡小姐的日常生活关怀备至，观察入微。每次出行时，驾车的骡小姐的颜色和性情、途中的遭遇等均一并印入他的脑海，直到晚年他都能记起。甚至连骡小姐遗尿的姿势、角度、时间、频数（冬夏之别）、地点，以及身在闹市、稠人之中，畏人窥看的含羞程度，吴宓都观察得十分清楚，并一一记录。他在文中还记录如何"抚摩骡之臀股，心殊爱之"，以及左手擎起骡小姐的尾巴，详细窥看其阴部的情节。

细节之处，颇见情真。

吴宓来北京后，最爱的依然是家乡的骡小姐，他对那骡小姐的赞词是"美""甚美""极美"。在北京清华学校读书时，他认为北京驾车的骡子，皆身形丑怪，尾骨不耸，臀部肌肉不丰满，毛色不美，远不及他家乡的骡小姐可爱。

年深日久，吴宓对骡小姐的喜欢渐次加深，这仿若是他心里独建的一座小屋，只供自己玩悦，无须又无法分享。于是他的记录由日记、文章转移到诗作当中。

1950年，他作《悯骡诗》，称之为《骡史》，其中四首，是专为他所爱的骡而作，名为《某骡（黑而牝，最美）之自传》。

吴宓为自己十七岁那年遇到的黑色骡小姐，写下的是《美骡传记》。他对那美骡之动作及情态印象很深，感觉甚美。他的五首七律中的两首，内容分别是写这位正值妙龄的骡小姐的大小便，诗云：

已过长衢土辙安，汗流身热胃肠干。
渐抟玉液成浓块，更炼金丹作巨丸。
节节竹环蛇出洞，高高金座珠堆盘。
频看尾举连排泄，妙龄食量可惊叹。

出城骈列暂盘桓，肃立风从尿始湍。

蹲股不胜羞欲掩，开关乍见射成澜。

微闻芗泽无声响，累皱红巾畏客看。

躯体松舒诸事办，长途奋进敢辞殚。

相貌奇绝，癖好又怪，吴宓就是这样一位惊世之人。

钟表一样的先生

他常穿一袭灰布长袍，戴一顶土棉纱睡帽，一手拎布包，一手拄手杖，走上讲台。

打扮虽然古板，吴宓讲的却是纯英文诗歌，而且开讲时，笔记或随身带的纸片静置一旁，无须参看，所讲内容脱口而出，一气呵成。待讲到得意之时，便拿起手杖，随着诗的节律，一轻一重地敲击着地面，颇具吸引力。

当吴宓的第二个二十八年开启之时，留学生涯的卓越，让他一回国即当上教授，辗转东南大学、清华大学等校开课讲学。虽然仍有学生说"吴先生是我生平所见最为稀奇古怪的一个人"，但此后的吴宓确真在进行着他自己的师道。

吴宓教授从走上讲台那一天开始，就以备课认真著称。他在东南大学任教三年，讲授欧洲文学史等课程，一时声名鹊起，学生们交口称赞。1923年，清华学生对当时给他们讲授英国文学的美籍教师十分不满，向学校反映，学校即派学生代表梁实秋去兄弟院校调研外国文学教学的情况。听完吴宓的课后，梁实秋在《清华周刊》发表文章述及吴宓的授课情形：预先写大纲于黑板，待到开讲，则不看书本、笔记，滔滔不绝，井井有条。文章最后感慨道：吴先生亦是清华毕业游美同学，而母校未能罗致其来此，宁非憾事者！

或许就是这样的因缘，不久后，吴宓走进了清华园，并创下了他一生最为自豪也最为人们所铭记的功绩——筹办清华国学研究院。

他入主国学研究院后，聘请了王国维、梁启超、陈寅恪和赵元任四个国内一流的学者，时人称"四大导师"。其中，吴宓去延请王国维时，在登门之前，对其生活、思想、习性专门做了调查研究。到了王国维住所后，二话不说，便毕恭毕敬地顿首三鞠躬，然后才起身落座，表明来意，令王国维大为惊异感动。他本以为来者必西服革履，不想却是长衫连连，谈论间又严辞谨语、诚意备至，于是决心受聘。

他的清华时代弥足闪耀。

每天早上七点半，吴宓准时来到教室，开始在黑板上书写讲义。待到学生八点到齐时，讲义已写了满满一黑板，详细至极，参考书、著者、出版社、出版年代等都清晰入列。学生们好奇，上前偷偷观察，发现他并不是抄写，而是完全凭记忆，一时佩服得五体投地。

他的考试方法也很独特，每每都有一道题目要求学生默写出自己能背诵的最长的一首诗或评一篇文学专著。有同学向他请教如何学好古典文学，他信口作答：多读、多背、多用。

台上的先生，认真、负责、一丝不苟，"上课像划船的奴隶那样卖劲"。而作为他的学生，钱锺书、曹禺、吕叔湘、李赋宁……可真是要攥紧这样的机会好好受教一番了。

作为一般意义上的教师，吴宓无可挑剔，唯一的缺憾是少了一点启迪灵感的魅力。

温源宁在《吴宓先生》中说：

作为老师，除了缺乏感染力之处，吴先生可说是十全十美。他严守时刻，像一座钟，讲课勤勤恳恳，像个苦力。

别人有所引证，总是打开书本念原文，他呢，不管引文多么长，老是背诵。无论讲解什么问题，他跟练兵中士一样，讲得有条有理，第一点这样，第二点那样。枯燥，间或有之，但绝非不得要领。

有些老师无所不谈，却不发任何议论，吴先生则直抒己见，言之有物；也可能说错了，然而，至少并非虚夸。他概不模棱两可，总是斩钉截铁。换句话说，他不怕直言对自己有什么牵累。

在事实根据方面，尤其是见于各种百科全书和参考书的事实，他是无可指摘的，只在解释和鉴赏的问题上你还可以跟他争论。

他永远昂首挺胸，脊背笔直，看上去仿佛就是尊严本身。

他以身为学者而自豪，朋友们也都认为他是一位天生了不起的君子而为之骄傲。

学生李赋宁回忆吴宓："先生写汉字，从不写简笔字，字体总是正楷，端庄方正，一丝不苟。这种严谨的学风熏陶了我，使我终生受益匪浅。"

他的字也形如其人。

吴宓给学生批改作业，字迹工整，写下的外文字母及数字，笔画粗细，好像印刷的一样整齐。他对学生要求也极为严格，新学期注册，对学生写得很潦草的注册拒签。

茅以升之女茅于美也说："先生不善料理家务琐事。但他给我们修改文章时，常用毛笔蘸红墨水书写，字迹工整。涂改一字，必涂得四方满格，免被误认。"

吴宓对自己严苛，亦章法有理。

他改正自己写错的字时，总是把错字整个涂成长方形，四角齐整，一痕不露，然后把改正的字规规矩矩写在旁边，使看的人绝对不会感到混淆导致误会。无论书写文章、讲义、信札，不论汉字英文都是工楷。写时精神完全集中而速度很快。

书写信封时，地址、姓名全用整齐清晰的楷书，从较大的字体到较小的字体，连两词三词的间隔都似经考虑留空适当，外文字母及数目字排列及笔画粗细有似刻印。他说一封信往往要经过长途跋涉，多少邮工收、检、转、送付出辛劳，如果信封上字迹不清楚或字体不规范，就是给他们制造烦难与苦恼。

"一个有道德的人应该随时随地想到如何给别人以便利而不给别人添麻烦。把邮票贴到盖邮戳最顺手的地方，不是远比贴在背后教人翻转寻找为好吗？门牌号码中一个潦草数目字就可能使得投递人来回跑很长的路……"

原来认真的背后，是道德力量的支撑啊。

到南岳时，教授宿舍紧张，吴宓只能与沈有鼎、闻一多、钱穆同住一室。

吴宓不喜沈有鼎，认为他不讲卫生，又自私。沈有鼎看到吴宓等室友勤奋用功，喃喃自语道："如此良夜，尽可闲谈，各自埋头，所为何来。"

吴宓闻此言，肃然对其指责："汝喜闲谈，不妨去别室自找谈友。否则早自上床，可勿在此妨碍人。"

沈有鼎只得默然。吴宓又规定宿舍作息纪律，限十时熄灯，勿得逾时，妨他人之睡眠。

而在钱穆看来，其他三人笃书成性，不过皆孤僻独行。每天晚上，闻一多在座位上自燃一灯，默默读《诗经》《楚辞》，每有新见解和新发现，就撰写成篇。吴宓则为第二日上课准备，抄写笔记、纲要，极为有序：逐条写，又合并，有增加，写好后，用红笔加以勾勒。吴宓严谨备课给钱穆留下非常深刻的印象。次日，必是吴宓最先起床，一人独自出门，在室外微露晨曦中，拿出昨晚备课所写条目，反复诵读。等他人都起床后，吴宓才回到宿舍。

钱穆感慨："余与雨僧相交有年，亦时闻他人道其平日之言行，然至是乃深识其人，诚有卓绝处。"

对己身，他有其约法，有板有眼；对学生，他尽其义务，绰绰有余。他是无论如何都不会允许有任何闪失抑或"事故"的。

有一次，一位青年教师丢了上课用的教科书，问吴宓是否有此书想借用一下，没想到受到吴宓的严厉批评：

"教师怎能丢失textbook（教科书）呢！一定要找到，上课前必须找到！"

晚上宿舍已熄灯睡觉了，后楼敲门声响起，吴宓高声问："textbook找到没有？"不耐烦的回答声："找到了！吴先生，请放心吧，我已经睡了，就不开门了。"吴宓说："那就好，教师不能丢textbook，下次再不能丢！"

事实上，那位青年教师当时并未找到，怕惹恼吴宓，便撒了个谎。

如此可见，他对教育事业从来就怀抱着认真负责的态度，而且可贵的是，终生不渝。

吴宓总是提着手杖，行色匆匆，路上有人挡住说事，吴宓便说："什么事？快说！两分钟！"说着看住表，两分钟一到，不管对方说没说完，拔脚就走。

怪不得，学生都说他像钟表一样。而吴宓又始终是行走的钟表。

他的认真与不苟，如同发条，在那个不得不忙慌的年代里，似乎显得更加从容而有内在奇特的能量。

吴宓是那种从不知晓什么是年轻的人。他实际才四十岁开外，但是只是外表，从三十岁到一百岁，说他多大都可以。他评价别人总是从宽，对自己却严格到苛刻。他信奉孔夫子的学说，能使人们想到真正的空门儒生应该如何作为。他端庄严肃，遇事认真而有点过分，有一副"理直"因而"气壮"的架势，却仍然是个最不会令人望而生畏的人。

他生未卜此生休

"他古貌古心，同其他教授不一样，所以奇特。他言行一致，表里如一，同其他教授不一样，所以奇特。别人写白话文，写新诗；他偏写古文，写旧诗，所以奇特。他反对白话文，但又十分推崇用白话写成的《红楼梦》，所以矛盾。他看似严肃、古板，但又颇有一些恋爱的浪漫史，所以矛盾。他能同青年学生来往，但又凛然、俨然，所以矛盾。

"总之，他是一个既奇特又矛盾的人。

"我这样说，不但丝毫没有贬意，而且是充满了敬意。雨僧先生在旧社会是一个不同流合污、特立独行的畸人，是一个真正的人。"

对于老师吴宓，季羡林如是说。

究其缘故，尚从"潇湘馆"说起。

吴宓一生酷爱《红楼梦》，并自称"紫鹃"，理由是紫鹃对林黛玉的爱护最纯粹。他曾发表过《论紫鹃》一文，对紫鹃忠诚、善良、执着的品格褒扬赞赏。文章的尾句是："欲知宓者，请视紫鹃。"因为在他看来，林黛玉是中国女性中最美好的人物，能够像紫鹃那样无限忠诚和深情地服侍和维护黛玉，是他的最高理想。

在昆明西南联大任教时，校舍对面有一家湖南人开的牛肉面馆，名曰"潇湘馆"。吴宓见后大怒，认为唐突了林妹妹，竟前去砸馆，并勒令老板改名。岂知老板也是牛脾气，坚持不改，双方争执不下，后来有人出面调解，将"潇湘馆"改了名字才了事。

他心里定是揣想：林妹妹会难受的。

不仅仅对林妹妹，吴宓对女学生也是百般呵护的。

吴宓讲"红楼梦研究"很受欢迎，经常有后来的女生没有椅子坐，他看到后，马上就去旁边的教室搬来椅子，等学生都坐好，才开始讲课。吴宓此举，也引来一些有骑士风度的男生追随学习。

然而，怀有这样美好之态的吴宓，却因为矢志追求爱情，在婚姻和情感的道路上甚不顺遂，历尽波折，尝遍酸甜苦辣。

或许，这和他的爱情婚姻观有关。

天下无完全长久、圆满适意之事，亦无尽善之人。

故人须自能寻乐，乃有真幸福可言。然非学养有素，阅历广博之人，不能解此。

婚姻之要,不尽在选择,而在夫妇能互相迁就调和。

素友陈寅恪说得恰如其分,吴宓本性浪漫,唯为旧礼教道德之学说所拘系,感情不得抒发,积久而濒于破裂。犹壶水受热而沸腾,揭盖以出汽,比之任壶炸裂,殊为胜过。

1918年11月,在美国留学的吴宓接到清华同学陈烈勋的来信,向吴宓介绍自己的妹妹陈心一。陈心一毕业于浙江省女子师范学校完全科,现年二十四岁,在浙江定海县任小学教员,素慕吴宓之文章,许为不与世俗浮沉之人,愿意托付终身,且已得到家中长辈的认同。吴宓收到信后,立即回信认可,同时让同学朱君毅托其未婚妻毛彦文代为考察陈心一。

"陈女士系一师范学生,不十分活泼,然亦不板滞,不十分美丽,然亦不丑。不十分善于交际,然亦不过于静默。倘欲伊为一贤主妇,在家中料理家务,实甚佳。若欲伊能与西人接近,及与以一辈受过西洋教育者交际,或虑不足。"

吴宓得知考察结果后,与陈寅恪、汤用彤商量,决定允婚。之后,他致函陈烈勋,要求与陈心一通信。见回信说,其父要求须正式聘定后,方准与其妹通信,吴宓颇为愤怒,去信通知取消婚约。但信寄出去后,他又颇为后悔,觉得陈氏父子不通情理,又与陈心一何干,且自己既已允婚,不能食言,即于同日再次致函陈烈勋,自承前函为病后狂言,作为无效,婚约如旧,并不取消。

一番思想的周折与内心的斗争终于落停,而婚讯更是来得飞快。

1921年8月,回国不久的吴宓便匆匆赶往杭州,与陈心一见面,二人一见如故,并在陈父的安排下泛舟西湖,相谈甚欢。第二天,二人再度早游西湖,吴宓在日记中写道:

"是日之游,较昨日之游尤乐。家国身世友朋之事,随意所倾,无所不谈……此日之清福,为十余年来所未数得者矣。"

十三天以后,吴宓和陈心一"闪婚"。

他本是反对青年男女自由恋爱的,却在这感情来袭的第一遭就逢了时缘,变身"闪婚一族"。但既木已成舟,按着他的婚姻观,互相迁就调和即行吧?然而,发生在吴宓自己身上的事实并非如此。

吴宓婚后,与妻子育有三个女儿。陈心一辛勤安恬、谦卑恭顺,称得上一个贤妻良母,但吴宓不满足于此,他对她思维迟钝、不善辞令、拙于交际和缺乏文学造诣等深表不满。而他,又对在清华读书时就神交已久的毛彦文很是倾心。在经过多番思虑考量后,吴宓终于决定和陈心一离婚,这段勉强维持了八年的婚姻也终于走到了尽头。

为了筹集离婚费用,吴宓四处借贷,八方求援,甚至还向同乡知己吴芳吉索债。吴芳吉认为吴宓无情地遗弃陈心一和三个年幼的女儿,纯属不负责任的行为,劝解无效后,便故意拖欠债款不还。为此,吴宓竟差点与吴芳吉绝交。

怕是下了秤砣心了吧?

他对这段失败的婚姻总结道:"故妻陈心一,忠厚诚朴,人所共誉,然宓于婚前婚后,均不能爱之。余之离婚,只有道德之缺憾,而无情意之悲伤,此唯余自知。彼当时诋余离婚,及事后劝余复合者,皆未知余者也。"

对于吴宓的离婚,毛彦文说:吴脑中似乎有一幻想的女子,这个女子要像他一样中英文俱佳,又要有很深的文学造诣,能与他唱和诗词,还要善于辞令,能在他的朋友、同事间周旋,能在他们当中谈古说今，这些都不是陈女士所专长，所以他们的婚姻终于破裂。

吴宓是一早就知道的，毛彦文当初的考察意见也极为中肯，他如何料想不到是今日之结果？不过，即便如此，吴宓对女性一贯的呵护依然未改。离婚后，吴宓仍负担陈心一的生活，他每月领到薪水后，必到其住处交与之。这似乎才是那个旧派文人吴宓，但又显得如此宽宏负责。

挚友姚文青说：宓于故妻陈心一女士，德性夙所钦佩，但敬而不爱，终致离婚，然至今仍书信往还。夫妇之谊虽绝，良友之情故在也。

毛彦文也回忆：吴君是一位文人学者，心地善良，为人拘谨，有正义感，有浓厚的书生气质而兼有几分浪漫气息。他离婚后对于前妻仍倍加关切，不仅担负她及女儿的生活费及教育费，传闻有时还去探望陈女士，他绝不是一个薄情者……

多年后，吴宓对于和陈心一的婚事，深表悔恨。当陈烈勋敦劝时，他对于这桩未曾谋面的婚事，颇多犹豫，允婚后又毁约，但最后又由于汤用彤的一言成婚。并且，当时他本应留学五年，却因婚事只留学三年而提前回国……

盖饮食男女，人之大欲。

学生刘绪贻就总结道：他婚前不爱陈心一而与之结婚，主要是为了解决"人之大欲"问题；婚后不爱陈心一，是因为他对为他解决"人之大欲"问题的这个工具久而生厌。

他自己都不熟知的缘故，只得借旁人的眼和心来端看了。

毛彦文是吴宓痴恋一生的女子。

他说过：生平所遇女子，理想中最完美、最崇拜者，为异国仙姝（美国格布士女士），而爱之最深且久者，则为海伦（毛彦文）。

毛彦文是吴宓清华同窗朱君毅的表妹，也是其未婚妻。九岁时，毛父就将她许配给一位方姓朋友之子。毛彦文从浙江女子师范学校毕业时，方家催逼完婚。但在结婚当日，毛彦文成功逃婚。方家退婚后，她与表哥朱君毅正式订婚。朱君毅为毛彦文退婚之事曾向同学募捐，故吴宓早知有毛彦文此人，并对其极为钦佩。朱君毅每次读完表妹的情书后，都会让好友吴宓过目。吴宓对毛彦文在信中流露出的才情极为欣赏，久而久之便对之暗生情愫，但碍于同学之谊，只能将爱慕之情深深隐藏在了心底。

1921年，当吴宓到杭州与陈心一见面时，意外地见到了毛彦文。因其正要去北京求学，临行前来与闺中密友陈心一告别，与吴宓不期而遇。毛彦文活泼雅趣、大方得体，一副新派淑女风范，给吴宓留下了深刻的印象。

一切因缘有数，注定要在吴宓这里周旋一场。

吴宓婚后不久，朱君毅移情别恋，并以近亲结婚有害下一代为由提出与毛彦文解除婚约。二人分手后，吴宓向毛彦文表白了自己的爱意，但对方断然拒绝。

起初，吴宓深恐毁婚之举有损清誉，准备娶毛彦文为外室，欲享齐人之福。当他将自己的想法告知陈寅恪时，陈寅恪道："学、德不如人，此实吾之大耻。娶妻不如人，又何耻之有？娶妻仅生涯中之一事，小之又小者耳。轻描淡写，得便了之可也。不志于学问之大，而兢兢唯求得美妻，是谓愚谬！……无论如何错误失悔，对正式之妻不能脱离背弃或丝毫蔑视，应严持道德，悬崖勒马，勿存他想。双妻制度，亦不可行。"

吴宓碰了一鼻子灰，讨来老大没趣。他的绮梦破灭后，陈寅恪集杜甫的文句和李商隐的诗句为联，嵌进"雨生"二字，打趣得极为巧妙，其语为：

新雨不来旧雨往，
他生未卜此生休。

可见，在那颗秤砣心背后，是娥皇女英的贪妾不得，是离与不离的痛苦挣扎。

吴宓并不气馁。他的一颗痴心，无论如何都是要给予那心爱之人的。他一边与陈心一离婚，一边对毛彦文展开更加猛烈的追求攻势。他表示愿意资助毛彦文出国留学，毛彦文拒绝后，他又以朋友张荫麟等人的名义给她寄钱。

在20世纪30年代的上海滩，吴宓教授单恋毛彦文女士的话题一时为小报津津乐道，而吴毛之事经报纸好一番添油加醋的渲染，一时间尽人皆知。

沸沸扬扬，有时也并非坏事。他的感情里程就在此间有了不易的进展。

吴宓的锲而不舍最终打动了毛彦文。但当二人谈婚论嫁时，吴宓生出了一丝隐忧，既想和毛彦文结婚，又担心婚后会不和谐，两种截然不同的心情，让他彷徨不已，患得患失。

这期间，他又对燕京大学女学生陈仰贤、西洋女子H女郎和M女士心生爱慕，通信、交往，无不解了他一时的犹豫与浪荡之心。

在此情境下，他对毛彦文的态度产生了变化。1931年3月，时在巴黎的吴宓急电在美国的毛彦文，措词强硬地要求毛彦文放弃学业，迅速赶往欧洲，与之完婚，否则分手。待夏天，毛彦文赶到巴黎，吴宓又不想结婚了，改为订婚。

"你总该为我想想，我一个三十多岁的老姑娘，如何是好？难道我们出发点即是错误？"

"人时常受时空限制，心情改变，未有自主，无可如何。"

她失望至极，哭诉着；他不为所动，冷漠着。他在日记中记写：是晚彦虽哭泣，毫不足以动我心，徒使宓对彦憎厌，而更悔此前知人不明，用情失地耳！

此后的两年间，毛彦文回国留居上海，一直在等待吴宓的迎娶。她写信给吴宓说：

"先生当记得我们俩在东北大学相处的日子，先生在东北大学任教，彦文若不是真心爱先生，会有到东北大学看望先生的那种一举一动吗？"

"我把先生送出门外，先生离开了我，一直往前走去，没有再回头看我一眼。我一直站着，到看不见那消失了的先生的身影，才独自回来，把门关上。"

但是，吴宓不断地爱上别的女子，往往同时爱好几位，并将爱的感受写进日记，甚至说给毛彦文听。

就这样，久而久之，良人已非待嫁的良人，可那好妇终有了归宿。

毛彦文已经厌烦吴宓的爱情游戏，她说自己准备终身不嫁，领养个小女孩，归家与女孩玩笑对话，又善为打扮，推小车步行公园中，以为乐。最后，三十三岁的毛彦文嫁给了六十六岁的熊希龄。毛彦文结婚时，曾邀请吴宓参加婚礼，吴宓以编诗话为由谢绝了。他在绝望悲苦之中作《吴宓先生之烦恼》，排遣内心的苦闷。

毛彦文与熊希龄结婚后，吴宓将对毛彦文的爱化成了诗文，一连写了三十八首《忏情诗》。这些诗发表后，吴宓还在课堂上将诗讲给学生听，成为学生的笑料。钱锺书在写给吴宓的女儿吴学昭的信中也提到此事：

"先师为人诚悫，胸无城府，常以其言情篇什中本事，为同学笺释之。众口流传，以为谈助。"

当时为了安慰失恋的老师，钱锺书赠其诗云："有尽浮生犹自苦，无情酸泪倩谁偿。"

几度折磨，几度欲念。他本是多情郎，如何看清，又如何放下。

熊希龄病逝后，吴宓为毛彦文悲痛不已。万感纷集，终宵不能成寐。吴宓在枕上写诗一首，有"忏情已醒浮生梦"之句。这夜，吴宓思感缠绵，一夜无眠，东方破晓。"此空前大劫之国难一九三七遂于此终，觉地老天荒，一切都尽。彦嫁未满三载，得此结局！人生如小说戏剧，真到结尾收场时矣！"

此时，吴宓又燃起了与毛彦文复合的希望，但毛彦文面对这个世事无常的重大变故，心如磐石。1949年，毛彦文离开大陆赴台，此后，吴宓再也没有了他心爱的毛彦文的消息。

一场不了情，终于算是落下帷幕，却在吴宓这里生生成了劫。

他对毛彦文的爱持续了一生，且从不避讳，甚至在课堂上与学生公开谈论，并写进自己的诗中。1943年8月20日，已是知天命之年的吴宓于昆明写下一首五言长诗《五十自寿》，此中仍表达对毛彦文的爱意：

平生爱海伦，临老亦眷恋。
世里音书绝，梦中神影现。
怜伊多苦悲，孀居成独善。
孤舟泛黄流，群魔舞赤县。
欢会今无时，未死思一面。
吾情永付君，坚诚石莫转。
相抱痛哭别，安心归佛殿。
即此命亦悭，空有泪如霰。

他在日记中亦对自己的爱情进行了反省：

"盖中国一般人，其视爱皆为肉体之满足及争夺之技术，不知宓则以宗教之情感而言爱。……真正之爱者，皆情智超卓，道行高尚，上帝之宠儿，而人类之俊杰也。爱乃极纯洁、仁厚、明智、真诚之行事，故宓不但爱彦牺牲一切，终身不能摆脱，且视此为我一生道德最高、情感最真、奋斗最力、兴趣最浓之表现。他人视为可耻可笑之错误行为，我则自视为可歌可泣之光荣历史，回思恒有余味，而诗文之出产亦丰。我生若无此一段，则我生更平淡，而更郁郁愁烦，早丧其生矣。今年老情衰，并此而不能再，故益不胜其系恋也。"

当是一种柏拉图式的爱情吧，精神维系，遥遥相望，绵续不辍。

不过，世事总不能至于圆满。

20世纪60年代初，吴宓请西南师范大学美术系的一位老师根据相片画了一幅毛彦文的肖像，并将之挂在墙壁上，日日相对，夜夜相守。

然而，60代末，隐居台湾的毛彦文撰《往事》一书，在这本自传体回忆录中，她提及吴宓时，就如同一个交往不深的朋友，对于她和吴宓的爱情，更是只字未提。她仅用千余字的篇幅回忆了吴宓与陈心一的婚姻，也谈及自己拒绝吴宓求婚的因由：

"自海伦（毛彦文）与朱（君毅）解除婚约后，她想尽方法，避免与朱有关的事或人接触，这是心理上一种无法解脱的情绪。吴为朱之至友，如何能令海伦接受他的追求？尤其令海伦不能忍受的，是吴几乎每次致海伦信中都要叙述自某年起，从朱处读到她的信及渐萌幻想等，这不是更令海伦发生反感吗？"

简洁、直接，了解的人不免感到仓促、潦草。她表现得不仅不爱吴宓，而且对他有些反感……或许是伤情太深的缘故吧。

去过台湾而且有幸拜访了毛彦文女士的沈卫威撰文介绍，当他向毛彦文提及当年吴宓对她的深情厚爱时，已是一百零二岁高龄的毛彦文语气平淡地表示："他是单方面的，是书呆子。"再问下去，她便连说"无聊，无聊"。

他自认是一名热诚的人文主义者和古典主义者，但他的气质是彻头彻尾的浪漫主义者。他的纯真和诚恳，任何人都看得清清楚楚，唯独他自己看不到。

如果说，第一段婚姻还不足以显现吴宓的浪漫，那么在这多情又痴恋一生的情感纠葛中，他的浪漫表露无遗，并进而与现实碰撞，衍生出了矛盾与斗争，他在内心与思想中，无不饱受着这种磨难，其持续时间与尖锐程度甚至不亚于他的真情。

因此，温源宁这样评说吴宓：一个孤军奋战的悲剧人物，然而，更可悲者，则是吴先生完全不了解自己的个性。

1953年6月，已近暮年的吴宓迎来了自己的第二次婚姻，他与二十多岁的邹兰芳结为夫妻，但仅三年，邹就因肺病不治，香消玉殒了。

谈到这次婚姻，吴宓对好友姚文青说："非宓负初衷（他曾发誓：为爱毛彦文，终身不复娶），实此女强我，不得已而为之。以此女学识，则英文不懂，中文不通；以论容貌，不过如此。"

人世烟云，不过了了。

这位终生严谨克己的国学教授，在他的生活中尽显真实性情，在他的《吴宓日记》中刻记了太多自我，在他的诗文中表达了激恋之心——他毫无幽默感，却是个真诚万分的人。

赵瑞蕻评价，吴宓可说是最有意思、最可爱、最可敬、最生动、最富于感染力和潜移默化力量，也是内心最充满矛盾、最痛苦的一位了。

他外表似是古典派，心里面却是个浪漫派；他有时是阿波罗式的，有时是狄俄尼索斯式的；他有时是哈姆雷特型的，有时却是堂吉诃德型的；或者是两种类型、两种风格的有机结合。

是人物，也是傻瓜

若要在吴宓身上只找到一个文学人物的确证，几乎人人都说他是堂吉诃德，身上充满着各种矛盾，悲喜剧色彩交加。

并且，他一生都在不停地修正自己，与内心的自我做斗争。

1914年春，就读于清华的吴宓和汤用彤，在一起探讨国亡时个体生命究竟该如何选择。汤用彤问:"国亡时,我辈将如何?"

吴宓回答:"上则杀身成仁,轰轰烈烈为节义而死。下则削发为僧,遁于空门或山林,以诗味禅理了此一生。"

汤用彤则表示,国亡之后,作为学人不必一死了却,因为有两件事可以作为选择。从小处说,是效匹夫之勇,以武力反抗,以图恢复;从大处讲,发挥学人的内在精神力量,潜心于学问,并以绝大的魄力,用我国五千年的精神文明,创造出一种极有势力的新宗教或新学说,使中国在形式上虽亡,而中华民族的基本精神和灵魂不灭,且长存于宇宙。这将是中华民族不幸后的大幸。

通过这次探讨,吴宓深感自己的修养还不够。他日后养成不断反省自己,进行自我剖析的习惯,其源头大抵在此。

年轻的吴宓感到,自己在人生的道路上,学问与德行尚无所成,因此,便更觉义务与责任心的重要,对自己的要求也更严格。在当时社会重私忘公、轻视道义盛行的风气之下,他读了《佛说无量寿经》后,表示自己"诚能牺牲一己,以利群众,则恝然直前,无复顾虑"。他甚至认为自己在佛经中找到了"以养成深厚高远之人格"的道理。

而在留学海外的时日中,他又受到了英文教师的点化——没有什么像犹豫如此有力地摧毁人的道德力量。

吴宓从此便认识到,修为要日积月累地积攒。于是,他以此自勉,更加勤奋努力,在读书时注意内省,尤其注重自己道德理想主义信念的确立和完善。他的一生都在不停自勉、自励、内省、反思、自剖,他的日记就是这种内在驱动力的产物。

他终生保持写日记的习惯，行文优美，议论独到，内中充满了真性情和对世事的深邃见解。他又极为坦诚，从不隐瞒自己所做所想。

何兆武回忆：先生不但是学人，而且是诗人，是至性之人。

有一次上课，先生说到前一天曾和沈有鼎先生相与讨论，说到沈先生是真性情中人；又说假如要沈先生和他去搞政治、去做官，那真会叫他们痛苦死了。接着，先生就把前一天两人的讨论内容画了一张七级浮屠式的图，把对权力的追逐放在最下层，以上各层依次是对物质的追求、对荣誉的追求、对真理的追求、对艺术创造的追求。他说，沈先生看了以后提出，应该把宗教置于顶层。先生自己非常欣赏沈先生的这一补充，说话时流露出一种深沉的欣慰。先生是那么执着认真，又是那么易于动情；有一次看到一匹马倒毙在路旁，不禁唏嘘地对我们说：

"我觉得我自己就是那匹忍辱负重的马。"

吴宓因着这般审慎的剖析与自认，一生严谨，从不放纵自己。

20世纪30年代初，他去欧洲进修前，同人为之饯行，朱自清喝得酩酊大醉，席间呕吐不止。吴宓见后感慨万千，觉得自己为人太拘谨，喝酒从不敢过量，颇羡慕别人能有一醉方休的豪情。

然这大概也是吴宓之所以为吴宓的必然所在吧。

1964年，吴宓的女儿吴学昭到四川看望父亲，临别时，吴宓在内江火车站告诉女儿想撰写自编年谱的想法，"叙述自己一生的经历并附该项，体例一采简括"。他说："内容但求真实，真实！"

他受西方教育思想，崇拜卢梭，自述自剖，犹如卢梭之写《忏悔录》，这是中国传统文人所不能做到的。

他富于情而明于道，对自己解剖极广，加以生性柔弱，好谋而不能断,所以自己遇事常常在悔恨之中。

他曾有"二马"之喻:

言处今之时世,不从理想,但计功利。入世积极活动,以图事功。此一道也。又或怀抱理想,则目睹时势之艰难,恬然退隐,但顾一身,寄情于文章艺术,以自愉悦,而有专门之成就,或佳妙之著作。此又一道也。而宓不幸则欲二者兼之。心爱中国旧日礼教道德之理想,而又思以西方积极活动之新方法,维持并发展此理想,遂不得不重效率,不得不计成绩,不得不谋事功。此二者常互背驰而相冲突,强欲以己之力量兼顾之,则譬如二马并驰,宓必以左右二足分踏马背而絷之,又以二手紧握二马之缰于一处,强二马比肩同进。然使吾力不继,握缰不紧,二马分道而奔,则宓将受车裂之刑矣。此宓生之悲剧也。

吴宓一生的奇特和矛盾,也正印证了他的"二马"之喻。

比如他非常反对说谎,但他投考清华学校时年已十七,超过了规定的最高年龄十五岁,他就瞒了两岁;

比如他有时很谦虚,认为自己不够资格任清华国学研究院院长,只能做个相当于"执行秘书"的主任,但在筹办及出版《学衡》杂志时,不顾同人的反对,硬是自任总编辑;

比如他一生不知恋爱多少次,朋友、学生访谈之时,约定除爱情学问外,其他一切免谈,但又写诗云"奉劝世人莫恋爱,此事无利有百害";

比如他平时外表严肃,彬彬有礼,但在昆明看到有家牛肉

店取名"潇湘馆",他认为亵渎了林黛玉,提着手杖去乱砸其招牌,像蛮横的士兵一样;

……

钱锺书这样道:吴宓从来就是一位喜欢不惜笔墨、吐尽肝肠的自传体作家。他不断地鞭挞自己,当众洗脏衣服,对读者推心置腹,展示那颗血淋淋的心。然而,观众未必领他的情,大都报之以讥笑。所以,他实际上又是一位"玩火"的人。

像他这种人,是伟人,也是傻瓜。

最终,他只是一个矛盾的自我,一个"精神错位"的悲剧英雄。在他的内心世界中,两个自我仿佛黑夜中的敌手,冲撞着,撕扯着。

他总是孤注一掷地制造爱,因为他失去了天堂,没有一个夏娃来分担他的痛苦、减轻他的负担。隐藏于他心理冲突之后的是一种新旧之间的文化冲突。他不是一个伟大的诗人,但他无疑是当代最复杂的一个人物,他通过写诗来寻求解脱……

吴宓自己则写:书生行事痴愚甚,名德空惭,欢爱终悭。

耿直天真,依然如故。

而今,一提起吴宓,总会让人想起老旧照片上他的苦笑,他在清华那几间精致、整洁而空荡的房间,还有他窗帘外面的美丽野景。如果他能够拉开所有的窗帘,多看看屋外的景色,最好能投身狂野去享受一下户外景色的美,他的生活中就会少一些困惑,他的笑容里就会少一些苦涩。

傅斯年

书生圣气，斗士亦然

生平：1896—1950，字孟真，山东聊城人。五四运动学生领袖之一，历史学家，教育学家。曾任北京大学代理校长、"国立"台湾大学校长。

受业：毕业于北大预科、本科，留学于英国爱丁堡大学、伦敦大学、德国柏林大学。

传道：何兹全、张光直、刘绍鸣等。

言语：委员长我是信任的。至于说因为信任你也就该信任你所用的人，那么，砍掉我的脑袋，我也不能这样说！

品藻：他能做最细密的绣花针功夫，他又有最大胆的大刀阔斧本领。他的情感是最有热力，往往带有爆炸性的；同时，他又是最温柔、最富于理智、最有条理的一个可爱可亲的人。

——胡适

1926年秋季开学时,中山大学请来了一个肥头胖耳的大块头。

他有一头蓬松的乱发,一副玳瑁的罗克式的大眼镜,他经常穿着那时最流行的大翻领的ABC衬衫,没有打领带,外面罩上一套白哔叽西装,那副形容,说起来就是那类不修边幅的典型,但显出了与众不同的风度。

他似乎永远是那么满头大汗,跟你说不上三两句话,便要掏出一方洁白的手巾揩抹他的汗珠,他老坐在中山大学出版部附设的民俗学会内,埋头伏在室中央的一张大方桌上写着什么。

不过,你可别以为这人只静做学究,他也不失动之遒劲。

当友人问:"你这个大胖子怎么能和人打架呢?"他豪气答:"我以体积乘速度,产生一种伟大的动量,可以压倒一切!"

这就是著名历史学家,中央研究院历史语言所的创办者傅斯年。

傅圣人之气

谈起傅斯年,总是让人忍不住用"最"来形容他。

最精准亦最荡气回肠的莫过于他的老师胡适,那十四个"最"的连用:

孟真是人间最稀有的天才。他的记忆力最强,理解力也最强。

他能做最细密的绣花针功夫,他又有最大胆的大刀阔斧本领。

他是最能做学问的学人,同时他又是最能办事,最有组织才干的天生领袖人物。

他的情感是最有热力,往往带有爆炸性的;同时他又是最温柔、最富于理智、最有条理的一个可爱可亲的人。

这都是人世最难得合并在一个人身上的才性,而我们的孟真确能一身兼有这些最难得的品性与才能。

当我回念这位中国历史上最有学问、最有志气、最有血性和最有修养的伟大知识分子的典范时,脚步驻足在他晚年立身的台湾大学,视线注目在行政大楼对面架设的那一口"傅钟"上,耳畔是每节上下课都会响的二十一声……

因为这位傅校长曾说过:"一天只有二十一小时,剩下三小时是用来沉思的。"

这究竟是怎样的一位先师?

顺延着历史深冗的隧道,翻阅着不难查寻的旧籍,心倏忽就被定格在了山东聊城——它打开了一道光亮的门,从中走出一位出身名门望族的才气非凡的少年来。

傅斯年的七世祖傅以渐是清代开国的第一位状元，官至武英殿大学士、兵部尚书；曾祖父傅继勋官至安徽布政使，清末名臣李鸿章、丁宝桢等皆为他的门生；祖父傅淦少负才名，精通经史，工诗书画，精通医道，且长于武技，但自甘淡泊，不乐仕进……

傅斯年四岁时即和祖父同床共寝，尚未起床，祖父便口授历史故事，从盘古开天辟地，系统地讲到明朝历时四年，一部《二十四史》，就口授完毕了。傅斯年幼小的心灵里，早就埋下了研究历史的兴趣，且家学渊源在他日后的学术建树上颇显优势。

五岁时，祖父便送他进入当地最好的私塾，放学后又在家督导他读书习字，不准有丝毫懈怠。傅斯年成年后曾对弟弟傅斯严深情地说：

"祖父生前所教我兄弟的，尽是忠孝节义，从未灌输丝毫不洁不正的思想，我兄弟得有今日，都是祖父所赐。"

傅淦性情友善，重孝悌，且好交游，乐善好施，赴义唯恐后人，而傅斯年一生坚持参政而不从政，为人常怀侠义之心，率真而有豪气，这些都受其祖父影响。

不过，最让他受益的还是为学之初知识和涵养的积淀。

傅斯年自幼聪颖，过目不忘，熟读儒学经典，他在同窗中年纪最小，但比他大的同学都向他请教。由此，他很早就被称为"黄河流域第一才子"。

少时，他文采斐然，同学中有写不出作文的，便时常请他捉刀，酬谢是一个烧饼。他常常写完自己的作业后，还能为同学写出几篇完全不同的文章来，先生知道肯定是傅斯年代写的，便开玩笑地对他说:"傅老大,你这次有没有换两个烧饼吃啊?"

他读书十分用功,遇到不懂之字词就记下,随时向师长请教,有时找不到纸,便写在手上、胳膊乃至大腿、肚皮上。夏天一出汗,弄得浑身都是墨迹。

这是一个何其痴迷、放荡又可爱的少年。

在天津读书时,傅斯年曾在英敛之家中借住,并与比他大三十多岁的英敛之成为忘年交。英敛之之子英千里回忆傅斯年道:"住在我家的时候,我和他并不很亲密,因为在我一个九岁的顽皮孩子的眼里,看这位十四岁的傅大哥是个魁伟而庄严的'大人'。他每天下了学除了温习功课外,就陪着先父谈论一些中外时局或经史文章,绝不肯同我这'小豆子'玩耍或淘气,所以我对他只有'敬而畏之'的心理,虽然经过了四十年,我还没有完全撤掉。"

时日愈久,因国学的底子好,傅斯年在文史方面的优势愈为凸显。1913年,他考入北京大学预科,四年考试三次全班第一。

初入北大的傅斯年虽然只有十七八岁,但他的治学功底甚至超过了当时的某些教授。

他很少上课,成天泡在图书馆里,博览群书。当时有些教授就怕给他上课,在课堂上,他提出的问题,他们往往答不上来。使教师更难为情的是,他会当面指责教师讲错了,并有根据地说:这个问题某某书上是怎么讲的,某某先生是怎么说的,我认为该怎么理解,经常把老师弄得张口结舌,下不了台。

而这样的事情,因傅斯年的存在,一时似成了一股"风气"。

当时的北大,有一位朱蓬仙教授,也是章太炎的弟子,可是所教的《文心雕龙》却非所长,在教室里不免出了好些错误……

恰好有一位姓张的同学借到朱教授的讲义全稿，交给傅斯年。他一夜看完，摘出三十几条错误，由全班签名上书校长蔡元培，请求补救，书中附列这错误的三十几条。蔡元培对于这些问题是内行，看了自然明白。

可蔡元培不信这是学生们自己发现的，为防教授们互相攻讦，突击召见签名的全班学生。同学们慌了，害怕蔡元培要考，又怕傅斯年一人承担这责任未免太重，于是大家在见蔡先生之前，一人分担几条，预备好了方才进去。果然蔡先生当面口试，同学们回答得头头是道。考完之后，蔡先生一声不响，同学们也一声不响，一一鞠躬鱼贯退出。过后不久，朱蓬仙果然不再教这门课，而换成了黄侃。

傅斯年的天纵之才为同学极力推崇，甚至有人称赞这位山东才俊是"继孔圣人之后两千年来又一位'傅圣人'"。平日，某若问另一同学是中文系哪班，如对方回答是傅斯年那班的，彼此肯定会心一笑。因为有傅斯年"压"着，别人休想翻身。

用今天的话来讲，傅斯年无疑成了一个"标签"，而这位标签人物，确有着响当当的成绩。1916年6月，他在北大的毕业考试成绩如下：

西洋史93分、经济85分、心理94分、英文作文94分、论理96分、英文古文98分、法学通论80分、英文文学98分、德文文法读本97分、文章学99分、地理100分、历史99分、文字学85分、伦理95分、拉丁文70分、操行100分、旷课扣减3分，总计1482分，总平均92.6分，实得94.6的高分。

带着这样卓越的成绩，傅斯年步入北大本科的国学门。但因为一个人的出现，他的人生方向发生了改变，这个人就是胡适。

罗家伦说：孟真有徘徊歧路的资格，可是有革命性、有近代头脑的孟真，决不徘徊歧路，竟一跃而投身文学革命的阵营了。以后文学革命的旗帜，因得孟真而大张。

接下来的风云岁月里，他是《新潮》月刊的主干，是五四运动的学生领袖，蜚声文坛，却也在革命的大潮前百感交集。

正在此时，一个新的机会摆在了他的面前。

1919年秋，山东省招考官费留学生，傅斯年以全省第二名的优异成绩入选，不料主考方却以其是五四学生领袖为由，拒绝录取，说：

"他是激烈分子，不是循规蹈矩的学生。"

"如果成绩这么优越的学生都不让他留学，还办什么教育！"时任山东省教育厅科长的陈雪南力排众议，挺身而出，为傅斯年争取名额，助他险渡难关。

傅斯年是幸运的。

就这样，他开始了七年的欧洲留学生涯。

在给好友袁同礼的信中，他说，要把放洋的那一天做他的生日。

然而，刚抵英国两周，同窗俞平伯便不辞而别。傅斯年闻讯急忙追至法国马赛拦截，才知道俞平伯是因为恋家，所以要回国。他苦苦劝说，但终未果。

后来傅斯年在给胡适的信中写道："他到欧洲来，我实鼓吹之，竟成如此结果，说不出如何难受呢！平伯人极诚重，性情最真挚，人又最聪明，偏偏一误于家庭，一成'大少爷'，便不得了了；又误于国文，一成'文人'，便脱离了这个真的世界而入一梦的世界。我自问我受国文的累已经不浅，把性情都变了些。

如平伯者更可长叹。但望此后的青年学生,不再有这类现象就好了。"

深重的念想,包裹着一颗青年的心,对家国浓烈的忧思,让他更加坚定了学必有所成的心志。

他先入伦敦大学攻读实验心理学,并选修数学、化学、统计学等学科。1923年,转入德国柏林大学哲学院,学习比较语言学与史学。在这里,他和陈寅恪、罗家伦、俞大维等一群同道青年过着奋发向上的日子。

某日,傅斯年、罗家伦和毛子水等人约好一起吃饭,傅斯年来时带了一个很大的书包,众人打开一看,竟是一部厚厚三本的地质学书籍。平日不爱开玩笑的毛子水看见此书便笑着说:"这部书是'博而寡约',傅孟真读它是'劳而无功'!"

的确,"傅圣人"还是那样爱读书。

留学时,生活极为艰苦,但傅斯年一有钱就买书,他在给罗家伦的信中写道:"又有火炉子费,又交学费,故实是十分节省,每日吃饭在二马克与三马克之间,未曾看戏一次。书是买了一部文法,一部梵文法,一部Karlgren(高本汉,瑞典最有影响的汉学家)的语言学,上一是上课,下一是为写书用。"

对此,赵元任夫妇可谓是至真的见证者。杨步伟就这样说:这些书呆子……大买德国的各种书籍,有的终日连饭都不好好地吃,只想买书,傅斯年大约是其中的一个。

夫妇二人到德国时,傅斯年、陈寅恪、俞大维等人请他们吃茶点,约的是下午三点,但赵氏夫妇吃完午饭就去了傅斯年的住所。到后他们发现,除了点心外,满桌是冷肠子肉之类的食品,二人虽喜欢,但因刚吃过饭,没能多吃,反而请客之人狼吞虎咽，将食物全部吃光。

杨步伟感慨道："德国吃茶真讲究，这一大些东西！在美国吃茶只一点糕点，连三明治都很少的。"

傅斯年听罢气愤地回道："赵太太，你知道这都是我们给中饭省下凑起来请你们，你们不大吃所以我们大家现在才来吃午饭。"

杨步伟闻言颇觉歉疚。傅斯年又说，他们有点钱都用于买书，有时吃饭常常只是两个小干面包，甚至俞大维为减少日间的开销，夜里起来读书学习。杨步伟听罢，感动得差点流下泪来。

物质的清苦反而让这些才学兼具的青年，在知识的海洋中更加懂得经营生活，苦中作乐。由于国内政局混乱，留学生的官费供应时断时续，傅斯年每到窘迫之极时，便急忙写信致中国驻英公使朱兆莘，向其催要官费，不想最后一次获知了朱兆莘将要离职的消息，并且他把责任推给了继任者。但继任者对傅斯年的催款信不予理会，迟迟不做答复。傅斯年大怒道："老傅穷而不安，但亦尚有脾气。"

他继续读书，攀着思想的阶梯，往那光明清醒处去。

他崇拜思想家伏尔泰，1924年，蔡元培赴欧考察时，他和罗家伦等人陪其同游波茨坦无愁宫，宫中有一座大理石雕刻的伏尔泰像，傅斯年见后，流连忘返，不忍离去，于是落在了众人的后边。罗家伦发现傅斯年不见了，便折回去叫他。回来后，蔡元培问傅斯年在看什么，罗家伦说，他看见傅斯年站在伏尔泰雕像前，深深鞠了一躬，口中念念有词，细听原来是温庭筠的两句诗：

词客有灵应识我，霸才无主始怜君。

满怀心志，如何相言？借绝妙的古人之诗来一抒胸臆，是自负自信，是惺惺相惜，是异代同心？

如此精进的青年，中国将给他一个怎样的命运？

在《欧游途中随感录》中，傅斯年这样写道：社会是个人造成的，所以改造社会的方法第一步是要改造自己。当他返国时，乘着先博后专的风气，他当然也不甘坐享其成，想在浩瀚的学海之中，另有会心，成一家之言。

正如好友罗家伦所说：他有了许多科学的方法和理论，又回头发现了他自己曾经储藏下的丰富的中国历史语文的知识，在此中可以另辟天地。

最终，傅斯年决定研究实证主义史学，并显示出了惊人的天赋。

偏重文史的俞大维（后为傅斯年的妻兄）深感功底不如傅斯年，于是改学自然科学。他曾对人说：搞文史的当中出了个傅胖子，我们便永远没有出头之日了。

而立之年，傅斯年出任中山大学文科学长暨国文、史学两系主任，半年多后，他又创办了中山大学语言历史研究所。接着在蔡元培、杨杏佛等人的支持下，他又"无中生有"创生出一个中央研究院历史言语研究所。

机会与硕果，在这位潜力巨大的青年面前，不仅蜂拥而来，而且掷地有声。

1928年10月14日，中研院史语所正式宣告成立，傅斯年出任所长。并且，在以后有限的二十二年间，他都与这个"新生婴儿"以这样的方式紧紧相连，不曾割断。这是生命终究要绑缚良久的情结，是责任，更是力量。

在傅斯年的主持下，到1937年，史语所对以安阳为中心的殷墟做了十五次大规模的发掘，其考古结果震惊了世界。一个有别于传统史学与金石学的中国现代考古学时代，由此开创。著名宋史学者邓广铭感慨："可以说，中国没有傅孟真，就没有二三十年代的安阳殷墟发掘；没有当初的殷墟发掘，今天的考古学就完全是另一个样子了。"

上穷碧落下黄泉，动手动脚找东西。

在这个过程中，傅斯年很有办法，多次和政府、地方势力、交通部等交涉，他常常指着自己的鼻子对研究员们说：你瞧，我为你们到安阳，我的鼻子都碰坏了！这个笑话，他说了好些年。

至此，傅斯年果然做了真真的圣人，在史学的风口浪尖逢山开路、跨海搭桥。不过，他到底还是那个世家出身的书生。

屈万里读了傅斯年关于文史的著作，激发了治学的兴趣；但认识傅斯年之后，被他渊博的学问、高明的见解所威胁，精神沮丧，几次产生了放弃治学的念头。屈万里感慨，与傅斯年谈学问时，《群经》固不必说，就像《国语》《国策》等重要的先秦诸子、《史记》等书，和"三都两京"之类冗长而不为人所喜的辞赋，他都能成段地背诵。二十四史，他彻头彻尾看过两遍，三千年来中国史实，他说来如数家珍。历代名家的诗文，他记诵那么多。

胡适也说，一次傅斯年在美国演讲，身边没有带一张卡片，却在黑板上把《汉书》和《史记》的"儒林传"的不同之处完全写出来了……

没有根据，哪能说这话

纵横天岸马，俊奇人中龙。

粗犷豪迈的土地上，养育出来的不仅是一位才气卓实的书生，更是一位霸气淋漓的山东大汉。

傅斯年的书房里挂着一副对联：六亲不认，四海无家。

看他好大的气魄！有点像曹操"月明星稀，乌鹊南飞。绕树三匝，何枝可依"的意味。

傅斯年人称"傅大炮"，一生敢说敢干。罗家伦曾劝他不要总是像好斗的蟋蟀一样，被人一引就鼓起翅膀，胡适则称傅斯年"无论在什么地方，总是一个力量"。

1932年，傅斯年发表《中国现在要有政府》一文，文中对国民党政府进行指责。他说，中国已面临有史以来最大的危机，社会与文化已步趋崩溃，国民因失业皆成了叫花子，各路军阀手下的官兵几乎全部由叫花子组成，军阀则是叫花子的头目，故南北政府被一群流氓苦力与叫花子所平分。

照这样形势，虽有一个最好的政府，中国未必不亡；若根本没有了政府，必成亡种之亡。

如此一席恶狠狠的义言，既直指要害，又警醒人心。

许是听腻了阿谀奉承的话，看惯了唯唯诺诺之态，蒋介石对傅斯年这个桀骜不驯之士不但没有恼怒，反而欣赏有加，且一心想把他拉入政府当官。

在总统府的会客室里,傅斯年怎么坐的?

在沙发上跷着二郎腿,拿着烟斗,就这样叼在嘴里,跟蒋介石指手画脚讲话。文武诸将全都站在旁边,没有人敢在蒋介石面前坐下。

于是,他成了唯一一个敢在蒋介石面前跷起二郎腿放胆直言的人。

1938年,傅斯年担任国民参政员。他上书蒋介石,质疑孔祥熙的能力,揭露孔氏一门发国难财的恶行。蒋介石并未理会。从此,傅斯年便千方百计搜集孔祥熙的罪证材料,准备弹劾之。时在美国的胡适得知此事后,写信劝他不要贸然行事,但傅斯年仍执意为之。

在重庆时期,有一次在参政会开会前,同是参政员的程沧波好几次到傅斯年住的房内,看他拿着一个小箱子,藏在枕头下面,寸步不离。

程沧波问他里面是什么宝贝,傅斯年紧张而愤然地说,这是他预备检举某大员的证据。

有了这些证据,傅斯年在1943年的国民参政会上对孔祥熙提出了质询,一时震惊时人,这让蒋介石大为紧张。此前,他向傅斯年传去了一份欲为孔祥熙说情的绝密文件,没想傅斯年却勾画出要害处,并在"委座"(蒋介石)名侧加批语道:"不成话。"

而这时,为了平息此事,蒋介石专门设宴招待傅斯年。

在宴会上,蒋介石问:"孟真先生你信任我吗?"

傅斯年答:"我绝对信任。"

蒋介石又说:"你既然信任我,那么,就应该信任我所用的人。"

傅斯年一听这话，马上回答说："委员长我是信任的。至于说因为信任你也就该信任你所用的人，那么，砍掉我的脑袋，我也不能这样说！"

"傅大炮"就是这样的人。

他在国民参政会上发言时，总会郑重声明他的话，不但在会场以内负责，而且在会场以外也负责，他愿意到法庭对簿。

这话常常使全场兴奋，可是罗家伦为傅斯年捏过一把汗。一次会后，当罗家伦问及为什么敢说这样肯定的话时，他说："我没有根据，哪能说这话！"于是他取出两张照片给罗家伦看。对此，这位好友赞道：他说话是负责的，绝对不是所谓大炮者之可比，也绝不是闻风言事的一流。这种有风骨的人，是值得敬佩的。

无疑，傅斯年之举，影响了蒋介石的决策。

但新上台的宋子文，经济政策较孔祥熙时代并无改观，傅斯年对其颇为失望，他在《大公报》撰文问道："你的轿车在上海市街上经过时，有没有想到，就在这条路上有多少人因你的经济失策而饿死？"

见宋子文对自己的文章没有丝毫回应，傅斯年愤慨极了！

1947年2月15日，傅斯年在《世纪评论》上发表了《这样的宋子文非走开不可》一文，他直截了当地说："国家吃不消他了，人民吃不消他了，他真该走了，不走一切垮了。……不然，一切完了！……国人不忍见此罢？便要不再见宋氏盘踞着！"

第二天，傅斯年在国防部的楼梯上遇到宋子文，二人形同陌路。傅斯年后来回忆说：我们两个人都把头偏向两旁，装作互相没有看见的样子。

他的大炮继续开火!

不久,傅斯年在《观察》杂志发表了《论豪门资本之必须铲除》。他尖锐地指出,宋子文的作风是极其蛮横的,把天下人分为两类,非奴才即敌人。这还不必多说,最重要的,在他的无限制的极狂蛮的支配欲,用他这支配欲,弄得天下一切事将来都不能知道公的私的了。

他接着说,宋子文着实是一百年不遇的怪物,思想、说话和写字时都喜欢用英文而不喜欢用中文,唯独对权力和财富的贪婪是中国式的,在今天宋氏这样失败之下,他必须走开,以谢国人。

是日,宋子文提出辞职。

或者正是因为深知傅斯年的个性,当傅斯年到台湾后,大刀阔斧地整顿台湾大学时,有人向蒋介石告状,蒋介石一听这事,连连摆手说:

"别和我说,别和我说,那里的事情我管不了。"

话说回来,对于这样的将才,蒋介石何尝不想"占为己用"呢?

其实,在1946年年初,蒋介石就与其谋士陈布雷商量,要在北方人士中补充一个国府委员。陈布雷对蒋介石说,北方不容易找到合适人选,蒋介石提议说:"找傅孟真最相宜。"陈布雷了解傅斯年的志向与秉性,对蒋介石说:"他怕不干吧。"蒋介石大概不相信有人不愿当官,很有信心地说:"大家劝他。"

结果,任说客说破了天,傅斯年坚辞不就,称自己"实一愚憨书生,世务非其所能,如在政府,于政府一无裨益,若在社会,或可偶为一介之用"。

对于傅斯年拒不做官的气节，李敖一直赞誉有加：

有一个学生领袖傅斯年，终其一生不肯加入国民党。他不但不加入国民党，还鼓励他的老师胡适要采取跟国民党并不很合作的态度。这一点我觉得傅斯年很了不起……

傅斯年，参政但不从政，他要发挥知识分子的力量……

他做成了真正的夹缝里面的自由主义者。

他所代表的是天地间一种混茫浩瀚的元气。这种淋漓元气之中，包含了天地的正气和人生的生气！

我是胡先生的斗士

"我总感觉，能够继续他的路子做学问的人，在朋友当中也有；能够继续他某一方面工作的人，在朋友中也有；但是像他这样一个到处成为道义力量的人还没有。"

谈起傅斯年，胡适如是说。

1917年，胡适回国到北京大学任教，讲授中国哲学史课程。原来教授此课的陈汉章，讲了半年才讲到周公，而胡适将哲学史拦腰砍断，直接从周宣王讲起。这种讲授方法让学生们极为震惊。

一些学生认为胡适是在"胡说"，不配登堂讲授，蓄谋将其赶下讲堂。但顾颉刚认为胡适的讲法颇有道理：虽是哲学，不啻讲的史学，更不啻讲的是治史学的方法，但又不能完全拿定主意，于是就请同宿舍的、在学生中大有威望的傅斯年去听一听。

傅斯年最终接受顾颉刚的建议,专门去听了几堂胡适的课,并做足功课,在课堂上以请教为名向胡适发问,胡适一一作答,傅斯年步步紧逼,一问一答之间,胡适的汗就下来了。他当时就发现,这批学生尽管年轻但是相当成熟,而对学术又颇有训练——眼前这位的学问就比自己强。

几天下来,傅斯年告诉同学们:这个人书虽然读得不多,但他走的这一条路是对的,你们不能闹。胡适这才脱离被赶的险境。

胡适晚年深情忆及:"我这个二十几岁的留学生,在北京大学教书,面对着一班思想成熟的学生,没有引起风波;过了十几年之后,才晓得是孟真暗地里做了我的保护人。"

正是这一场课堂交识,开启了二人亦师亦友的情谊,并延续了彼此的一生。

正像傅斯年最初对胡适的保护一样,胡适对这位饱含浩然之气的学生,也是大加维护。

初入北大,傅斯年是黄侃的得意门生,深受黄侃等几位北大守旧派国学大师的赏识,被人戏称为"黄门侍郎"。但自从结识胡适后,傅斯年便投向新文化阵营。

陈独秀一度对他表示怀疑:"这'黄门侍郎'傅斯年,可不是细作吗?我们不能接纳他,不能理他!"

胡适反对陈独秀的说法:"凡用人,即使有疑,也不用怀疑,何况孟真这种人!"语气至坚定,心怀至诚切。

胡适对之一次次力挺。五四运动爆发后,出现了"'新潮社'社员傅斯年、罗家伦被'安福俱乐部'收买"的传闻,这二人十分沮丧。胡适却对他们极为信任,发表《他也配》一文为学生辟谣：

"'安福部'是个什么东西？他也配收买得动这两个高洁的青年！"

胡适的弟子罗尔纲这样说：

胡适最尊敬的朋友是谁？他不能确切地回答……

但是，胡适最看重的学生是谁？他就立刻回答说：傅斯年。

而傅斯年在别人面前虽很桀骜，但对胡适向来执礼甚恭。他和胡适讨论学问时，左一句"先生"，右一句"先生"，声音恭敬顺从。对此，罗尔纲说，他所见任何一个胡适的学生来见胡适，没有一个同傅斯年这样的。

相识益久，这对师生结下了深厚的友谊。二人互相提醒，互为援手。

胡适的《中国哲学史大纲》出版，一时轰动，再版八次，发行近两万册。傅斯年却写信给老师敲警钟道："我在北大期中，以受先生之影响最多，因此极感，所念甚多。愿老师终成老师，造一种学术上之大风气，不盼望先生现在就于中国偶像界中备一席。"

1926年，傅斯年再次对胡适评价此书，认为从"长久价值论，反而要让你的小说评论居先"。

不单是学术上，随着二人私交渐深，他们在人员调配上也互支援手。

1934年，刘半农去世后，北大中文系急需教员，文学院院长胡适便出面向史语所借罗长培救急。傅斯年立即同意，为了配合罗长培的工作，他还为其配备了助理，三年后，罗长培的助理竟有三人之多。

谁知，人借出后，北大迟迟不归还，傅斯年只好写信给老师说："莘田（罗长培的字）兄'借出三年'，可谓'久借不归'，无专任研究员老是'借出'之理也。"但北大还是不愿归还，最后，傅斯年只好将罗长培从专任研究员改聘为通信研究员。

不得不说，傅斯年为师友级别的胡适绝真是大开后门。他们向着同样的理想，为着同一个国家携手并进。就连蒋介石，也一并从中得了方便受了益。

抗战爆发后，蒋介石希望胡适到欧美各国求助，支援抗战，但胡适坚决不愿在此危急时刻离开，坚持与南京共存亡。王世杰只好请傅斯年帮忙劝说。傅斯年与胡适商谈多次，说到动情处，声泪俱下。胡适深为感动，这才答应出国争取国际支持。

不过，傅斯年可不是一味盲从的。在大节处，他绝不含糊。

蒋介石曾请胡适出任国府委员兼考试院长，为了劝动胡适，他请傅斯年吃饭。听闻来意后，傅斯年力陈胡适不能出山的各种理由，此后，由于蒋介石的坚持，他只好致函胡适，但不是劝其出任，而是劝其辞谢。在信中，傅斯年说：

与其入政府，不如组党；与其组党，不如办报。

借重先生，全为大粪上插一朵花。

胡适听从其意见，以北大同人反对为由，婉言谢绝。

浩荡的年代，他们的心时刻随着国家命运跌宕起伏。一听到日本投降的消息，傅斯年的率真又一股脑儿全显露了出来。

他欣喜若狂，冲出寓所，飞奔上街，手舞足蹈，见人便恣情搂抱，狂呼大叫，直到声嘶力竭。等回到寓所，帽子没有了，鞋也丢了。

第二天罗家伦去看望傅斯年，他连床都起不来，连说："国家出头了，我的帽子掉了，棍子也没有了，买又买不起。晦气！晦气！"

也是在这时间，史语所迁回南京。为庆祝回迁，傅斯年大摆宴席，胡适亲往道贺。那天宴会上，史语所家属、小孩都有，很热闹。

傅斯年在讲话时说："人说我是胡先生的打手，不对，我是胡先生的斗士。"此语引起哄堂大笑。

胡适曾称赞傅斯年，他这样的人，无论在什么地方都能发挥其领袖才干。

抗战胜利后，国民政府教育部长朱家骅邀请傅斯年担任北大校长，但他坚拒，并推举胡适，颂扬其经师人师，士林所宗，在国内既负盛名，在英美则声誉之隆，尤为前所未有。由于胡适在美国未归，便由他任代理校长，而他最后之所以同意也有自己的考虑。

傅斯年在致夫人俞大彩的信中说明任代理校长的缘由："北京大学可以说两头着火……而北平方面，又弄得很糟，大批伪教职员进来。这是暑假后北大开办的大障碍，但我决心扫荡之，决不为北大留此劣迹。实在说这样局面之下，胡先生办远不如我，我在这几月给他打平天下，他好办下去。"

果不其然，傅斯年将伪北大的教员全部开除。有人前来说情，他怒道："如果这些人受不到谴责，那么就太对不起那些跋山涉水到重庆和昆明的教授和学生了，他们为了民族大义而抛家别子去了大后方，吃不上喝不上的，容易吗？"来人无话可说。就是对于出任过伪职的老师周作人，他也丝毫不留情面。

傅斯年曾对邓广铭直言:"胡先生是性善主义者,有时不能听他的,如果事事都按他说的办,非把学校办糟不可!"

胡适也承认,傅斯年的旧学根底比他好,才气比他高,办事能力比他强。

1949年元旦之夜,胡适与傅斯年在南京共迎新年。是夜,师友二人置酒对饮,相视凄然,潸然泪下。念及前途之未卜,又兼留恋故土之深情,两人在杯酒间,不断吟诵陶渊明的《拟古》诗第九首:

种桑长江边,三年望当采。
枝条始欲茂,忽值山河改。
柯叶自摧折,根株浮沧海。
春蚕既无食,寒衣欲谁待。
本不植高原,今日复何悔!

1月19日,傅斯年飞赴台湾。这晚,星光惨淡,傅斯年偕夫人俞大彩及胡适走出位于南京史语所大院中的家门,一行人在漆黑寒冷的夜色中悄无声息地走着……

归骨于田横之岛

那是一个寒冷的冬夜,傅斯年的小书室中生着炭盆取暖。

他穿一件厚棉袍伏案写作。夫人俞大彩坐在对面,缝补他的破袜。因为他次日要参加两个会议，夫人催他早些休息。他搁下笔抬头对夫人说，他正在为董作宾刊行的杂志赶写文章，急于拿到稿费，做一条棉裤。

他又说："你不对我哭穷，我也深知你的困苦，稿费到手后，你快去买几尺粗布，一捆棉花，为我缝一条棉裤，我的腿怕冷，西装裤太薄，不足以御寒。"

夫人俞大彩一阵心酸，欲哭无泪。

说罢，傅斯年起身指着壁上的书架说，这些书，还有存于史语所一房间的书，他死后要留给儿子。他要请董作宾为自己制一枚图章，上刻"孟真遗子之书"。

他长叹一声，接着说："你嫁给我这个穷书生，十余年来，没有过几天舒服日子，而我死后，竟无半文钱留给你们母子。我对不起你们！"

夫人俞大彩一向不迷信，但此时猛然微思：难道这几句话就是他的遗言？

夜深了，窗外吹起一阵寒风，室内盆中的炭，已化成灰。

1950年年底的这个夜晚之后不久，傅斯年辞世。

得知这一消息时，熟悉他的人无不想到他到来的那一天。

1949年1月20日，傅斯年正式就任台湾大学校长。时台大中文系教授黄得时请其题字，傅斯年挥毫写下了"归骨于田横之岛"的短幅相赠。

众人顿生凄怆之感，但想不到竟一语成谶。

去世前半年，傅斯年经常在大学的行政会议席上说："大学的事太麻烦了，真是要命。"

他也常对陈诚戏言道:"我为台大已心力俱瘁,连我这条命也要赔进去了。"何承想,这台大校长的职位真的要了他的命。

他让台大农学院园艺学系拟一个美化校园的计划,于是该系拟出一个"五年计划",他看后半开玩笑地说:"五年?未免太长,我实在等不及!"

12月22日,傅斯年遗体大殓。上千人前来吊唁,于右任扶杖前来,陈诚哭得两眼红肿,王宠惠、蒋梦麟、罗家伦、王世杰、朱家骅、李济、董作宾、毛子水、钱穆等人,都前来送别。

10时30分,傅斯年的遗体送往火葬场,上千人冒着细雨,踏着泥泞道路,跟随其后,哭声雨声混成一片。热泪横流的学生们手执小旗,上书:校长,回头来瞧瞧我们!望之令人心碎。

记者于衡回忆说,傅斯年先生逝世,是他采访二十五年中,所见到的最真诚、最感人的一幕。

天泪人泪,千万人同哭斯人。

中央研究院历史语言研究所同人的挽联是:

廿二载远瞩高瞻,深谋长虑,学术方基,忍看一瞑;
五百年名世奇才,闳中肆外,江山如此,痛切招魂。

台湾大学全体师生的挽联曰:

早开风气,是一代宗师,吾道非欤?浮海说三千弟子;
忍看铭旌,正满天云物,斯人去也,哀鸿况百万苍生。

为了永远怀念这位校长，台大仿照美国弗吉尼亚大学为总统杰斐逊在校园内建造陵墓的成例，为傅斯年在校内植物园建造陵墓。他的墓室在罗马式纪念亭下，墓前立有无字碑，修有喷水池及纪念钟，钟上铸有他提出的"敦品励学，爱国爱人"八字校训。

值一周年忌日之际，台大为傅斯年举办了安葬仪式。这日，由傅斯年的同窗好友罗家伦前导，台大学生会主席罗锦堂手捧骨灰盒，校长钱思亮主持，将傅斯年的骨灰安葬在纪念亭内的大理石墓中。自此，此处被命名为"傅园"，纪念钟被称为"傅钟"……

文天祥有言：读圣贤书，所学何事，而今而后，庶几无愧。

生时，傅斯年真可以说是做到了。

逝后，罗家伦将这位学问大家的号召力和攻击精神与其崇敬的伏尔泰相提并论：他们都愿意为自由和开朗而奋斗。对于黑暗和顽固有强大的摧毁力，而且爱打抱不平，也是相似之处。不过伏尔泰不免刻薄，而孟真则坦白率真。

并且，毫无疑问，在傅斯年身上，霸气、介直就是和聪明、才华、雄才大略结合在一起的。

张伯驹

最是国宝守业人

生平：1898—1982，"民国四公子"之一。他是集收藏鉴赏家、书画家、诗词学家、京剧艺术研究家于一身的文化奇人。历任盐业银行董事、总稽核，故宫博物院专门委员、北平市美术分会理事长，国家文物局鉴定委员会委员等职。著有《丛碧词》《红毹纪梦诗注》等。

受业：毕业于袁世凯混成模范团骑兵科。

传道：潘素。

言语：予所收藏，不必终予身为予有，但使永存吴土，世传有绪。

品藻：富不骄，贫能安，临危不惧，见辱不惊……真大忍人也。

——黄永玉

1982年正月十五，北京城内元宵节的大红灯笼刚刚挂上，"重瞳乡人"为夫人潘素庆生的鞭炮尚未点燃，自己却被救护车送进了北大医院。一介布衣，一身中服，一脸土色，唯一副眼镜显示他是一个文化人。

老人患重感冒，按等级惯例，他被安置在一间八人大通铺式的病室。潘素为平慰八十四岁高龄夫君的心境，向院方申请转入小病室。

院方回答干脆："级别不够！"

两天后，同室病友"走"了一个，泣声揪人，老人已由感冒转成肺炎。

潘素再次恳请换病房。

院方答声依旧："级别不够！"

老人病情每况愈下，仅靠输液维持心跳；未几，陷入昏昏沉睡，时至二月二十六，告别人世。

"重瞳乡人"辞世后，有人在医院门前叫骂："你们知道他是谁吗？他是国宝！你们说他级别不够（住高干病房），够的能有几个有他对国家贡献大？他捐的国宝，足够买下你们医院！"

"他"是谁？

一生聚散救国粹

他叫张伯驹,河南项城人。

因为项城历史上出过舜和项羽,太史公说,他们都是"重瞳子"(有两个瞳孔,异人异相异秉)。出于对乡土历史名人的仰慕,张伯驹自谓"重瞳乡人"。

他不认官,不认钱,醉心诗词、书画和戏曲,成了京城第一大玩家。

诚如章伯钧所说:中国文化有一部分是由统治阶级里最没出息的子弟们创造的。张伯驹就在玩古董字画中玩出了大名堂,有了大贡献。

既是有名堂之人,自然也是颇有些性情的。

张伯驹的性格本来就有些孤傲,加之愤世嫉俗,便更加落落寡合。即使高朋满座,众人谈笑风生,他若是觉得话不投机,便一个人坐在那里,谁也不理,只是自己用手摸着下巴,一根根地拔胡子。有时去找人,碰巧人家不在,他也不急,坐等两三个小时,也不叫人去找,还是摸下巴,拔胡子。生人见了他,往往有望而生畏的感觉,在一群亲近的朋友中,他就得了一个"张大怪"的雅号。

大怪的怪处何止于此。虽然他的家产富可敌国,但他本人实在是朴素得令人难以想象。他不吸烟不喝酒,不穿绫罗绸缎,长年布衫一袭;他饮食平淡,偶尔一个大葱炒鸡蛋算是上等佳肴。他绝不和时下公子们计较谁的汽车豪华上档次,对他来说,只要有四个轮子，能跑就足够了。

不过，这张伯驹真真不是一个公子哥儿？应答，是，也不是。

他不会理财，家传的盐业银行业务大权旁落，但有时他又显出超人的精明。一年清室小朝廷因为经济拮据，拿出一批宫里的地毯到银行求售。别人看地毯已旧，花色暗淡，都说不要，他却令人全部收下。原来他看出地毯中夹有金线。那时教他京剧的余叔岩因病久不登台，手头拮据，张伯驹叫他买下，结果把金线抽出就赚了三万元，地毯倒手卖出又赚了三万元。

不认钱，或许由来于他与生俱来的富足，但不认官，就是他本色出演的戏码了。

父亲张振芳一生在官场中摸爬滚打，他却远离政治——和各派政治势力都保持一定距离，认识而已，却不深交。盐业银行经理吴鼎昌后来到蒋介石那里去当实业部长，他不但不去套近乎，反而与其疏远了。

——既然身处多事之秋，功业无望，张伯驹从三十岁起，开始对中国的传统文化艺术产生了浓厚的兴趣。而这一出手、探身，便从此一发不可收拾，成为终生的事业，实践了爱国的信仰，成就了他本不在乎的传世的名声。

1956年，故宫博物院收到了一份极为珍贵的大礼：张伯驹及其夫人潘素将其三十年所收藏的珍品，包括陆机的《平复帖》、杜牧的《张好好诗》、范仲淹的《道服赞》以及黄庭坚草书《诸上座帖》等八幅书法，无偿捐献出来。

"张伯驹先生捐献的任何一件东西，用什么样的形容词来形容它的价值都不为过。"电视纪录片《故宫》的策划之一、紫禁城出版社社长章宏伟由衷地感慨。章宏伟说，为故宫所做捐献最顶尖的人物有两位，一位是捐瓷器的孙瀛洲，一位则是捐书画的张伯驹。

他像一位有准备之人，素常之日兢兢业业做着自己的喜好事，关键时刻却不动声色地舍得，舍得而奉献。

1955年年末，国家决定发行公债券。张伯驹夫妇得知这一消息后，有意购买一些，为国家建设出一点力。可是，拿什么买啊？眼下，除了尚在居住的一座宅院外，其他凡是能卖的都卖了。为了收藏字画，尚负债数万。他们不约而同地想到了所藏之珍品。

第二年年初的一天，张伯驹接到北京市民政局召开各界知名人士座谈会的通知。他如约赴会。会上，民政局局长希望大家能以自己的行动带动全市人民购买公债。参加会议的各界知名人士积极发言，踊跃认购。张伯驹坐在一个角落里，清了清嗓子，真诚地说道："新中国成立，标志着中华民族已巍然屹立于世界的东方，但是，我们的祖国要真正强盛起来，还需要加紧建设。支援祖国建设，匹夫有责。我现在手头无钱，但可以将一生珍藏的字画尽数卖给国家，所得款项全都购买公债。"

这位文物收藏家终于做出了惊人的抉择。热烈的掌声，仿佛夸大了他的义举，可他的声线明明是那样淡然，那样诚挚。

这只是他的责任。

只要国家需要，便可一生倾尽。

会毕，张伯驹兴冲冲地跨进家门，正在挥毫作画的夫人抬头看了一眼，径直问："伯驹，今天有什么好事，这么兴奋？"

"有，有好事，也是大事。"

夫人放下画笔，在丈夫对面的藤椅上坐了下来。张伯驹原原本本地把今天会议的情况讲述一遍，夫人听着，脸上没有任何表情。画室里静极了，只有挂钟嘀嗒嘀嗒地响个不停，保姆在这时送来两杯煮好的咖啡。夫人揭开杯子，一缕热气从杯子里袅袅升起，慢慢消散在空中，她端起杯子，又放回了原处。

张伯驹眼睛直直地看着咖啡杯，他的记忆回到了十五年前……1941年，自己挥笔留下了这样的字句：

"自潘素（字慧素）嫁我以后，我未曾给过她一文钱。卢沟桥事变后，我的家境已经中落。"

"为了保存国家文物，潘素也变卖了自己的首饰。"

"所以我把我的书画（名称列后）给予潘素。一、陆机《平复帖》卷；二、展子虔《游春图》卷；三、李白《上阳台帖》卷……共十八件。"

当时的见证人有婶母崔氏、王冷斋和陶心如，他们三人签字并画押。

往事历历在目，夫人莫非是……他猜疑着。

夫人站起来，走到丈夫身后，两只手搭在丈夫的肩上，温柔地说：

"伯驹，我想……"

"我想，把所藏珍品卖给国家，购买公债，不如直接将全部珍品捐献给国家更好。"

张伯驹回过头去，望着夫人温厚地笑了笑，真是心有灵犀一点通啊！张伯驹何尝不想如此！但他存有一丝疑虑，潘素嫁他已二十多年，自己已年近花甲，她还只有四十岁，现在身无积蓄，而在自己身后，她的生活……

是为感慰，是为恩念，深甚体己。

初夏的阳光特别明媚，张伯驹抬眼，心中顿重了一下，但脸色还是乘着那光亮处去了。

一个明丽清新的早晨，夫妇二人早早起来，再一次把选出的八件珍品，一件一件地展开。他们不停地用手抚摸着，目不转睛地看着。这将是他们最后一次欣赏这些字画了。对于他们来说，这些字画犹如即将离开父母出嫁的女儿，心里总有一种说不出的滋味。一阵爱抚之后，又悉心地包好。紧接着，夫妇俩便携带珍品驱车去了文化部。

"我一生所藏真迹，今日尽数捐献国家。"

面对接待他们的文化事业管理局局长郑振铎，这位海内外闻名的大收藏家，就这么一句极其普通的话。然而，他的藏宝实在不能说普通。

陆机的《平复帖》，是现今传世墨迹中的"开山鼻祖"。虽长不足一尺，只有九行字，却盖满了历代名家的收藏章记，朱印累累，满纸生辉，被收藏界尊为"中华第一帖"；隋代大画家展子虔所绘的《游春图》，距今一千四百多年，被认为是中国现存最早的一幅画作。

"这几样东西父亲随便留给我们一件，就够我们几代人吃不完的，那可是百万富翁、千万富翁啊！"

张伯驹与潘素唯一的女儿张传彩老人笑眯眯地说。

她与老伴楼宇栋均已白发苍苍，而父亲张伯驹在后海留下的唯一一所老宅亦因年久而修缮。每每接受采访，她总是乘公交车而来，而衣着照旧那般朴素，实在让人难以联想曾经是鼎盛时期在北京拥有数处院落、那个显赫而富有的张家大小姐。

"我记得有一天晚上睡觉前听父母讨论，说最后这一部分字画怎么办。我们那时年轻，也从来不过问父亲的事情。但知道他眼睛很厉害，收藏的东西都是精品中的精品。"

"当时家里生活是没什么问题，但没有多少现钱，因为钱都买了字画，哪还有钱啊！"

张伯驹捐宝后，政府为此奖励的二十万元，被他婉言谢绝。须知，那时一般人的工资每月不过四五十元，二十万简直是个天文数字。最后，文化部奖励他三万元，他还是不收，郑振铎告诉他这不是报酬而是鼓励，张伯驹这才收下，却全部买了公债。

"他说得很简单，'我看的东西和收藏的东西相当多，跟过眼云烟一样，但是这些东西不一定要永远保留在我这里，我可以捐出来，使这件宝物永远保存在我们的国土上'。"女婿楼宇栋回忆。

"很多人不理解父亲，把好大一座房子卖了，换了一个帖子，再把这个帖子捐出去，到底为的是什么？但我能理解他，我真的能理解他。"张传彩老人很平静地说，"父亲就是这样一个人，他是一个爱国家的人，他认为这些文物首先是属于一个国家、一个民族的，只要国家能留住它们，他付出多大代价也在所不惜。"

1956年7月，时任文化部部长沈雁冰为捐献八件国宝的张伯驹颁发了一个褒奖令，这张薄薄的纸片，被张家仔仔细细地保存着，它也见证了一个深爱中华文化的人为保存本民族文化遗产所做的伟大贡献。

"不知情者，谓我搜罗唐宋精品，不惜一掷千金，魄力过人。其实，我是历尽辛苦，也不能尽如人意。因为黄金易得，国宝无二。我买它们不是卖钱，是怕它们流入外国。"

这是张伯驹当年发自肺腑的一句话。

的确，在那个动荡的年代，张伯驹试图以一己之力阻止许多珍贵文物流往国外，显得尤为悲壮。《平复帖》是其中最典型一例。

张伯驹最早是在湖北赈灾书画展览会上见到《平复帖》的，时归道光皇帝的曾孙、恭亲王之孙溥儒（溥心畬）所有。

早在1936年，张伯驹就得知溥儒将所藏的唐代韩干的《照夜白图》卖与上海一叶姓古董商人。当时宋哲元主政北平，张伯驹唯恐该图卷被外国人收买，连忙致函宋氏，请他设法阻止这一宝物出境。但是为时已晚，叶某已转手将画作卖给英国人。这件事情让张伯驹久久不能释怀。

现下，他担心此帖会重蹈《照夜白图》的覆辙，于是立即委托琉璃厂一老板向溥儒求购。溥儒的回复是：我并不缺钱，谁想要就拿二十万来。当时张伯驹无力付此巨款，但他表示款项可以从长计议，等于预先买定下来，以防再被别人，尤其是沪商得手。第二年，他请张大千也向溥儒求购，同样在二十万元的要价前止步。

但功夫不负有心人，正如他从来就是那个默默做功课、有准备之人。

一直对此念念不忘的张伯驹，偶然得知溥儒适逢丧母，急需钱财为母发丧，经傅增湘斡旋，以四万元成交。他后来得知，另一位白姓字画商人听说此事后，也想拿到此帖卖给日本人，出价便是二十万。庆幸的是，《平复帖》已在张伯驹手里。

他一时欣喜不尽，题斋名为"平复堂"。有日本人听说后，通过古董商人向他表示,愿意出三十万大洋请他割爱。张伯驹以绝不让国宝流出国门为由,一口回绝了。

他竭心尽力捍卫的国之宝物,怎会任人肆意做金钱买卖?更何况还有国门之尊!

张伯驹后来写了篇小文,只淡淡地提及此事,"在昔欲阻《照夜白图》出国而未能,此则终了宿愿,亦吾生之一大事"。

在他眼里,这些蕴含了中国文化的字画的价值,甚至超过自己的生命。

1941年,上海发生了一起轰动一时的绑架案,被绑架者正是张伯驹。

他是盐业银行上海分行经理,每周都要到上海开会,这天一早下飞机以后,由家里的车去接他。

像往常一样,一辆汽车开在前面,张伯驹乘坐的那辆车跟在后面。谁知一进胡同口,张伯驹很快被一辆黑色小汽车上下来的人带走。

绑架者的身份和底细也很快成了上海滩公开的秘密——他们是汪伪特工总部的"七十六号"特务组织,果然狮子大开口,向潘素索要三百万伪币,否则撕票。张伯驹哪里受过这个,大少爷脾气上来,便绝食抗议,好几天不吃饭,人便消瘦下去。

绑匪们明目张胆是冲着张伯驹的钱财来的,但张家的钱其实大部分都变成那些珍贵的字画了。为防备恶果,经友人孙曜东花钱打点了一番,潘素才得以见到已经有气无力、憔悴不堪的丈夫。良妇唏嘘不止,张伯驹却置生死于度外,悄悄关照夫人说:

"你怎么样救我都不要紧,甚至于你救不了我都不要紧,但是我们所收藏的那些精品,你必须要给我保护好。你怎么样放好、安排好，别人只要不知道，你一件也不能给我透露出去。

"你别为了赎我而卖掉，那样我宁死也不出去。"

他反复强调：

"家里那些字画千万不能动，尤其那幅《平复帖》！这是我的命，我死了不要紧，这个字画要留下来。"

如是僵持了近八个月，张伯驹宁可冒着随时被撕票的危险，始终不肯答应变卖一件藏品。直到绑匪妥协，将赎金从三百万降到四十万，潘素与张家人多方筹借，才将张伯驹救出。

经历曲折磨难后的张伯驹，深刻体会到保护国宝的不易，他的内心反而更为坚定。

张伯驹不愿卖画赎身、视书画如生命的事情，在当时便传极一时，几家报纸也纷纷刊登了消息。但为了避免树大招风，他很快离开了上海这块是非之地。

他取道南京、河南来到西安，潘素将年幼的张传彩托给西安的一位友人，自己一人先回北京。后来的几年里，张传彩只记得父母亲一次次往返于北京和西安之间，长大后才知道那时候北京已经沦陷，母亲潘素为了不让像《平复帖》那样国宝级的字画出任何意外，将它们偷偷地缝在被子里，一路担惊受怕地带出北京。

他就是这样的人。

因为他的出现，多少珍贵文物避免了流散海外的命运！

张伯驹与《游春图》，是另一段值得被永远铭记的佳话。

20世纪30年代溥仪到东北当伪满洲国皇帝时，带走故宫一千二百件珍贵文物。1945年，随着日本的战败，一些珍贵字画开始流于市面。

"吾人即建议故宫博物院两项办法：一、所有赏溥杰单内者，不论真赝，统由故宫博物院作价收回；二、选精品经过审查价购收回。"

时任故宫博物院专门委员的张伯驹认为，那批文物中有价值的精品约四五百件，按当时价格，无须太多经费，便可大部收回。

时机终于来了。

1946年，北平古玩界传出消息：琉璃厂一位叫马霁川的老板正为一幅古画寻找买主，这幅古画正是稀世珍宝《游春图》。张伯驹原本建议故宫博物院出面买下，并表示如果经费不够，自己愿代之周转，但故宫方面仍未有回应，无奈之下张伯驹决心个人出面。

琉璃厂墨宝斋掌柜马保山后来回忆：张伯驹与马霁川接洽在先，但马霁川索八百两黄金，因要价太高，先生不便再谈，于是转而请他从中周旋。

最大的担心是《游春图》这样重要的国宝被唯利是图的文物商转手售出国外——张伯驹和他商谈时特别强调这一点，马保山如是承言：

"当时我为先生如此尽力维护国家尊严，保护文物的精神所感动，决心倾全力以成全此事。"

经马保山斡旋，几次来回谈判，终于以二百二十两黄金谈定。

但那个时候这个数字对张伯驹来说已显吃力。十几年里，他手里的钱几乎都买了古书古画，万贯家财已经用尽。在此之前，他刚刚以一百一十两黄金收购了范仲淹的《道服赞》。当年一掷千金的富公子，现在连几十两金子都拿不出来了。

彼时，张伯驹一家住在弓弦胡同一处宅院，当年的那座豪宅占地十五亩，富丽无比，在张伯驹住进来之前，它的主人是晚清大太监李莲英。那里有四五个院子，花、果树、芍药、牡丹都有，好几个会客厅、长廊……追求雅致生活的张伯驹十分喜爱这个院子，但为了购买《游春图》，他变卖了自己最爱的这处住宅。

成交之日，卖方找人来鉴定黄金成色。"那个商人说这个金子成色不好，要二百四十两，就是又加二十两。但是他说你老岳父财力确实是不行了，最后那二十两拿不出来了。何苦呢？这是倾家荡产啊，为了这么一幅画。"楼宇栋回忆。

这幅几乎让张伯驹"倾家荡产"的画，在1952年被捐给国家。

穷尽他的一生，都在做收藏之事，都在为国宝而争。他本是富豪之后，却在人生的多数时日里，顺着那最初母亲指责之下十足的"败家子"之路，越走越远……

1927年，张伯驹正值而立之年。

一次，他从北京西河沿儿的盐业银行拐到了琉璃厂，在出售古玩字画的小摊儿旁边溜达。一件康熙皇帝的御笔书法引起了他的注意，只见上面的四个大字"丛碧山房"写得结构严谨，气势恢宏。虽然此时张伯驹对收藏尚未入门，但由于深厚的旧学根底，其眼力已然不俗。他没费思量就以一千大洋的价格将其买了下来。回去后，他愈看愈爱，遂将自己的表字改为"丛碧"，并把弓弦胡同的宅院命名为"丛碧山房"。

这是他一生中收藏生涯的开始。

从此，张伯驹为了收藏文物，大把地花钱。在母亲看来，他是个不成器的逆子："家里什么事情都不管，也不出去做官，只知道花钱买字画，唉，随他去吧。"

启功却言：前无古人，后无来者，天下民间收藏第一人。

而张伯驹只淡淡一句：予所收藏，不必终予身为予有，但使永存吴土，世传有绪。

本是卧龙岗散淡之人

他说，三十岁是他一生中的一个转折。

他说：他三十岁开始学书法，三十岁开始学诗词，三十岁开始收藏法书名画，三十一岁开始学京剧。他从少年时代就喜欢京剧艺术，此时他成了票友，正式拜余叔岩学戏，彩唱过《二进宫》《空城计》《八大锤》三出戏，成为余派艺术传承的重要人物。

张伯驹对京剧不是爱而是痴。

他曾作《红毹纪梦诗注》，以诗的形式记录毕生参与京剧活动的往事，以及剧坛掌故、剧人逸事等，每首诗作后附有详简不一的笺注，最早在中国香港出版。吴祖光评价为：

虽如信手拈来，却非游戏之作，而是一部京剧史诗。

《中国京剧史》人物部分亦收"张伯驹"篇，称其为"著名戏曲理论家、老生名票"。

云其"老生名票"，那是名不虚传。

张伯驹七岁时看的第一场戏是杨小楼的《金钱豹》，武功戏，打闹折腾很过瘾，种下了戏曲种子。

壮岁入秦从戎，虽滥得勋赏，狗尾羊头，殊不低画眉妆阁也。

当他终得一日，换上戏装时，谁能想到一代收藏家的氍毹之梦就这样开始了。

他三十一岁开始学戏，启蒙老师是余叔岩。说起来，张伯驹以票友拜名家为师，这不能不说余叔岩给足了他面子。因为那时的戏剧界中，梅兰芳、杨小楼、余叔岩是鼎足而三的头牌。

承此重师，身为学徒，张伯驹又有另一番心志。

他每天晚饭后到余家学戏，其实，他会的戏多半是"熏"出来的。因生性沉默寡言，每次到余家去，一个人往烟榻上面一躺，一言不发，他也不理人，人也不理他。余叔岩或是调嗓，或是与打鼓佬、琴师说戏，他都在一旁静听。时间差不多了，他可能不辞而别，自己悄悄离开。日久天长，耳濡目染，也就"熏"得差不多了。偶尔，余叔岩吸足了鸦片，十二点后开始向他说戏，他常常到凌晨三四点才回家。正如张伯驹所言：

归来已是晓钟鼓，似负香衾事早朝。
文武乱昆皆不挡，未传犹有太平桥。

如此这般，一直持续了十几年，余叔岩教会了张伯驹许多剧目。如《奇冤报》《战樊城》等整出的戏四五十出，还有昆曲，以及零星的唱段。

张伯驹的嗓子不大好，所谓"云遮月"，有点沙哑。并且，他的嗓音算不得洪亮，往往只有前面几排的人能听得清楚，后面的人只能听个大概了，所以有人取笑他为"电影张"——因为当时的电影都是无声的默片；章士钊也曾调侃他：前座三排劳侧耳，不知谁在唱西城。另外，他的台步、身段也都多有可挑剔之处，根本不入行家的法眼，可是他自我感觉甚佳，经常彩排登场。

大概听惯了名角，再有出自对谭鑫培、余叔岩的崇拜，所以总是以二人的标准去衡量别人。而且他对于传统的规矩极为重视，绝容不得别人随便更改破坏。

遇到不唱谭余正宗，或是加入花腔的，不论是内行还是票友，也不管私人调嗓还是公开演唱，生张熟魏，一律怒目而视，甚至责骂，绝不稍留情面。

一年，张伯驹到上海，孙仰侬（孙家鼐的曾孙）招待他去听《四郎探母》。不料，他听了没有几句，站起来就走，嘴里一面念念有词。孙仰侬追上问他怎么回事，他不脱河南乡音地说道："前面门落锁，放火烧！"

"为什么呀？"孙仰侬不由得大吃一惊。

张伯驹还是边走边说道："连唱戏的带听戏的，一齐给我烧！"

原来，他对那个演员的唱做不满意，便赌气要烧人家。

张伯驹，一生为国宝而行。京剧在他这里更是精粹之要，他毅然势在必行，严苛到底。

他听谭富英的《群英会》，那个饰孔明的里子老生在台上大耍花腔。他听了，跑到台口儿，用手指着那老生骂道：

"你不是东西！"

这一举，弄得台上台下的人都惊诧不已，他却扬长而去。虽然行为近似荒唐，但正显出他对传统京剧艺术的挚爱。

当然，张伯驹在自己的京剧之路上行进得亦风生水起。

1931年，他约同梅兰芳、余叔岩等友人发起北平国剧学会。为了光大京剧艺术事业，他招集银行界同仁，筹集基金五万元。

成立大会后，演剧称庆，大轴为《八蜡庙》，张伯驹串演黄天霸，梅兰芳反串褚彪，大受彩声。

票友风云，必有盛话。

令张伯驹最为得意、终生难忘的是1937年以庆寿为名，行募捐赈河南旱灾之实，在北平隆福寺福全馆的演出。

这本就是一场惊世之演：余叔岩自从谭鑫培学了王平之后，只是在1917年、1920年，陪着他的业师王君直唱了两次，这不过是第三次上演。而那杨小楼，虽是武生，却最愿意唱文角，这马谡固然是个架子花，可不折不扣是个文派人物——这一上场，必现世人未见之面目。

经张伯驹的一群篾片朋友精心策划，又极尽怂恿之能事，一出"喧宾夺主"的《空城计》，就这样横空出世了。

由"票友"张伯驹演诸葛亮，请余叔岩、杨小楼、王凤卿、程继仙四大明星帮衬，分别饰王平、马谡、赵云、马岱。众星捧"月"，平时两星同台已不多见，这下四星荟萃！何况是甘心给张伯驹当配角，可见他的身份。

艺坛绝唱，惊动全国。上海、南京、天津等地的戏迷都赶来助兴捧场。

张伯驹一句西皮慢板"我本是卧龙岗散淡的人"一出口，台下掌声雷动。他打出了票戏天下第一的风头。

报纸广告语为：此曲只应天上有，人间难得几回闻。

章士钊看戏后信口戏作打油诗：坐在头排看空城，不知空城是何人。

张伯驹曾以诗记盛：羽扇纶巾饰卧龙，帐前四将镇威风；惊人一曲空城计，直到高天尺五峰。

这一戏曲绝响,成为菊坛佳话。

张伯驹票友生涯中最为得意的有三件事:创立北平国剧学会、盛唱《空城计》是为其二,而另一件就是他与余叔岩合作,编写了一部《近代剧韵》,总结京剧发展实践,这本书风行一时,后又由张伯驹加以增补,更名为《京剧音韵》再版。

1944年,国剧学会迁至西安,他率先编出《二进宫剧谱》出版以纪念。

1956年,他任北京京剧基本艺术研究社副主委,组织观摩演出《盗卷宗》……

现今,对张伯驹略知一二的人都知道他无偿捐献国宝文物的事情,其实,力图留住传统文化中所有美好的事物——无论是有形的还是无形的,一直是他做人的最高追求。

梅葆玖就说过:在近代历史上没有著名戏剧家张伯驹等人的建树和努力,就没有当代京剧的辉煌。

古人云:会玩枪的枪上死,会耍刀的刀上亡。

张伯驹的人生第一个大跟头,就栽在京剧舞台上。那是一场红氍噩梦!

可是他不以个人得失而惶惶不安,依然沉迷在他所衷心热爱的文化事业之中。

他依然说:我是散淡之人,生活是琴棋书画。

刘海粟言:丛碧兄是当代文化高原上的一座峻峰。从他广袤的心胸涌出了四条河流,那便是书画鉴藏、诗词、戏曲和书法。四种姊妹艺术互相沟通,又各具性格。

堪称京华老名士,艺苑真学人。

是真名士自风流

张伯驹和末代皇帝溥仪的族兄溥侗、袁世凯的次子袁克文、奉系军阀张作霖之子张学良,并称"民国四公子"。

旧时,贵胄子弟在外应酬涉足欢场,逢场作戏或红袖添香实属平常,张伯驹亦难免俗。那时他做盐业银行总稽核,每年要到沪上分行查账两次。

可不想,在寒暑如常的时日中,他的后半生竟被改变了,连同他的家庭,亦只留下了一个潘素。

是真名士自风流。

潘素,原名白琴,苏州人,弹得一手好琵琶,在沪上高张艳帜,有"潘妃"之誉,是个当红的倌人。她出落得秀气,谈吐不俗,受"苏州片子"的影响,也能挥笔成画,于是在五方杂处、无奇不有的上海滩,曾大红大紫过。

友人孙曜东说,张伯驹与潘素结为伉俪,也是天作一对,因为潘素身上也存在着一大堆不可理解的"矛盾性",也是位"大怪"之人。

原来,那时的花界也有分工,有些只接待官场上的客人,而潘妃却专门招徕沪滨的白相人。红火的时候天天有人到她家摆筵席,吃花酒,客人们正在打牌或者吃酒,她照样可以出堂差,且应接不暇。那时有些男人喜欢文身,而潘妃的手臂上也刺有一朵花……最终她的内秀被张伯驹开发了出来。

一见潘素,张伯驹便为其蕙质兰心所倾倒,惊为天人,才情大发，提笔就是一副对联：

潘步掌中轻，十里香尘生罗袜；
妃弹塞上曲，千秋胡语如琵琶。

不仅把"潘妃"两个字都嵌进去了，而且将之比为王昭君，誓要娶她。而潘素亦欣赏张伯驹的温文尔雅和潇洒倜傥，互生爱慕。

两人英雄惜英雄，怪人爱怪人，一发而不可收，双双坠入爱河。

可是问题并非那么简单。

潘素已经名花有主，成为国民党一个叫臧卓的中将的囊中之物，而且两人已经到了谈婚论嫁的程度，谁知半路杀出个张伯驹。

潘素此时改口，决定跟定张伯驹，而臧卓岂肯罢休？

接下来的日子，潘素身陷囹圄，被软禁了起来，日日只以泪洗面，而外面的张伯驹和沪门好友孙曜东一同上演了一出"窃妃之行"。

目标地是西藏路汉口路的一品香酒店。

是夜，趁天黑孙曜东开出一辆车带着张伯驹，先到静安寺路上的静安别墅租了一套房子，说是先租一个月，因为那儿基本都是上海滩大老爷们的小公馆，来往人很杂，不容易暴露。然后驱车来一品香，买通了臧卓的卫兵，知其不在房内，急急冲进去。屋内潘素已哭得两眼桃子似的，两人顾不上说话，赶快走人。孙曜东把他俩送到静安别墅，对他们说："我走了，明天再说。"

其实明天的事,张伯驹已有主张:赶快回到北方,就算没事了。

一夜惊梦,倒也算得上轰轰烈烈。

晚年,张伯驹所写的《瑞鹧鸪》即是追忆他与潘素情定三生的情景:

姑苏开遍碧桃时,邂逅河阳女画师。
红豆江南留梦影,白苹风末唱秋词。
除非宿草难为友,那更名花愿作姬。
只笑三郎年已老,华清池水恨流脂。

这场上海滩的奔逃计划,于潘素又何尝不是一个人生的洗牌之举呢?

张伯驹决意重新铸造一个超凡脱俗的潘素:他请老画家朱德甫教她画花卉,请举人御史夏仁虎教她古文。当潘素有意要学山水时,他又请汪孟舒教她山水……就这样,在张伯驹的精心栽培之下,潘素后来成了著名的青绿山水名画家。

这是何等可圈可点的骄傲!

名作家董桥说:潘素跟过朱德甫、汪孟舒、陶心如、祁井西、张孟嘉学画,跟过夏仁虎学古文,家藏名迹充栋,天天用功临摹,画艺大进,张大千赞叹"神韵高古,直逼唐人,谓为杨升可也,非五代以后所能望其项背"。北京官方拿她的山水当礼品赠送铁娘子、老布什那些外国元首。

著名文物鉴定家史树青曾为潘素的《溪山秋色图》题跋:慧素生平所作山水,极似南朝张僧繇而恪守谢赫六法论,真没骨家法也,此幅白云红树,在当代画家中罕见作者。

当潘素熠熠生辉之时,张伯驹亦保持着他博学多才的本性,除研习诗词、钟情丹青、收藏、京剧外,还学篆刻。他曾与梅兰芳同拜陈半丁为师学治印。那方"重瞳乡人"印即陈半丁应邀为其所作。正值潘素绘事的上升期,他为夫人治了一方"绘事后素"印,典出《论语》,他巧借并赋予其新的含义:自谦他的绘事在"素"后。

这对潘素来说,如何不是最好的鼓舞和奖赏?

山高水远,琴瑟相谐。

她与他在书画艺术的道路上,相濡以沫,共度近半个世纪。

其时,张伯驹早有家室。原配李氏,二夫人邓氏,三夫人王氏。那都是家人送的"礼物",李氏不育而有邓氏,邓氏不育而有三房,都是有亲而无爱。好在潘素识事通达,她与三位姐姐和睦相处,直至1949年,原配李氏已过世,张伯驹与邓氏、王氏办了离婚手续,才斩断了历史遗留的枝枝蔓蔓,共享二人世界。

张伯驹对这份得来不易的良缘,深感庆幸和满意。他把对潘素的感情连及最初的追求、日常的培养、生活的相顾,皆写进了词中。

婚后二人偕登峨眉山,张伯驹写下:

相携翠袖,万里看山来。
云鬟整,风鬟艳,两眉开,净如揩。

而每逢佳节良辰,张伯驹总有词作赠予潘素。尤其是每年元宵潘素的生日,张伯驹往往显得特别动情,他写下《水调歌头·元

宵日邓尉看梅花》词云:

> 明月一年好,始见此宵圆。
> 人间不照离别,只是照欢颜。
> 侍婢梅花万树,杯酒五湖千顷,天地敞华宴。
> 主客我与汝,歌啸坐花间。
> 当时事,浮云去,尚依然。
> 年少一双璧玉,人望若神仙。
> 经惯桑田沧海,踏遍千山万水,壮采入毫端。
> 白眼看人世,梁孟日随肩。

张伯驹与潘素宛如东汉时的梁鸿与孟光,他们不但举案齐眉,而且要"日随肩",这真是令人只羡鸳鸯不羡仙了。

白首齐眉几上元,金吾不禁有晴天。年年长愿如今夜,明月随人一样圆。

齐眉对月,交杯换盏,犹似当年。红尘世上,百年余几,莫负婵娟。

白头犹觉似青春,共进交杯酒一巡。喜是团圆今夜月,年年偏照有情人。

还有……

在两人结合四十年后,年近八旬的张伯驹到西安女儿家小住,与老妻暂别,仍然写下深情款款的《鹊桥仙》送给潘素:

不求妹巧，长安鸠拙，何美神仙同度。
百年夫妇百年恩，纵沧海，石填难数。
白头共咏，黛眉重画，柳暗花明有路。
两情一命永相怜，从未解，秦朝楚暮。

张伯驹是不怨天，不尤人，坦然自若，依然故我。

潘素是不争执，不偏颇，勤勉为画，素衣相随。

1956年，张伯驹诚献瑰宝的惊世豪举，潘素是双手赞成的。文化部颁发的"褒奖状"上，潘素与张伯驹联名并列。

并且，在这前后的数十年风雨中，潘素成了丈夫的拐杖。她一直把张伯驹当作老小孩照顾着。

20世纪50年代张伯驹已囊中羞涩，但见到心仪的古画，仍心痒不已。掌管柴米的潘素不免犹豫。张伯驹见妻子没答应，先说了两句，接着索性躺倒在地，任潘素怎么拉，怎么哄，也不起来。最后，潘素不得不允诺：拿出一件首饰换钱买画。有了这句，张伯驹才翻身爬起，用手拍拍沾在身上的泥土，自己回屋睡觉去了。

他曾自比是"明末四公子"之一的冒辟疆，他要把她培养成董小宛似的人物——

1980年，"张伯驹潘素夫妇书画联展"在北海公园展出。张伯驹的书画多对联、花卉；潘作多为青绿山水，工笔重彩令人注目……

鲁 迅

非常中国的双面镜

生平：1881—1936，原名周树人，浙江绍兴人。新文化运动主将，著名文学家、思想家和革命家。青年时代受进化论、尼采超人哲学和托尔斯泰博爱思想的影响，后弃医从文，企图以此改变国民精神。曾任职于教育部、北京大学、北京女子师范大学、厦门大学等。作品主要以小说、杂文为主，代表作有：小说集《呐喊》《彷徨》《故事新编》等；散文集《朝花夕拾》；杂文集《坟》《热风》《华盖集》等。

受业：留学于日本仙台医学院。

传道：许钦文、萧红、萧军等。

言语：无穷的远方，无数的人们，都和我有关。

品藻：鲁迅是爱憎分明的，但不等于说鲁迅没有情感，没有他温和、慈爱的那一面。

——周海婴

1933年冬天的一个晚上,鲁迅在曹聚仁家中吃晚饭,一直谈到深夜。

他是善于谈话的,忽然在一串的故事中,问了一句:"曹先生,你是不是准备材料替我写传记?"

曹聚仁说:"我想与其把你写成一个'神',不如写成一个'人'的好。"

这一对话以后,不想鲁迅很快就老去了。

当曹聚仁终于郑重提笔,已是时光溜走很远的时候了。

他似乎总感到鲁迅坐在面前,于是笑着对一心希冀着待之以真实的先生说:"你只能让我来写你了,因为你已经没有来辩论的机会了!"

他曾经对鲁迅说:"你的学问见解第一,文艺创作第一,至于你的为人,见仁见智,难说得很。不过,我觉得你并不是一个难以相处的人。"

鲁迅也承认这样的说法,依孟子的标准来说,他是属于"圣之清者也"。

无数的人们,都和我有关

鲁迅是一个世故老人。

他年纪不大,但看起来总显得十分苍老。他自幼经历事变,懂得人世辛酸以及世态炎凉,由自卑与自尊两种心理所凝集,变得十分敏感。

他曾对许广平说:"我看事情太仔细,一仔细,即多疑虑,不易勇往直前……而我最不愿使别人做牺牲,也就不能有大局面。"

原来,那个从课本中走出的满纸攻讦的笔杆斗士,本就是带着俯首低沉的胸腔的。

鲁迅的小说中所写的人物,不是老大就是老四。因为他是长子,写他不好的时候,至多影响到自身;写老四也不要紧,横竖他的四兄弟老早就死了。但老二、老三绝不能提一句,以免别人误会。

忧患的陶养,黑暗的洗礼。

从一次次地为父亲奔走于当铺和药店之间,他便渐渐悟得中医不过是一种有意的或无意的骗子;

从小康人家坠入困顿,他便无奈感知了社会的冷酷;

从有一时期寄住于亲戚家被说作乞食开始,他便不断体察了人情的荒芜;

……

少时与壮岁,鲁迅都过早地惊醒,正如他后来地地道道地在做现代的文艺作家，比其他作家，他是超了时代的。

鲁迅好奇心重，总能注意到别人忽略的东西。一次，他在南京看到墙上贴有一张纸片，纸片上有一个茶壶，接连看到好多次，便沿着茶壶嘴的方向走，结果越走越远，越走越荒凉，他有些害怕，便不再往前走。过后鲁迅细想，认为是秘密组织的暗记，如果继续往前，可能会很危险。

犹疑与思考量定，他是十分警惕的。

增田涉在鲁迅家上课时，每到休息，就坐在窗口边乘凉，顺便看看窗外的大街。而鲁迅从不靠近向着街道的窗口，总是坐在离窗两三尺的地方，害怕人们从下面的街道上看到他。走在路上，他总觉得有人跟踪，有时看完画展或从酒馆出来，鲁迅就对增田说：

"你先回去，我要在我家附近甩掉那家伙。"

局势浩荡的年代，因着犀利的笔触，他的身影是那般灵敏，名字亦又多变。

他的一个笔名不能用上三次，因为有人会从文章的倾向和语调里发现是他写的。某次，一位日本学者问他，怎么最近没有看到他的文章，他回答说自己频繁更换笔名，并一口气说出六十多个，日本学者非常惊讶。

面具戴太久，就会长到脸上，再想揭下来，除非伤筋动骨扒皮。他虽这样说，但自己在浊世里始终保有褪去假面的清醒。

字如是，书更如此。

鲁迅在上海溧阳路租了一间房屋专门用来藏书。他和成仿吾笔战时，曾去藏书室取书，回去的路上，他问周建人家中是不是有马列主义书籍，周建人回答有。他说："怎么能放在家里？"

"书店里不是公开放在柜台上卖的吗？"周建人说。

"唉！书店里卖和家里有是完全两回事，你怎么可以随便放在家里呢？"

为了防止有人搜查藏书室，他在屋子门口挂了一个"镰田诚一"的木牌用以掩护。1933年，他在给曹靖华的信中说："此地变化多端，我是连书籍也不放在家里的。"

另外，鲁迅的书架由坚固的厚木箱组成，这样，任何时候都可以装上卡车逃跑。

兄弟周作人就说：他的个性不但很强，而且多疑，旁人说一句话，他总要想一想这话对于他是不是有不利的地方。这次在上海住的地方也很秘密，除去弟弟建人和内山书店的人知道以外，其余的人都很难找到。

于是，曹聚仁以为，他是坐在坦克车里作战的，他先要保护起自己来，再用猛烈火力作战，他爬得很慢，但是压力很重。他是连情书也可以公开的十分精明的人。

他自陈："常听得有人说，书信是最不掩饰，最显真面的文章，但我也并不，我无论给谁写信，最初，总是敷敷衍衍，口是心非的，即在这一本中，遇有较为紧要的地方，到后来也还是往往故意写得含糊些。"

毕竟他是绍兴师爷的天地中出来，每下一着棋，都有些谋略的。

革命者叫你去做，你只得遵命，不许问的。我却要问，要估量这事的价值，所以我不能够做革命者。

这就是鲁迅。

李立三曾与他见面，因鼓动武装斗争而对之说："你是有名的人,请你带队,所以发给你一支枪。"

"我没有打过枪,要我打枪打不到敌人,肯定会打了自己人。"

鲁迅这一答,又不禁显露出他的温厚来。

他住在都市之中,天天和世俗相接,而能相忘于江湖,看起来真是恬淡的心怀。在文艺王国中,他并不追寻隐逸生活。

鲁迅、孙伏园等三人到陕西讲学,一个月报酬三百元,鲁迅和他商量:"我们只要够旅费,应该把陕西人的钱,在陕西用掉。"

当打听得知易俗社的戏曲学校和戏园经费困难,他们便捐赠了一部分钱。西北大学的工友服务很周到,鲁迅主张多给些钱。另一位先生不赞成,说:"工友既不是我们的父亲,又不是我们的儿子,我们下一次不知什么时候才来,我以为多给钱没有意义。"

鲁迅当面也不说什么,退而对孙伏园说:"我顶不赞成他说的'下一次不知什么时候才来'的话,他要少给,让他少给好了,我们还是照原议多给。"

君子观人于微,鲁迅出入于人情冷暖间,自己大概就是要率先做那一个真襟怀的人。

他对人真是和易近人情,极容易相处的。

鲁迅搬到砖塔胡同时,十二岁的俞芳觉得他表情严肃,脸上没有一丝笑容,有些怕他。院子里有一棵俞芳种的芋艿,从来没人注意过,鲁迅搬来不久便问她:"为什么你种的芋艿总是只有一片叶子呢?"

俞芳答:"老叶颜色太深,不好看,我就把老叶摘掉了。"

鲁迅便告诉她,这样芋艿是种不好的,让她以后不要再摘掉老叶了。这时,一旁的大姐俞芬忍不住骂俞芳"呆",鲁迅却微笑着对她说:"小孩子总有小孩子的想法和做法,对他们幼稚可笑的行动,要多讲道理,简单的指责和呵斥并不能解决问题。"

大概,他是最珍惜孩童的纯真与可爱的,因此也毫无脾气,总是宽待。

搬来不久,鲁迅便送给俞芳和妹妹俞藻每人一盒积木,并常给她们买点心和糖果。他从来不对孩子们摆架子,俞芳属猪,俞藻属牛,他便称呼二人"野猪""野牛",而二人也没大没小地叫他"野蛇"(鲁迅属蛇)。他也不生气,笑着问她们:"蛇也有不是野的吗?"

对于孩子们的要求,鲁迅有求必应。或许究其自身凛冽的童年底子,没有温度,太少暖怀,他才更竭尽心力地去创造一个别样一点的世界。

俞芳写了篇童话,请他修改,他很认真地为她修改,并加了标点;俞芳、俞藻喜欢画小人,但不会画人头,便请鲁迅帮忙,他总按她们的要求画,立等可取;俞芳、俞藻的地理课老师要求学生家长将各省的省会、主要出产、气候等用毛笔写在卡片上,小姐妹分配到长江流域各省的卡片,二人请鲁迅帮忙写出,第二天得到了老师的表扬,她们回家高兴地告诉鲁迅,鲁迅笑着说:"真是不胜荣幸!"

他的心上全然是一座柔软的宝塔,多的是关怀与温情,似乎与外面的风雨筑起了隔层,形成了断带。

一次,鲁迅送给俞家三姐妹一包奶油蛋糕,但俞芬收了起来,没有给两个妹妹吃。鲁迅知道后,再送糖果、点心时,总是分成三包,一包较大的给俞芬,两包较小的给俞芳、俞藻。

久而久之,他便成了总是给予和"吃亏"的那一个。不过,他倒真的甘心为之。

北京的冬天，常有小贩叫卖"萝卜赛梨呦——辣了换"，这时，俞芬便带头敲鲁迅的竹杠，让他请客，十有八九她们的愿望会得到满足。还有一种小贩是卖桂花元宵的，元宵比较贵，大家都没吃过，一次，俞芬又敲鲁迅的竹杠，结果他竟然同意了，一共买了九碗，不仅俞家三姐妹、母亲、原配朱安每人一碗，连周家的两个女工和俞家的女工也有。结果，因为头天晚上做成了一笔大生意，第二天卖元宵的小贩又到周家门口吆喝了好久。

平淡如水，不尚虚华。他总是一贯的包容，宽仁在他这里如同汩汩的源泉，随时日愈流愈长。

某日深夜，周家的两个女工王妈和齐妈发生口角，声音越吵越大，鲁迅被吵醒，整夜失眠，第二天就病了。晚上俞家姐妹去看望鲁迅，说起夜间女工吵架之事，俞芬问道："大先生，你为什么不去喝止她们？其实你就是大声咳嗽一声，她们听到了，也不会再吵的。"

鲁迅摇头道："她们口角，彼此的心里都有一股气，她们讲的话又急又响，我听不懂，因此不知道她们吵嘴的原因，我去喝止或大声咳嗽一声，可能会把她们的口角暂时压下去，但心里的一股气是压不下去的，心里有气，恐怕也要失眠；再说我呢，精神提起，也不一定就能睡着，与其三个人都失眠或两个人失眠，还是让我一个人失眠算了。"

静夜的钟摆，撞击着，叮响着，只有他醒着，探看这浩瀚市井。

在鲁迅的人情世故之道上，大抵是深怀一份宽广——无穷的远方，无数的人们，都和我有关，他说，这也是生活。

据北大教授白化文回忆，老北大时期，校门口卖豆腐脑的常自豪地对他们那些小青年说："老年间儿，我爸摆摊儿那会子，鲁迅跟他拉洋车的肩并肩坐在咱摊子上，一起吃喝，吃完了，您猜怎么着？鲁迅进红楼上课，拉洋车的叫我爸给他看着车，也进去听课去啦！蔡校长的主意：敞开校门，谁爱听就听，不爱听拍拍屁股走人，谁也管不着谁，那才叫民主，那才叫自由哪！"

他的课堂，如当时的北大一般，车夫皆往来自由；而他在生活中，对车夫亦怀着深挚的体恤与同情。

一个寒冬，鲁迅坐人力车，发现车夫没有穿棉裤，问他为什么，车夫答："先生，生活艰难啊，吃都顾不上，哪有钱买棉裤呢？"

鲁迅便给他一元钱，再三叮嘱他去买条棉裤穿。第二天鲁迅下班后，在教育部门前观察，发现几乎所有的人力车夫都穿着单裤，他感慨道："这是严重的社会问题，不从根本上解决，单靠个人的同情和帮助是不行的。"

或许，越是单薄的力量，在他的笔下便显得越冷冽，又反在冷酷的现实里，越要加注多一份清醒的关怀。

一次雪后路滑，车夫拉着鲁迅，一起摔倒在地上，车夫的腿受了伤，鲁迅的门牙撞掉，满口是血。车夫很是惊恐，但鲁迅并未责备车夫，反而问车夫的伤势如何。回家后，大家惊慌失措，鲁迅却含笑说道："世道真的变了，靠腿吃饭的，跌伤了腿，靠嘴吃饭的，撞坏了嘴。"

是自嘲自娱，还是讽刺冷笑？掷地有声的是社会国民的惨状，沉默悲叹的是一位爱国志士的良心。

一个冬天的黄昏，北风呼号，周建人的大女儿周晔随父母到伯父鲁迅家中拜访，在离鲁迅家后门不远的地方，发现一个车夫因光着脚拉车，踩到了碎玻璃，正在路边呻吟。周建人忙到屋内叫出鲁迅，拿着纱布和药，为车夫夹出碎玻璃，包扎妥当。车夫回家时，鲁迅将药和纱布送给他，并给了他一些钱，让他在家中好好休息。车夫走后，周晔问鲁迅为何这么寒冷的天车夫还光着脚拉车，鲁迅的回答让她不是很明白，她希望伯父能给一个详细的解答，鲁迅却只是抚摸着她的头，重重地叹了一口气。

一重重的叹息，变作一行行的檄文；一幕幕的同情，转为一次次的思考。在无数人面前，他尚是那个温存的角色，何况在家人之中呢？

每周六，周建人夫妇都带一个孩子到鲁迅家中拜访，一般夫人王蕴如带着孩子先去，周建人下班后直接从商务印书馆过去。如果周建人到得晚了，鲁迅总是不放心，焦急地楼上楼下跑好几遍，嘴里说着："怎么老三还勿来？"

手足之情，绵绵以深。周建人家搬到法租界去的第一个周六，从鲁迅家中出来时，许广平特地将周建人一家送到附近的汽车公司，并为他们付了车钱。第二个周六，周建人告别时，许广平拿出一元二角钱塞到他手中，说："对不起，今晚我不送了，请你们付一付。"

周建人忙推却，鲁迅马上低下头，看着地板，默不作声，于是周建人只好收起来。以后每次告辞，许广平一定将一元二角钱塞到周建人手中。

有时，两家人晚上出去看电影，只有一辆车，鲁迅坚持自己不坐，让许广平、王蕴如、周海婴、周建人的三个女儿坐，他和周建人走着去。看完电影出来，又只叫到一辆车，鲁迅还是不肯坐，让周建人全家坐着车先走。

他那一股脑儿的沉默，让人无法抗拒，因而又多了一丝隐隐的威严。但事实上，他性格的底子仍是那样温和柔软。

萧红是鲁迅家的常客。她常和鲁迅、许广平聊到将近十二点才告辞。那天下着雨，鲁迅非要送萧红到铁门外不可。萧红怕鲁迅受凉，心中很是不安。到铁门外，鲁迅指着隔壁挂的写着"茶"字的大牌子说：

"下次来记住这个'茶'字，就是这个'茶'的隔壁。"

"下次来记住'茶'的旁边九号。"

他又伸出手去，几乎是触到了钉在门旁边的门牌号。这时，萧红借机问鲁迅：

"你对我们的爱是父性的还是母性的？"

"是母性的。"鲁迅愣了一下，肯定地回答。

确是母性的慈爱，作家白薇也感同身受。

最初她并不亲近鲁迅，每次去送稿，总是在门口交给许广平就走。半年后，她听到鲁迅对人说："白薇怕我吃掉了。"

待到她再一次去见鲁迅，刚走到楼梯口，便听到温和的声音在楼上说道："白薇请上来呀！上来！"

她走进书房，微低着头不敢正视鲁迅。这时，鲁迅拿着一把蒲扇帮她扇风，亲切地说："热吧？"

然后又展开许多美术书画给她看，并耐心讲解。白薇当时就感到鲁迅是严肃可亲的长者。

可以想到，这样的受惠者大概是数不胜数的：郁达夫、郑振铎、瞿秋白、黄源……在他们这里，是尊敬而和蔼的鲁迅先生。

后人一遍遍阅其深刻，读其温厚，闻其挚语，而他的率真及那颗赤子之心大概才是人最深层的底色吧。

鲁迅曾给俞芳等人讲绍兴女人吵架时常用的"剪刀阵"和"壶瓶骂"。他说：

"绍兴女人吵架，有一种架势是'剪刀阵'。"

"你们看我。"

当俞芳问"剪刀阵"是不是拿着剪刀打架时，鲁迅一边笑答，一边站起身，双脚分开，两手叉腰，并让俞芳学着他的样子。然后，他指着俞芳对大家说："你们看这样子像不像一把剪刀口朝下的剪刀？"

大家哄笑。接着他又示范"壶瓶骂"，左手叉腰，右臂向右前上方伸直，并用食指指向对方做骂人状，边示范边问道："这样子像不像一把茶壶？"

他的姿势引得大家笑得前仰后合。

有时，鲁迅将手握成拳，放在桌上，让俞家姐妹用拳头打，说他不怕疼。俞藻先打，没有打疼鲁迅，倒把自己的手震疼了；俞芬也打疼了自己的手。鲁迅笑弯了腰。

"你们打人，挨打的人没有痛，打人的人倒痛了。"又连连说，"'畅肚'啊，'畅肚'！"（绍兴话，大概意思为活该。）

这大抵是最朴素亦最纯真的鲁迅，他的身心从世故的端持降回到本能的愉悦，不得不说是稀疏罕见的一面。张恨水对此就曾做翔实刻录，名为《鲁迅之单人舞》：

章士钊改女师为女大时，女师大一部学生离校。由数教授率领之继续上课于皮库胡同……经费悉由师生自筹，鲁迅先生其一也。先生授课，指斥章氏，间杂以谐语，一座哄堂。一日，值校庆，师生毕集以示不弱。会后作余兴，先生任一节目。先生固不善任何游艺苦辞不获，乃宣言作单人舞。郎当登台，手抱其一腿而跃，音乐不张，漫无节奏，全场为之笑不可抑。先生于笑声中兴骤豪，跃益猛，笑声历半小时不绝。此为当年与会学生所言，殆为先生仅有一次之狂欢，不可不记。

当萧伯纳对鲁迅说："他们称你为中国的高尔基，但是你比高尔基漂亮。"鲁迅便复："我更老时还会更漂亮。"

历数桑沧皆不尽，世故纯真本一源。

胡兰成说得好："我以为，周作人与鲁迅乃是一个人的两面……鲁迅是生活于人间，有着更大的人生爱。"

囚首垢面而谈诗书

囚首垢面而谈诗书。

这句古语，拿来形容鲁迅再恰当不过。

鲁迅的家常生活非常简单，衣食住行几乎全是学生时代的生活。他在教育部做了十多年事，也教了十多年书，可是，一切时俗的娱乐，如打牌、看京戏、上八大胡同，他从来没沾染过。教育部同人都知道他是个怪人，但他并不故意装出怪腔，只是书生本色而已。

在北京那样冷的天气，他平常还不穿棉裤；周老太太叫孙伏园去帮助他，他说：

"一个独身人的生活,绝不能常往安逸方面着想的。岂但我不穿棉裤而已,你看我的棉被,也是多少年没有换的老棉花,我不愿意换。你再看我的铺板,我从来不愿意换藤绷或棕绷,我也从来不愿意换厚褥子。生活太安逸了,工作就被生活所累了。"

简单生活,即使在当下,也不失为一种不错的格调。人心各有性情,过自己觉得舒服的日子就已是很好。

他的房中只有床铺、网篮、衣箱、书桌这几样东西;什么时候要走,一时三刻,随便拿几件行李,就可以走了。孙伏园说和鲁迅一同出门,他的铺盖都是鲁迅替他打理的。

友人这样说鲁迅的日常生活:他能过刻苦朴素的生活,那是不错的;说他过的是刻苦朴素的生活,那就可以保留了。所谓小资产阶级知识分子者,是从田间来的,知道稼穑之艰难的,但也懂得都市的资产阶级的种种物质享受,在许多场合,他应对自如,和洋人在一起,也显得从容自在,毫无拘谨之态。林语堂在忆定盘路那大洋楼的派头,可说是十足洋化的;鲁迅坐在那儿,也毫无寒伧之色。他毕竟是绍兴人,而且在北京住过多年,见过大世面的,一举手一投足,都是合乎大雅之堂。

而夫人许广平这样追记:沉迷于自己的理想生活的人们,对于物质的注意是很相反的。他对于衣服极不讲究,也许是一种反感使然。

小的时候,家里人叫他穿新衣,又怕新衣弄脏,势必时常监视警告,于是坐立都不自由了,是一件最不舒服的事。因此,他宁可穿得坏些,布制的更好。方便的时候,譬如吃完点心糖果之类,他手边如果没有抹布,也可以很随便地往身上一揩。

如此看来,仍是幼时的情结或说症结……世人如何想得到,超前地经历与体悟，造就了一个这般伟大而又平凡的鲁迅。

初到上海的时候，他穿久了的蓝布夹袄破了，友人曾买到蓝色的毛葛换做一件，做好之后给他送去，他无论如何也不肯穿上身，说是滑溜溜不舒服的，没有法子，这件衣服只好转赠别人，从此不敢做这一类质地的衣料了。直到最后一年，身体瘦弱得很，经不起重压，特做一件丝棉的棕色湖线长袍，但是穿不到几次，就变成临终穿在身上的殓衣，这恐怕是成人以后最讲究的一件了。

他最赞同曹聚仁的一句话"君子可使居贫贱也"，居贱不易，居贫更不易。"见大人则藐之"，要不做到佯狂态度才对。

鲁迅的起居也是无定时的。他在北京时，每天常到子夜才客散。之后，如果没有什么急待准备的工作，稍稍休息，看看书，二时左右就入睡了。他并不以睡眠为主而以工作为主：假如倦了，也就倒在床上，睡两三小时，衣也不脱，被也不盖，就这样打一个盹，翻个身醒了，抽一支烟，起来泡杯浓茶，有糖果点心呢，多少吃点就动笔了。有时，写作的意兴很浓，放不下笔，直到东方发白，是常有的事。《伤逝》那篇小说，他是一口气写成的。妻子劝他休息，他说："写小说是不能够休息的，过了一夜，那个创造的人物、性格也许会变得两样，和预想的相反了呢。"

他的书生本色不单是朴素着，铆足了劲儿在笔下酣畅淋漓，他对书籍很是爱护。

线装书缺页的，他能抄补；外观破烂的，他能拆开修理后重新装订；书头污秽的，能用浮石水磨干净；天地头太短的也能够每页接衬压平，技艺堪比琉璃厂的书匠。据周作人回忆，鲁迅少时经常去书坊，去得多了，便学会了书坊伙计包书、装订的技术。

为了保护书，鲁迅主张印毛边书。

他看到，许多人看书时不清洁手，书边沾上了油和汗，黑乎乎的，看完收藏起来，一遇到天潮，便生霉，时间长了会长虫。所以他主张将书装订成毛边，看完后，将沾了油污的毛边裁去，既漂亮，又不生霉。有一次，鲁迅让他创办的《语丝》周刊的出版发行人李小峰将书一律装成毛边，但等李小峰将样书拿给他时，他看到书是切好的，很是恼火，问及怎么回事，李小峰说毛边书卖不出去，只好切了边。鲁迅马上说：

"那我不要切边的，非毛边的不可，你能将就买客，当然也可以将就我。切边的我决定不要，你带去好了。"

李小峰只好将这批书带回去，重新印刷装订好毛边书，给鲁迅送过去。

态度是赫然并认真的，语词是明确且直接的。他怀着执意，似乎比生命还看重。

若看他的衣着，是不会想到这么一个相反的对照的：比如书脏了，有时也会用衣袖去揩拭，手不干净的话，他也一定洗好了才去翻看。

书架上的书，摆得齐齐整整，一切文房用品，他必亲自经手，有一定的位置，不许放乱。他处理书房的种种，就像药房那样整齐有序。

鲁迅常说："东西要有一定的位置，拿起来才便当。譬如医师用的药瓶，随手乱摆，配药的就会犯配错药的危险。"

平时无论怎么忙，他的抽屉总是井然有序，不愿别人去翻动的。他最不愿意借书给别人,除非万不得已,有时他宁愿另买一本送那朋友的。他把连续的期刊按年月按卷数包起来,扎好了,写上书刊名及期数,有如图书馆的分类。他所包扎的书,方方正正,连用绳子都有讲究,总以不至于损及书页为主。他对于线装书的整理自有一番手脚,有时拆散修理,重新装订。那部名贵的《北平笺谱》,还添了青布包面。偶有缺页,他也自己动手拆添完善,才算了事。

文人自己有自己的王国,一进入文艺王国,就在那个天地中历劫般徜徉,慢慢地形成了自己的章法与性子。当然,鲁迅亦不例外。

他不独有文学天才,而且是有艺术天才的。

鲁迅自幼绘画,一丝不苟,很有耐性。有一回,他在堂前作画,过程中,因事他去,祖母看看好玩,就去补画几笔,却画坏了,他就扯去另画。他还亲手做信封,有时就用别人寄来的信封,翻转面来重做,有时就用一张长方硬纸,拆叠得齐整匀称,比书坊买来的还挺括些。他平日把一切包裹纸、纸袋捂得平平整整,绳子也卷好,随时可用。

他就是这么节省物力,丝毫不会浪费。他的细心与耐心,是思想的经济使然,同时更显得他的修养。

鲁迅自己写字,是用毛笔的,他的全集的原稿,就是毛笔写成的;还有那二十五年的日记和几千通的书简,也都是用毛笔写的;但他对于社会提倡毛笔字,禁止学生用铅笔墨水笔作文,表示反对,认为用墨水笔可以节省青年学生的时间,没有禁用的理由。他为着社会大众着想,决不固执迂拘。

一贯的人生大爱，是如此栩栩如生，让人敬让人赞，但他自己仍不免一味地执着，心有所好。

替鲁迅生活做标志的，似乎是烟，而不是酒。每一个和他熟悉的人，都知道他是烟不停手的，一面和客人谈笑，一面烟雾弥漫。并且，他的习惯是，一支未灭接上一支，这样就不需要点火柴。无论写作、休息还是待客，他的烟一直燃着。

不抽烟的人去见鲁迅，离开后衣衫还带着一股烟味，这成为见过鲁迅的一个证据。住在北京时，他的屋内全是烟灰、烟蒂，一天过后，看地上的烟灰、烟蒂的数量，便可知道他在家时间的多少。

然而，鲁迅抽烟不讲究档次高低，经常吸的是廉价烟，他解释说：虽然吸得多，却是并不吞到肚子里。意思是既然不是吃下去的，就不必在乎好坏。有一时期，他病了，医生警告他，多抽烟，服药也是没有用的，他却还是吸烟不停，关心他的人再加监视也没有用。他抽的都是廉价品，这类香烟质料本来不好，再加了他吸得多，吸得深，对于他的肺病影响是极大的。

许广平回忆，鲁迅很是俭省，香烟吸到直至烧手甚至烧口，没法拿了，才丢掉。后来她买了一个两寸左右的烟嘴送给鲁迅，防止他烧手。他每天要抽五十支烟左右，工作越忙，烟越不能离手，一半是吸掉的，一半是烧掉的。

这大概是鲁迅对自己最为放纵的一处了，生性的焦愁与明朗全部投注在了一腔从文救国的热情上，内心却止不住地往深里思量，又因而悲观，悲观又节制。

他是绍兴人，对酒很内行，却绝不多饮，如果有事也适可而止。他父亲是个酒鬼，喝醉了时常发酒疯骂人，他对醉酒疯癫的印象很深刻，因此就节制自己。

他在厦门大学时期，曾经醉过一回，因为那一时期环境很恶劣，他气愤不过，把胸中的忿话说出来了，喝了大量的酒，有些醉了，回到住所，靠在椅子上抽烟睡熟了，香烟的火头把他的棉衣烧了一大块，等他惊醒过来，身上热烘烘，眼前一团火，倒是一幕趣剧。大概他情绪不好时，也就喝点酒来浇愁。

他是性子刚的人，总要有些最能反映他性格的嗜好。

有说，善画者至善至美，善诗者韵至心声，善酒者情逢知己，善茶者陶冶情操。鲁迅还是极会生活的人。

他喜喝清茶，他所爱的不是带花的香片，而是清涩的龙井茶。他也不是喝功夫茶的人，不过，茶要喝得浓，浓浓一杯热茶，也是一种刺激，一种享受。

他也爱吃糖果和点心，吃的也是几角钱一磅的廉价品。但偶尔手头有些钱，也会买些较好的。一次，风月堂出了一种法国细点，名叫乌勃利，广告说风味淡薄，鲁迅忙买来一尝。结果打开重重包装，漂亮的洋铁方盒内装的就是二十来个蛋卷，只不过做工精巧罢了。后来查字典才知道，法文乌勃利就是"卷煎饼"。

不仅对洋式食物心有所属，而且家乡绍兴的臭豆腐、臭千张之类的臭东西，对他亦是永久的蛊惑。

许钦文回忆，一天，他到"老虎尾巴"去（房子后面搭的平顶灰棚）看望鲁迅。去时，鲁迅正在吃馄饨，蒸的，没有卤，所以放在盘子里，用手抓着吃。但令许诧异的是，鲁迅将馄饨先放到旁边一张方纸上粉屑一般的东西上翻几翻，然后放进口里。许钦文以为那粉屑是麻酥糖，觉得很奇怪，于是走过去探视，闻到刺鼻的胡椒气味，几乎咳了起来。他忍不住问道：

"大先生，怎么你要用这样多的胡椒粉？"

鲁迅笑道："哈哈，没有辣酱就吃胡椒。可以吃！但你恐怕吃不来，所以不请你吃。哈！"

不过鲁迅不爱吃腌菜、干菜、鱼干一类，认为干菜和腌制的东西代表农村产品。于此，乡下人对于城市型生活的欣羡，贫穷中过来的人对于阔佬的享受方式的神往，自在心胸盘旋。这便是友人口中小资产阶级知识分子的典型意识。

他有一回说："我们都是马二先生，吴敬梓写马二先生那么馋；吴敬梓自己一定很馋的。"

对于物质，他粗粗简简，时有性味，饶有兴致；但对于精神，他要求颇高，投入上也不那么省俭，反而十分舍得。

他钟爱看电影，这是他的精神休息。

他要坐楼座，付最高的票价，把心神松下去。不一定选最好的片子，侦探片、打斗片、滑稽片、生活风景片他都看，也爱看五彩卡通片。

他最后看的是一部苏联片《复仇艳遇》，那是他去世前十天的事。

鲁迅是精神的巨人。

趁着这休息，这放空，这光阴的罅隙——

他写：有缺点的战士终竟是战士，完美的苍蝇也终竟不过是苍蝇。

他写：只有那暗夜为想成为明天，却仍在这寂静里奔波。

我的文字,是急于要换饭吃的

踏《莽原》、刈《野草》、《热风》《奔流》,一生《呐喊》;

痛《毁灭》、叹《而已》、《十月》《噩梦》,万众《彷徨》。

这是《晨报》副总编辑孙伏园,以鲁迅译著书名及所主编之刊名缀成的一副挽联,可谓别有特色。

的确,鲁迅的一生,最广为人知的便是他的一部部文字著作了。

"医学并非一件紧要的事,凡是愚弱的国民,即使体格如何健全,如何茁壮,也只能做毫无意义的示众的材料和看客,病死多少是不必以为不幸的。所以我们的第一要著,是在改变他们的精神。"

于是,他弃医从文,寻求新的救国之路。

冷眼探看,已将一个青年的思想训练得足够独立,他的血液从来便是沸腾的,而这一时起,他将擎举文艺运动的大旗,渲染出一片开阔的盛园。

开始,便是不同凡响的。

钱玄同为《新青年》向鲁迅约稿,鲁迅拒绝,说:"假如一间铁屋子,是绝无窗户而万难破毁的,里面有许多熟睡的人们,不久都要闷死了。然而是昏睡入死灭,并不感到就死的悲哀。现在你大嚷起来，惊起了较为清醒的几个人，使这不幸的少数者来受无可挽救的临终的苦楚，你倒以为对得住他们吗？"

"然而几个人既然起来，你不能说绝没有毁坏这铁屋的希望。"钱玄同回答。

鲁迅被说服了，开始写小说，第一篇就是《狂人日记》。

"中国思想界的清道夫"吴虞读了《狂人日记》后，写下了著名的《吃人与礼教》一文，他在文中说："我觉得他这《日记》，把吃人的内容和仁义道德的表面看得清清楚楚。那些戴着礼教假面具吃人的滑头伎俩，都被他把黑幕揭破了。"

"吃人的就是讲礼教的，讲礼教的就是吃人的呀！"

文艺之路就这样开启——只是写，能写，能多写，总是好的。

他的作品不仅吸引了青年人，还吸引了一些老年人。

章衣萍的岳父看过《呐喊》后，再三称赞鲁迅了不起；荆有麟在河南遇到一位七十岁左右的粮食店老板，订阅了北平的《京报》，只要是鲁迅的文章，他每篇必看；一位姓莫的辛亥革命者对鲁迅很是佩服，只要是鲁迅的作品，必收藏起来。

写鬼写妖高人一等，刺贪刺虐入木三分。郭沫若评蒲松龄如是，而时下冒出的鲁迅的笔力又何尝不是呢？

鲁迅与高长虹常谈论作文构思，他说他想描写鬼，结局是一个人死的时候，看见鬼掉过头来，在最后的这一刹那他看见鬼的脸是很美丽的。

轰轰烈烈的革命进行之时，畸形的国民真面目已在鲁迅心中深印良久，他又发表了那篇最著名的《阿Q正传》。

当报纸纷纷扬扬陆续地散布于全国城市后，许多人都栗栗危惧，并时常有声音向《新青年》反映，觉得连载的某段仿佛就是在骂自己……

鲁迅，他以思想家的冷静和深邃思考，以文学家的敏感和专注，观察、分析着所经历、所思考的一切，他感受着时代的脉搏，逐步认识自己所经历的革命、所处的社会和所接触的人们的精神状态，同时，又惹时人一惊。

王冶秋在谈到自己读了十四遍《阿Q正传》的种种体会时，这样概括：

第一遍：我们会笑得肚子痛；

第二遍：才咂出一点不是笑的成分；

第三遍：鄙弃阿Q的为人；

第四遍：鄙弃化为同情；

第五遍：同情化为深思的眼泪；

第六遍：阿Q还是阿Q；

第七遍：阿Q向自己身上扑来；

第八遍：合二为一；

第九遍：又一次化为你的亲戚故旧；

第十遍：扩大到你的左邻右舍；

第十一遍：扩大到全国；

第十二遍：甚至洋人的国土；

第十三遍：你觉得它是一个镜；

第十四遍：也许是警报器。

陈西滢说：阿Q不但是一个Type（典型），同时又是一个活泼的人，他大约可以同李逵、刘姥姥同垂不朽了。

事实证明，确实如此，直至今天，每当我们提起鲁迅，阿Q

便是如他等身的一个符号。它一并带着这位笔锋如剑的先生在世间行走开来。

敬隐渔将《阿Q正传》翻译成法文,寄给罗曼·罗兰审阅,罗兰十分欣赏。1926年,他将该文推荐给《欧罗巴》杂志的编辑,此作品得以在国外发表。罗兰遗稿中有他对《阿Q正传》的评价:

这篇故事的现实主义乍一看好似平淡无奇。可是,接着你就发现其中含有辛辣的幽默。读完之后,你会很惊异地察觉,这个可悲可笑的家伙再也离不开你,你已经对他依依不舍。

叶永蓁有问:为何阿Q是地地道道的中国人,却要取个外国名字呢?

鲁迅说:阿Q光头,脑后留一条小辫子,这个Q字不正是他的滑稽形象吗?

就这样,他摸索着现代国人的灵魂,并依着自己审慎的觉察,孤寂而坚持地写着写着,试图在将来,看到围在高墙里面的一切人,自己觉醒,走出……都来开口。

但他时时总自憾有些隔膜。

鲁迅的白话文写得极好,但寿洙邻认为其古典文字更为出色。他常对鲁迅说,何不将古典著作出版,可以传世。鲁迅笑答:

"我的文字,是急于要换饭吃的,白话文容易写,容易得版税换饭吃,古典文字,有几人能读能解。"

能做事的做事,能发声的发声。

他这样说:有一分热,发一分光,就令萤火一般,也可以在黑暗里发一点光,不必等候火炬。

1932年,王志之问鲁迅:"先生这几年怎么不写小说了?"

"理由很简单：写不出来了。"鲁迅笑着回答，语气却很慎重，"因为旧有的是过去了，新的又抓不着。"

——当我沉默着的时候，我觉得充实，我将开口，同时感到空虚。

他极富柔情与惆怅，同时又是一个孤独、悲愤的斗士。

但比起文章来，更重要的是鲁迅这个人，他的入世的态度，他的爱国心和正义感，他对强暴的反抗和对弱者的同情，他为了中国进步不懈的努力，他身上那种中国优秀知识分子的传统的骨气，用他自己的话说——这就是中国的脊梁。

鲁迅之后，无数鲁迅

鲁迅站在路旁边，老实不客气地剥脱我们男男女女，同时他也老实不客气地剥脱自己。

他不是一个站在云端的超人，嘴角上挂着庄严的冷笑，反来指斥世人的愚笨卑劣；他不是这样的圣贤，他是实实地生根在我们这愚笨卑劣的人世间，忍不住悲悯的热泪，用冷讽的微笑，一遍一遍不惮其烦地向我们解释人类是如何脆弱，世事是多么矛盾；他绝不忘记自己分有这本性上的脆弱和潜伏的矛盾。

于是，世人眼中，总忘不了他那抽小烟儿冷冷看人的神情。

1936年春天，鲁迅的身体已不大好，吃过晚饭，总要坐在躺椅上，闭目休息一会儿。许广平私下里对萧红说，周先生在北平时，有时开着玩笑，手按着桌子一跃就能够跃过去，而近年来没有这么做过，大概没有以前那么灵便了。但一讲起话来，鲁迅又像往常一样精神了。

不久，鲁迅病倒，卧床一月有余，每天发烧。他脸微红，目力疲弱，不吃东西，不大多睡，没有一些呻吟，只是躺在床上，有时张开眼睛看看，有时似睡非睡地安静地躺着，茶喝得很少，烟也几乎不抽了。

经诊断，鲁迅得的是肺病，并且是肋膜炎，须藤医生经常来为鲁迅抽肋膜积水。而大概从这时起，一篇叫《死》的随笔就在酝酿了吧……

到了6月，他的病已经很严重，无法坚持写日记，也无法像过去那样，有信必复，有稿必看了。收到信函后，怕寄信人和寄稿人惦念，他就刻了一枚图章，上有"生病"二字，盖在回执上，以便使得寄件人明白其身体状况，不致焦急催促。

7月，身体稍微好了一些，鲁迅就不"安分"了。医生让他多休息，躺着静养，他说："我一生没有养成那样的习惯，不做事，不看书，我一天都生活不下去。"

他又说："我请你看病，是有条件的。"

医生问他什么条件，他答："第一，是要把病医好，是要活命。第二，假如一动不动一个月可医好，我宁愿动动花两个月医好。第三，假如医不好，就想办法把生命拖延着。"

医生听罢无话可说。

最后的日子，他就这样坚挺而固执地过着。

10月19日凌晨，鲁迅对许广平说"要茶"，之后便陷入昏迷，任凭许广平如何呼唤，他始终不应一声。

至凌晨5时25分,鲁迅的心脏停止了跳动。去世时,他体重不足七十斤。

七岁的周海婴还记得父亲离开当天的情景:

"我听到楼梯咚咚一阵猛响,我来不及猜想,声到人随,只见一个大汉(萧军),没有犹豫,没有停歇,没有客套和应酬,直扑父亲床前,跪倒在地,像一头狮子一样石破天惊般地号啕大哭。他伏在父亲胸前好久没有起身,头上的帽子,沿着父亲的身体急速滚动,一直滚到床边,这些他都顾不上,只是从肺腑深处旁若无人地发出了悲痛的呼号。"

鲁迅去世,萧军和胡风守灵三夜,萧军多次念叨:"先生没有死,他会坐起来谈话的。"

当黄源通知他时,他竟怒目圆睁地抓住黄源:"你诓我?"

鲁迅就这样,溘然离世了……

他的灵柩上,轻轻地放置着一面"民族魂"的大旗……

在悲怆的《安息歌》中,他永远地于万国公墓中安睡了……

与之曾有论战且从未谋面的郭沫若写下三副挽联,其中一联云:

孔子之前,无数孔子,孔子之后,一无孔子;
鲁迅之前,一无鲁迅,鲁迅之后,无数鲁迅。

谁说不是呢?

1936年10月18日,巴金高兴地告诉曹禺,鲁迅愿意在其家中会见自己。巴金与鲁迅曾在宴会上谋过面,但他从未去过鲁迅家。两位青年作家为有机会去鲁家中拜访兴奋不已。19日早晨8时，当巴金、曹禺、靳以三人来到上海大陆新村九号鲁迅寓所的时候，却得知鲁迅已经在两个多小时以前与世长辞了。

巴金成为其中的一位抬棺者。

他后来说："回忆鲁迅对于我一直是灵感的源泉。"

顾随翻阅鲁迅的译作《译丛补》时，也发出深重的感慨：

《译丛补》自携来之后，每晚灯下读之，觉大师精神面貌仍然奕奕如在目前。

底页上那方图章，刀法之秀润，颜色之鲜明，也与十几年前读作者所著他书时所看见的一样。然而大师的墓上是已有宿草了。

自古皆有死，在大师那样地努力过而死，大师虽未必（而且也）不觉得满足，但是后一辈的我们，还能再向他作更奢的要求吗？

想到这里，再环顾四周，真有说不出的悲哀与惭愧。

每个人的一生都是许多时日，一天接一天。我们从自我内部穿行，遇见强盗、鬼魂、巨人、老者、小伙子、妻子、遗孀、恋爱中的弟兄们，然而遇见的总是我们自己。

而鲁迅——自己背着因袭的重担，肩住了黑暗的闸门，放他们到宽阔光明的地方去。

梅贻琦

一个时代的斯文

生平：1889—1962，字月涵，自1914年归国后，即到清华大学担任教学和教务长等多种职务。1931年出任清华校长，自此直到去世，一直服务于清华。他有一套完整的教育思想体系，其代表作是《大学一解》。

受业：张伯苓。

传道：沈从文、杨振宁、汪曾祺、邓稼先等。

言语：所谓大学者，非谓有大楼之谓也，有大师之谓也。

品藻：梅先生不但是一个真君子，而且是一个中西合璧的真君子，他一切的举措态度，是具备中西人的优美部分。

——马·约翰

《论语·里仁》中"君子欲讷于言而敏于行",可说是梅贻琦的写照。

当初韩咏华和他订婚的时候,韩咏华的同学陶履辛得知消息,急忙跑去对她说:"告诉你,梅贻琦可是不爱说话的呀。"

韩咏华爽然说:"豁出去了,他说多少算多少吧。"

就这样,她便和沉默寡言的梅贻琦开始了四十三年的共同生活……

梅贻琦不爱说话,"Gentleman of few words"(寡言君子)的称号足足伴随了他的一生,但实际上,当他置身教育事业时,孜孜不倦,充满活力、希望和信念。

他是清华的终身校长。

没有人愿意倒梅

1915年冬的某一天,梁启超在清华园演讲,题目是《君子》。

在演讲中,他借《周易》乾坤二卦"天行健,君子以自强不息;地势坤,君子以厚德载物"勉励清华学子"崇德修学,勉为真君子。异日出膺大任,挽既倒之狂澜,作中流之砥柱"。

二十六岁的新晋物理系主任梅贻琦,此时也在台下聆听。

梁启超演讲之后,清华即开始以"自强不息,厚德载物"作为校训,一直保留至今。而梅贻琦这个清华历史上任职最长的校长,不仅与其共担了命运中的风雨,也用自己的人生演绎注解了传承百年的校训。

渊源绵长,总似有注定的成分。

梅贻琦是投考清华的第一批庚款留美生,在六百三十位考生中名列第六。

到看榜的时候,别人都很活跃,考上的喜形于色,没考上的则显得有些沮丧。唯有他始终是神色自若,单从面部表情,谁也看不出他是考上了还是没考上。

和他同批被录取的徐君陶后来回忆说,自己在看榜的时候,看见一位不慌不忙、不喜不忧的也在那里看榜,看他那种从容不迫的态度,觉察不出他是否已考取。后来在船上碰见了,经彼此介绍,原来就是现在的梅先生。

不过说来,这梅先生的起头却是一段年少轻狂的曲折。

这年,他从美国学成归来,接受校长周诒春的聘请,回母校教授物理和数学,不久便厌倦了。

逢暑假回天津,见到先前在南开就读时的恩师张伯苓,梅贻琦表示对教书没兴趣,想换份工作,张伯苓不同意:"你才教半年书就不愿意干了,怎么知道没兴趣?青年人要能忍耐,回去教书!"

连梅贻琦自己也没有想到,这一坚持,就与清华再也没有分开过。夫人韩咏华后来亦笑谈:"这可倒好,这一忍耐,几十年、一辈子下来了。"

1928年,清华学校正式改制为国立清华大学,梅贻琦以压倒性的票数当选清华第一任教务长……之后,在学生三拒校长的风潮中,梅贻琦被推举为清华校长,在这风口浪尖,寡言君子必是有他沉默的优势。

他的就职演说非常朴素务实,无激昂号召,也不显山露水:

我希望清华今后仍然保持它的特殊地位,不使堕落。我希望清华在学术方面向高深专精的方面去做。办学校,特别是办大学,应有两种目的:一是研究学术,二是造就人才。

今人听来好像确无出彩之处,但接下来的话,成了梅贻琦在中国大学史上最著名的名言:

一个大学之所以为大学,全在于有没有好教授。孟子说:"所谓故国者,非谓有乔木之谓也,有世臣之谓也。"我现在可以仿照说:"所谓大学者,非谓有大楼之谓也,有大师之谓也。"

这一天是1931年12月3日。

承继着这个历史性的开端,清华迎来了抗日战争前的黄金六年。

教授是学校的主体,校长不过是率领职工给教授搬搬椅子凳子的。

梅贻琦治校有一条法宝,那就是"吾从众"。

学术上的事情,由教授们讨论决定,行政上的事情,则由教授会推选出来的评议会去管。在权责分明的同时,也彰显民主的精神。作为校长,他并不独揽大权,只要教授提出来的建议有理有据,对学术、学校有益,梅校长就会颔首微笑:"吾从众。"

并且,对于真正有才学的人,梅贻琦也高度重视,为之四次破格的华罗庚身上得到了很好的体现。

当人们夸他治校有方时,他也只是淡淡地说:就是有一些成绩,也是各系主任领导有方。教授中爱看京戏的大概不少,你看戏里的"王帽",他穿着龙袍,煞有介事地坐着,好像很威严,很有气派,其实,他是摆给人看的,真正唱戏的可不是他。

清华文学院教授朱自清后来写了一篇文章《清华的民主作风》:在清华服务的同仁,感觉着一种自由的氛围,每人都有权利有机会对学校的事情说话,这是并不易的。

他还这样评价说:清华的民主制度,可以说诞生于民国十八年。但是,这个制度究竟还是很脆弱的,若是没有一位同情的校长的话,梅月涵先生是难得的这样一位校长……他使清华在这七八年里发展成一个比较健全的民主组织。

但民主并不意味着没有冲突。

梅贻琦曾经就"缓考"一事和学生发生过冲突。

1933年1月6日，学生自治会向学校要求缓考，理由并不是抗日救亡，竟是"平津动摇、人心骚动，日方态度未明，时局瞬息万变，同学爱国有心，避危乏术，忧心忡忡，不可终日……"。梅贻琦断然拒绝了这种要求，回应道：

今国势危迫，不能以躬执干以卫国家民族者，必须于可能范围内努力进行其应作之工作。若以赤手空拳为尽先避难之口实，则平津数百万之市民孰非赤手空拳者，若皆闻风先避，则鱼烂土崩，人不亡我，我先自亡矣。

……同学书》：

当我们民族生命在呼吸之顷，我们如果不能多做事，至少不要少做事。假如你们真去拼命，我们极端赞成你们不读书。假如你们担任了后方的切实工作，我们决不反对你们告假。且平心静气地、忠实地想一想：有，不必说；没有，你们就该做你们每天做的事，绝对不应该少做，不做……我们不忍看你们的行动趋于极端，更不忍社会对于清华学生丧失了期望，所以我们用最诚恳的态度进一忠言，而且这忠言也许就是最后。

语词之肯定，立场之坚定，对于向来斯文的梅校长，广大师生不免一惊。

诚然，这也许是梅贻琦对学生最强硬的一次，他并不反对学生参与政治活动，但绝对拒绝学生在大时代面前的自私和畏葸。

20世纪30年代中期，国家内忧外患，更趋动荡，学校也经常被卷入政治的风浪中。梅贻琦明确表明反对党化教育，提倡学术自由的态度，而此时，他不得不在执政党和进步学生双方的夹攻中寻求治校治学的方法。

他对于学生参与政治，自有其成熟的看法。在1932年的致新生欢迎词《大学的意义》中，他为学生救国指出一条正途：

只有热心是不能于国家有真正补助的。诸君到学校来正是从学问里研究拯救国家的方法，同时使个人受一种专门服务的训练，那么在这个时期内，诸君要拿出恳求的精神，切实去研究……吾们以前吃亏的地方，多半是由于事实没认清楚，拿半熟的主义去作试验，仿佛吃半熟的果子，不但于身体无益处，反倒肚子痛。古人有一句话说："七年之病，求三年之艾，苟为不畜，终身不得。"这个意思，吾们可以引用。就是吾们要解决的中国的大问题，并不是一两月或一两年的事，虽然是急难当前，吾们青年人还是要安心耐性，脚踏实地一步一步去探讨。

正如他寡言的性子一样，他劝大家在当前情势之下，要咬着牙，屏着息去工作。因为张口空话乱嚷，于实事无一益处。

因此，对于学生在求学阶段参与政治、选择怎样的政治信仰，梅贻琦从来是不鼓励的。他觉得在学校学习的过程当中，学生最主要的是学会辨别自己的人生道路。至于学生今后选择什么样的人生道路和政治价值取向，那是他们走上社会以后的事情。

有人说，中国政界有多少个党派，清华师生中就有多少个党派；中国学界有多少个流派，清华师生中就有多少个流派。

虽然不鼓励学生参与政治，但梅贻琦仍然保护师生的言论自由，且全力捍卫参与学潮的学生。

1936年2月，"一二·九"运动余波未了，军警方面喝令已出，准备把军车开进清华抓人。

学校领导人员闻讯后，紧急在梅贻琦家里召开会议，研究对策。

讨论中，几乎每个人都说了很多话，唯有梅贻琦默然不发一言。大家都等着他讲话，足足有两三分钟之久，老先生还是抽着烟，一句话不说。

结巴的冯友兰最后就问梅贻琦说："校长你——你，你看怎么样？"

他还是不说话。

叶公超忍不住了，说："校长，您是没有意见不说话，还是在想着而不说话？"

梅贻琦依然淡定自若，又隔了几秒，端重地答复道："我在想，现在我们要阻止他们来是不可能了，我们现在只可以想想如何减少他们来了之后的骚动。"

——梅校长的掩护行动势在必行。

那一夜，全校熄灯，宪警摸黑走遍各个宿舍，却发现几乎人去楼空，只好在天亮前胡乱抓了二十多个学生。

短暂的硝烟尚未褪去，当初日迎上清华园，师生们齐聚，聆听着梅校长的演说：

"青年人做事要有正确的判断和考虑，盲从是可悲的。徒凭血气之勇，是不能担当大任的。尤其做事要有责任心。你们领头的人不听学校的劝告，出了事情可以规避，我做校长的不能退避的。人家逼着要学生住宿的名单，我能不给吗？"

风云萧萧，他沉痛的口气停了一下，又继续：

"我只好很抱歉地给他一份去年的名单，我告诉他们可能名字和住处不太准确。你们还要逞强称英雄的话，我很难了。不过今后如果你们能信任学校的措施与领导，我当然负责保释所有被捕的同学，维持学术上的独立。"

这一次，梅贻琦有点苦口婆心。他心里无不带着愤慨，但担当、责任、保护才是他要做的实事。

比起另一位校长——写下"华北已经容不下一张平静的书桌"的蒋南翔，梅贻琦的政治姿态是暧昧不明的，他的原则不是忠贞于某国某党，而是学术独立。

他始终是一个权衡者，而不是一个领袖。

学生曾作打油诗来模仿梅贻琦不偏不倚、谨言慎行的风格——大概或者也许是，不过我们不敢说，可是学校总认为，恐怕仿佛不见得。

可事后很多年再回看，才发现他的每一个踟蹰与斟酌背后，是多么坚定。

当年清华大学学生驱逐校长的运动可说是此起彼伏，但是无论什么时候，学生们的口号都是"驱逐某某某，拥护梅校长"。能够成为清华的不倒翁，有人问梅贻琦有何秘诀，他说：

"大家倒这个，倒那个，就没有人愿意倒梅（霉）！"

把这条船好好开回清华园

初以为办公事他不大内行,孰知竟是行政老手。

的确,梅贻琦主持下的清华和西南联大,可说是中国近代教育史上的两座高峰。

后者更是在国土沦丧、内忧外患的情况下,创造出物质上极度匮乏、精神上辉煌灿烂的奇迹,陈寅恪、汤用彤、金岳霖、闻一多、华罗庚、吴大猷、赵九章等人都在此间完成了自己的重要著作,而从西南联大的学生中则走出了王浩、殷海光、王瑶、李赋宁、汪曾祺、何兆武、许渊冲、朱光亚、邓稼先、唐敖庆等人,其中还有获得了1957年诺贝尔物理奖的李政道和杨振宁。

林语堂就有经典之论:联大师生物质上不得了,精神上了不得。

1942年,五十三岁的梅贻琦以清华大学校长的资格与北大校长蒋梦麟、南开校长张伯苓共同担任西南联大常委。因为蒋梦麟、张伯苓在重庆都另有要职,所以西南联大的实际领导担子就压到了梅贻琦一个人肩上。用张伯苓对梅贻琦的话说就是"我的表你戴着",而蒋梦麟则说"在联大我不管就是管"。

对于三位先生,许渊冲曾这样比较过:

有一次,这三位常委到长沙临时大学看房子,当时条件很差,房子很不好。蒋梦麟说,他的儿子如果上学,就不希望住这样的房子。张伯苓却说,如果他儿子上学,就可以住这种宿舍,锻炼锻炼。梅贻琦是折中派，说如果条件允许，可以住好房子；如果条件不允许，不妨住得差点。这样看来，三人同行的道路中，梅贻琦依然是那股稳稳的平和风。

清华严谨，北大自由，南开活泼，三所学校风格各异。其中清华大学的人数比另外两所大学的总和还要多，且拥有庚子赔款来支援联大的日常支出，因此在某种层面上占了上风。梅贻琦温文尔雅，公正无私的办事风格则获得了全体联大师生的尊重和信服，因此三所高校虽有竞争，但奇妙地融合；而不像同时期的西北联大，学生们总是打得头破血流。

清华大学第一届毕业生傅任敢精辟地总结说，梅贻琦之所以能成功联合三所大学，关键在于梅校长的"大"，他心中只有联大，没有清华了。

梅贻琦一直坚持"自由独立，兼容并包"的办学态度。西南联大没有因为政治原因辞退过一位教师，学生也可以自由选择自己的信仰。他在日记中写道：

> 对于校局，则以为应追随蔡孑民先生兼容并包之态度，以恪尽学术自由之使命。昔日之所谓新旧，今之所谓左右，其在学校应均予以自由探讨之机会，情况正同。此昔日北大之所以为北大，而将来清华之所以为清华，正应于此注意也。

他对教育有着坚定而深远的见识，但更有着人格的魅力。

西南联大有很多脾气古怪的教授，甚至有很多异士，有很多其实也是自视很高的人，可是大家从来没有质疑梅贻琦的权威。后来闹学潮时，学生们也都很拥护梅贻琦，他们游行的时候喊的口号第一句是"拥护梅校长",第二句才是"打倒某某某"。

这一时期的梅贻琦,言必信行必果,一改过去审思慎行、不轻率表态的风格。他曾说过这样一段话:

在这风雨飘摇之秋,清华正好像一条船,漂流在惊涛骇浪之中,有人正赶上负驾驶它的责任。此人必不应退却,必不应畏缩,只有鼓起勇气,坚忍前进。虽然此时使人有长夜漫漫之感,但我们相信,不久就要天明风定。到那时我们把这条船好好开回清华园,到那时他才敢向清华的同人校友说一句"幸告无罪"。

后世读来,其背后体现的坚毅果敢,让人震撼。

而他的从容也如旧保持。1939年考入西南联大的何兆武记得,有一年半的时间日本飞机天天来炸,师生天天跑警报。昆明不比重庆,没有山洞,他们就跑到野地里头去躲起来。跑警报的时候,梅先生拿着张伯伦式的雨伞作为拐杖,安步当车地走,非常安详,还嘱咐学生不要拥挤。

这令学生们非常佩服。

当时局越发紧张,梅贻琦那寡言下的能量就积淀得越发深彻。

抗战八年,物质极其贫乏,每日承受生死考验,西南联大却在烽火中创造了弦歌不辍的教育奇迹。梅贻琦的儿子梅祖彦回忆,父亲当时为了筹措资金,协调关系,每年必须奔走重庆几次。那时由昆明到重庆乘飞机是件难事,飞机说不定什么时候起飞,一天走不成,得第二天再来。梅贻琦有一次返途中遭遇敌机轰炸和阴雨天气,在旅途中耽搁了近三个月才回到昆明。

而类似这样的窘境，恐怕除了梅贻琦，就是他的家人因受之"牵连"而至为熟稔了。

但事实上，如此艰苦卓绝的岁月，对于他们而言，开始得更早。

1928年，梅贻琦奉派到华盛顿去做留学生监督，他一到任便以身作则，厉行节约。

冬天全楼的温暖全靠地下室的一个大火炉供应，司机和烧炉工合成一人，梅贻琦本人也常常兼差——有时自己开车，有时则下到地窖里去从炉子里掏出没烧透的煤渣。

按照规定，清华大学校长的一切日用物品包括手纸都是公家供给的，有公务人员按时送到。梅贻琦上任后，公私分明，私宅的一切自己掏钱。夫人韩咏华和梅贻琦一起进城可以坐他的汽车，一个人进城时则永远乘班车。

梅贻琦任清华校长期间，尽量少设办事机构，把办事员减到最低限度。他用废纸头起草的一些报告提纲、公函等，现在仍保存在清华大学的档案馆里。抗战时期刚到昆明，梅贻琦就辞退司机，把归他个人使用的小汽车让给西南联大公用，他因公务外出或办事，近则步行，远则搭乘蒋梦麟或别人的车。

一次，梅贻琦、罗常培和郑天挺在成都办完事情，准备转重庆回昆明，梅贻琦联系到飞机票，恰好又得到了搭乘邮政汽车的机会。邮政汽车是当时成渝公路上最可靠的交通工具。梅校长觉得邮政汽车只比飞机晚到一天，既可以三人不分散，还可以为公家节约两百多元，于是坚决退了飞机票。

今人看来，这哪是一位校长的派头？

可是，他必须这样经济。

相应的，教授们的生活非常艰苦。

而家里的夫人们，也不得不自己搞上了副业。

梅贻琦和潘光旦两家一起在办事处包饭，经常吃的是白饭拌辣椒，没有青菜，有时吃菠菜豆腐汤，大家就很高兴了。教授们的月薪，在1938年、1939年还能够维持三个星期的生活，到后来就只够半个月用的了。

不足之处，只好由夫人们去想办法，有的绣围巾，有的做帽子，也有的做一些食品拿出去卖。韩咏华年岁比别人大些，视力也不是很好，只能帮助做做围巾穗子。以后庶务赵世昌介绍她做糕点去卖。赵世昌是上海人，教她做上海式的米粉碗糕，由潘光旦太太在乡下磨好七成大米加三成糯米的米粉，加上白糖和好面，用一个银锭形的木模子做成糕，两三分钟蒸一块，取名"定胜糕"（即抗战一定胜利之意），由韩咏华挎着篮子，步行四十五分钟到"冠生园"寄卖。

梅贻琦还不同意她们在办事处操作，只好到住在外面的地质系教授袁复礼太太家去做。袁家有六个孩子，有时糕卖不掉，就给他们的孩子吃。有人建议她们把炉子支在"冠生园"门前现做现卖，韩咏华碍于梅贻琦的面子，不肯这样做。卖糕时，她穿着蓝布裙子，自称姓韩而不说姓梅。

尽管如此，还是谁都知道了梅校长夫人挎篮卖定胜糕的事。由于路走得多，鞋袜又不合脚，韩咏华的脚都磨破、感染了，小腿全肿起来。

梅贻琦一向忙于校务，家里人怎样生活，是否挨饿，他全然不知。直到看见妻子这般狼狈，看到教授太太们这样疲于奔命地维持生活，他才着了急，向重庆政府教育部为大家申请了一些补助。一次，教育部给了些补助金，梅贻琦的四个子女都在联大读书，但他不让他们领取补助金。

如此，若说梅贻琦为人清廉，两袖清风绝不为过，但，这更是因为他肩上沉甸甸的使命感，他是船长，他要践守自己的诺言。

慌忙的时月，生存都成了问题，而梅贻琦依然得周全着联大事宜。经费困难的问题，时常困扰着这位已节俭至近乎吝啬的校长。

著名建筑学家梁思成、林徽因夫妇受梅贻琦之邀，负责为西南联大设计校舍。梁思成夫妇花了一个月时间拿出了第一套设计方案，一个中国一流的现代化大学赫然纸上。然而，设计方案很快被否定了，理由是西南联大拿不出那么多经费。

此后两个月，梁思成夫妇把设计方案改了一稿又一稿：高楼变成了矮楼，矮楼变成了平房，砖墙变成了土墙，林徽因每改一稿都会痛哭一场……当梁思成夫妇交出最后一稿设计方案时，黄钰生无可奈何地告诉梁思成，经校委会研究，除了图书馆的屋顶可以使用青瓦，部分教室和校长办公室可打垒，砖头和木料的使用要再削减二分之一，希望梁思成再做一次修改。

梁思成忍无可忍，他冲进梅贻琦的办公室，把设计图纸狠狠地摔在校长办公桌上，痛心地喊道：

"改！改！改！你还要我怎么改？我……已经修改到第五稿了，茅草房就茅草房吧，你们知不知道农民盖一幢茅草房要多少木料？而你给的木料连盖一幢标准的茅草房都不够！"

梅贻琦只缓缓慢慢地叹了口气，然后说：

"正因如此，才需要土木工程系的老师们对木材的用量严格计算啊。"

梁思成听着,心软了,流下了眼泪,哭得像一个受伤的孩子。

——谁都不知道,这样的局面何时才能得以改善。

可教务活动必须一切如常。

1942年,美国驻华大使特别助理费正清到昆明,拜访金岳霖、张奚若、钱端升等人,梅贻琦为其举办晚宴。当费正清从联大美籍教授温德的口中得知,梅贻琦的月薪不足六百元,而这次宴会费用不下一千元,他后来在《费正清中国回忆录》中写道:考虑到这个问题,我们送了他一英寸高的一瓶专治疟疾的阿的平药片。它应当能换回一千元。

许是微薄,许是力量。

在这最困难的情况下,当时的云南省主席龙云在人、财、物等方面给了西南联大极大的支持。一天,龙云前来拜访梅贻琦,因孩子没有考取联大附中,特来请求破例录取。梅贻琦留龙云吃饭,席间,他请教务长潘光旦安排老师给龙云的孩子做辅导,等明年再考,同时言明老师的家教费得由龙主席自己支付。

梅贻琦就是这样的人。

他什么都不明讲出来,但心里总有一杆秤,不仅对别人坚守规矩,对自己及家人更是如此。

1943年,梅贻琦的母亲去世,同人建议他当天不开西南联大常委会会议,梅贻琦却坚持照常,理由是:不敢以吾之戚戚,影响众人之问题也。

任何时候,他都秉持着那一贯的原则。

同年,美国陆军大规模装备和训练国民党军队,需要大批翻译,学校的应届毕业生都被征调去服务,学校还号召其他学生自愿参加。梅贻琦的十九岁独子梅祖彦,当时就读联大机械二年级，不在应征之列，但出于爱国热情，也报名参加了。

对这件事传说不一，有人说梅校长带头送子参军作为号召；也有人说梅祖彦要去，家里不同意。

韩咏华说，这都不是实际情况。梅贻琦在学校对教授、学生有民主作风，在家庭对妻子、儿女也同样，一切根据自愿，合理的就支持，从不强迫命令。所以儿子祖彦参军和别的学生完全一样，是自愿去的，梅贻琦既未主动提出，也未拦阻。

这位一生致力于教育的梅校长，果然在家里也风范如一。

正如对待韩咏华的工作、学习问题一样，他从来都尊重夫人个人的意见，不大干预。韩咏华曾在清华旁听过一段时间陈福田的英语、钱稻孙的日语和金岳霖的逻辑学，当事先征求"校长"意见时，他不反对，但要求韩咏华既想学就要把课程坚持学到底。

当然，他也从不托人情去办什么私人的事情。

艰难岁月，黄金时代。

一程风雨，一程辛甜。

邹承鲁院士回忆起在西南联大的求学时光时，总结了两个字——自由。

何兆武先生也曾说："那几年生活最美好的就是自由，无论干什么都凭自己的兴趣……学生的素质当然也重要……但更重要的还是学术的气氛……我以为，一个所谓好的体制应该是最大限度地允许人的自由。没有求知的自由，没有思想的自由，没有个性的发展，就没有个人的创造力。"

王浩则把他在西南联大度过的那段时光称为"谁也不怕谁的日子"：

"教师之间,学生之间,师生之间,不论年资和地位,可以说谁也不怕谁。当然因为每个人品格和常识不等,相互间会有些不快,但大体上开诚布公多于阴谋诡计,做人和做学问的风气是好的。

　　"例如在课堂上,有些学生直言指出教师的错误,而教师因此对这些学生更欣赏。有两次教师发现讲授有严重错误,遂当堂宣布:近几个星期以来讲得都不对,以后重讲。教师与学生相处,亲如朋友,有时师生一起学习材料。同学之间的竞争一般也光明正大,不伤感情,而且往往彼此讨论,以增进对所学知识的了解。

　　"离开昆明后,我也交过一些朋友,但总感到大多不及联大的一些老师和同学亲近。

　　"这大概和交识时的年龄有关,但我觉得当时联大有相当的人在为人处世上兼备了中西文化的优点,彼此有一种暗合的视为当然的价值标准。"

　　不仅如此,在这段艰难的时期中,联大不仅培养出大批才俊后学,教授们也在艰苦的环境中创造了灿烂的学术业绩。

　　在开明的学风中,当年西南联大学生中流行着这样一副对联:

如云,如海,如山;
自如,自由,自在。

　　起因是一年联大校庆时,黄钰生谈到三校同人在一起工作和谐应归功于三校具有如云、如海、如山的风度——清华智慧如云,北大宽容如海,南开稳重如山。西南联大训导长查良钊立即对以"自然、自由、自在"的下联。他解释说,自然是求真不做作,自由是同善不尚拘束,自在是无求有所不为。他认为在如云、如海、如山的气氛中,三校同人必然向往自然、自由、自在。

联大的旷世风采在该对联中尽显无遗。

无怪乎杨振宁在垂暮之年也念念难忘:"我一生非常幸运的是在西南联大念过书。我没有离开过西南联大。"

他有他的人格——真君子的精神。

梅贻琦不但是一个真君子,而且是一个中西合璧的真君子,他一切的举措态度,是具备中西人的优美部分。

生斯长斯,吾爱吾庐

终于,梅贻琦把这条船好好开回清华园了。

抗战胜利后,清华北归,梅贻琦继续担任校长,直到1948年12月。从1931年接受任命开始,他在清华这艘船上当了十七年船长。

在这十七年间,清华大学发展成为一所完善的大学,全校设有文、理、工、法、农等五个学院二十六个系,在校师生两千四百多人;这一时期,也被大家公认为"清华校史上名家辈出的黄金时代"。

风云之后仍有巨变。

他的身影,依然是那般淡然,从容不迫;心思里,却也永远那般坚定,执着不屈。

生斯长斯,吾爱吾庐——梅贻琦用这八个字概述了他与清华的血缘之亲,也表达了他对清华的挚爱。

1949年后，梅贻琦在美负责管理清华基金。叶公超每到纽约都去看他，劝他把清华的这笔钱用到台湾，梅贻琦每次都说：

"我一定来，不过我对清华的钱，总要想出更好的用法来，我才回去。"

因他不愿把这笔钱拿去盖大楼、装潢门面，他想用在科学研究上。有人骂他"守财奴"，他也不在乎。

1955年，梅贻琦终于找到"更好的用法"，他定居台湾后，把这笔款子用在了筹建清华原子科学研究所上，进行自然科学与和平利用原子能的研究。

他终于无愧于自己一生的愿想了。

然而，圆满之后仍有遗念。

他始终不同意将研究所改称为"清华大学"，他说："真正的清华在北平。"

正如任何一位功高德劭的老人一样，晚年的梅贻琦，即便是病床前也始终访者不断，他们瞻仰着这位不急不缓的君子，陪伴着这位平和淡定的校长，走完了生命的最后一程。

1962年5月19日，梅贻琦病逝于台北，而后，他的墓穴就修在台湾新竹"清华大学"的"梅园"。

他的病床下只留下一个紧锁的皮箱，丧事后打开，里面原来是清华基金的历年账目，一笔一笔，分毫不差，在场者无不为之动容。

他无任何私人财产，连住院费、丧葬费都是由清华校友们捐助偿还的，所以校友们称赞他——

是俭，不是吝，为公家办事是要钱花得经济、有效、持久，不